住宅と借地制度

契約終了時の利益調整

大野 武 著

敬文堂

はしがき

　借地制度の研究は、1991年（平成3年）の借地借家法制定前までは活発に行われていたものの、制定後は急速に停滞していくこととなった。もちろん、制定後にも本格的な研究成果が公表されることはあったが、全体的な潮流としては、大きな理論的な進展を見せることは基本的になくなっていったといえる。確かに、借地制度に関しては偉大な先人による膨大な研究の蓄積があり、もはや新たに論ずべきテーマは存在しなくなっているかのように見える。しかし、実際に制定された借地借家法は、借地制度に関しては、建物取壊し・更地返還を原則とする定期借地権の創設と正当事由制度の見直しの回避という2つの問題を含むものであった。いずれにも共通していえることは、これらの問題が「借地権の存続期間満了時における借地人の利益と土地所有者の利益をいかにして調整するか」ということに関わる点である。このような借地契約終了時の利益調整というテーマについては、既存の先行研究でも十分には論じられておらず、今日残されている借地制度の基本問題であるということができる。

　そこで、本書では、まず序章において、具体的な検討課題を提起し、第1章において、その検討課題が既存の学説や判例法理の中でどのように位置づけられるものであるのかを確認し、既存の日本法の研究のみに依拠するのでは一定の限界があることを明らかにする。そこで、第2章から第4章において、日本の借地制度と「共通の基礎」を有し、かつ日本と同様の問題に対して一定の法制度を確立させていったイギリスの事例を取り上げることとする。そして、第5章と結論において、イギリスの法制度から得られた知見を参照しつつ、本書の検討課題に対して私見を提示することを目的とする。

　本書は、2018年9月に早稲田大学に提出した博士学論文に対して加筆・修正を施したものであるが、本書の元となった論文は以下のとおりである。

【序論・第1章】

・「借地制度の基礎理論・法解釈論・政策論の再検討（1）～（3・完）」法学研究（明治学院大学）99号1-25頁（2015年）、101号（2＝中巻）31-50頁（2016年）、104号1-25頁（2018年）

【第2章】

・「19世紀末ロンドンにおける都市問題の法学的考察」ソシオサイエンス（早稲田大学大学院社会科学研究科）3号127-144頁（1997年）

【第3章】

・「イギリスの都市における不動産賃貸借法の史的展開」社会科学研究科紀要別冊（早稲田大学大学院社会科学研究科）創刊号145-161頁（1997年）

・「イギリス定期借地制度の基本問題と現代的展開（1）～（2・完）」民商法雑誌120巻4・5号780-815頁（1999年）、6号970-1003頁（1999年）

・「イギリス不動産賃貸借法の存続保障―借地制度の意義の再検討のため―」法学研究（明治学院大学）95号235-253頁（2013年）

【第4章】

・「イギリス建物区分所有法の法的課題と改革」ソシオサイエンス（早稲田大学大学院社会科学研究科）4号137-157頁（1998年）

・「区分所有制度の法律構成に関する一考察―イギリス法との比較法的考察―」マンション学（日本マンション学会誌）12号83-94頁（2001年）

・「イギリス区分所有法の管理制度の考察」稲本洋之助先生古稀記念論文集『都市と土地利用』（日本評論社）233-259頁（2006年）

・「定期借地権マンションに関する比較法的考察」マンション学（日本マンション学会誌）57号193-202頁（2017年）

【第5章】

・「分譲住宅・分譲マンションの定期借地権の再検討―存続期間満了時の契約調整の可能性」マンション学（日本マンション学会誌）45号126-142頁（2013年）

・「借地契約における正当事由制度の再構成」大西泰博先生古稀記念論文集

『市民生活関係法の新たな展開』（敬文堂）85-110頁（2019年）

　本書は、最初から計画的に執筆されたものでは必ずしもなく、その元となった論文の発行年を見て頂ければわかるように、時系列的には、イギリス法の研究から出発し、その後に日本法の研究に至るという経緯をたどっている。当初、日本の借地制度に対する問題意識については不明確ながらも有してはいたが、当時は断片的に紹介されていたにすぎないイギリスの長期不動産賃貸借制度の実態解明に専らの関心が向けられていた。その後、イギリス法の研究が一段落し、他の研究分野に関心が移っていたところ、2012年度の日本私法学会シンポジウムで「不動産賃貸借の現代的課題」が取り上げられたことが契機となり、日本の借地制度の課題をも踏まえた体系的な成果を公表することの必要性を実感し、本書を執筆しようと思うに至った次第である。結果的に完成までにかなりの年月を要することになったが、曲がりなりにも一応の完成を見ることができたのはこのときの知的刺激がきっかけとなって借地制度の研究を再開したことによる。

　このように、今日まで多少の紆余曲折を経ることとなったが、その間、多くの方々からご指導やご協力を賜ってきたことを感謝したい。

　とりわけ、大西泰博先生（早稲田大学）には、学部3年生の演習から大学院の修士課程および博士後期課程に至るまで、長きにわたるご指導を賜ってきた。土地法という学問分野に興味を持ち、その研究者を目指したのも、大西先生の後押しがあったからこそである。大西先生は、自主的に学ぶことを重んじながら、要所要所で厳しい姿勢も示されてきた。その中において、自由に研究することの楽しさと、自立した研究者となる上で必要な心構えを学ぶことができた。

　また、鎌野邦樹先生（早稲田大学）には、区分所有法の国際比較に関する研究会にお誘い頂き、この研究会を通じてイギリスの区分所有法制の理解を深めることができた。さらに、現在の同僚である明治学院大学の民事法の先

iii

生方には、共同研究会において互いに切磋琢磨することを通じてそれまでの拙い研究能力を向上させて頂いた。加えて、妻でもある南部あゆみ先生（立正大学）には、日ごろから気軽に研究テーマについて相談に乗ってもらい、論点や知識を整理する際の大きな助けとなってくれた。

　その他にも多くの先生、先輩や後輩からも多大なご協力を賜った。この場を借りて、心より御礼申し上げたい。

　最後に、出版事情が構造的に厳しい状況下にありながら、このような学術書の出版を快くお引き受け下さった敬文堂の竹内基雄社長にも心より御礼申し上げたい。

　なお、本書の出版に際して、明治学院大学学術振興基金から出版助成を受けた。

2019年11月

大　野　　武

〈目　次〉

はしがき（*i*）

序　論　検討課題と目的 ……………………………………………… *1*

 1　借地制度の問題の所在と考察の方法（*2*）

 2　比較法研究の方法（*10*）

 3　本書の考察の目的（*15*）

第1章　借地制度の基礎理論・判例理論・政策論の再検討… *17*

第1節　不動産賃借権物権化論の再検討 ……………………………… *18*

 1　不動産賃借権物権化論の意義と限界（*18*）

 2　不動産賃借権物権化論の要点（*20*）

 3　近代的土地所有権論批判の要点（*33*）

第2節　正当事由に関する判例法理の展開と課題 ………………… *37*

 1　正当事由制度の導入とその展開（*37*）

 2　正当事由判断の全体的傾向と問題点（*45*）

第3節　借地権の存続保障に関する政策論の展開と課題 ………… *57*

 1　借地・借家法改正の帰結（*57*）

 2　定期借地権の理論的・実態的課題（*60*）

 3　正当事由と土地の有効利用（*65*）

 4　小括—今後の借地制度の方向性（*73*）

第2章　イギリスの定期借地制度と住宅問題 ………………… *75*

第1節　建築用不動産賃貸借の基本問題 ……………………………… *76*

 1　イギリス特有の定期借地制度（*76*）

 2　長期不動産賃借権の法的性質（*78*）

v

3　建築用不動産賃貸借に内在する基本問題（*80*）

　第2節　建築用不動産賃貸借の起源と展開 ……………………………………　*83*

　　1　20世紀初頭の諸都市における土地保有態様（*83*）

　　2　建築用不動産賃貸借の起源と継承的財産設定の展開（*86*）

　　3　建築用不動産賃貸借の展開―ロンドンの取引形態を中心に（*92*）

　第3節　19世紀末ロンドンの住宅問題 ……………………………………………　*99*

　　1　住宅問題と不動産賃借権の関係（*99*）

　　2　不動産賃貸借制度から生ずる住宅問題の個別的検討（*103*）

　　3　小括―19世紀末の住宅問題と不動産賃借権解放論（*119*）

第3章　不動産賃借権解放権による賃借人保護制度の確立 … *123*

　第1節　不動産賃借権解放論の展開 ………………………………………………　*124*

　　1　不動産賃借権解放論の萌芽（*124*）

　　2　不動産賃貸借制度の漸次的改革（*132*）

　第2節　不動産賃借権解放権の立法過程 ………………………………………　*137*

　　1　第二次世界大戦後の不動産賃借権解放論（*137*）

　　2　法定賃借権の立法化（*142*）

　　3　不動産賃借権解放権の立法化（*149*）

　第3節　不動産賃借権解放権の課題と修正 …………………………………　*160*

　　1　不動産賃借権解放権の正当性（*160*）

　　2　1967年法上の不動産賃借権解放権の問題点（*167*）

　　3　1967年不動産賃借権改革法の改正（*173*）

　　4　小括―不動産賃借権解放権等に対する評価（*183*）

第4章　集合住宅への不動産賃借権解放権の適用拡大 ……… *187*

　第1節　集合住宅における区分所有法制の展開 ……………………………　*188*

　　1　イギリスの区分所有法制の特殊性（*188*）

　　2　集合住宅の発展の背景（*191*）

3　自由土地保有権フラットの法的課題と解決策（*193*）

　　4　長期不動産賃借権フラットの概要（*202*）

　第2節　長期不動産賃借権フラットの課題と法制度改革 ……………　*213*

　　1　長期不動産賃借権フラットの法的課題（*213*）

　　2　自由土地保有権フラットの改革（*215*）

　　3　長期不動産賃借権フラットの改革（*222*）

　第3節　団体的解放権と共同保有権の立法化 ………………………　*224*

　　1　団体的解放権の立法化（*224*）

　　2　管理権の立法化（*232*）

　　3　共同保有権の立法化（*235*）

　　4　小括—団体的解放権等に対する評価（*242*）

第5章　日本の借地制度の再検討 ……………………………　*247*

　第1節　借地制度の検討課題 ……………………………………………　*248*

　第2節　定期借地権の当否 ………………………………………………　*251*

　　1　定期借地権の必要性および有用性とデメリット（*251*）

　　2　定期借地権の問題点に対する解決策（*258*）

　　3　定期借地権の当否の検討（*285*）

　第3節　正当事由制度の再構成 ………………………………………　*289*

　　1　正当事由制度の正当化根拠（*289*）

　　2　正当事由制度の再構成（*303*）

結　論　借地契約の終了と利益調整 ……………………………　*313*

序　論
検討課題と目的

1　借地制度の問題の所在と考察の方法

（1）現在の借地制度の活用状況

　土地賃貸借は、農業資本家による経営＝土地利用にとって、資本主義的利潤と矛盾しない地代の支払いと引き換えに土地負担を回避し、農業経営投資を拡大することを可能とする法形式であるから、所有権との関係において確実な法的保護を与えられるならば、この方式は資本主義的土地利用にとって最良のものであるといわれている[1]。そして、この論理は、建物所有を目的とする土地賃貸借においても、借地人が地代の支払いと引き換えに土地負担を回避しつつ、土地に資本を投下して建物を所有することを可能とするものであることから、基本的にそのまま当てはまるはずである。しかし、建物所有を目的とする土地賃貸借は、農地賃貸借とは異なり、借地人に建物負担を課すものである以上その建物の存続を保障しなければならないのは当然であることから、借地人の土地賃借権は論理必然的に物権化を回避することができないという特質がある[2]。さらに、その建物が自己居住用建物の場合には、借地人の居住利益保護＝存続保護を無視することができなくなる結果、土地賃借権の第二所有権化という特質すら備わることにもなる[3]。

　このように、建物所有を目的とする土地賃貸借においては、その建物が資本主義的に利用される場合もある一方で、借地人自らが建物に居住したり、あるいはそこで生業的な事業を行ったりするなど必ずしも資本主義的とはいえない利用がなされる場合も多い。そのため、果たして後者のような場合においても借地が最良のものであるといえるかどうかについては、さらに検討すべき点があると思われる。そこでまず、この点について検討する前提として、今日において借地制度が実際にどのように活用されているのかについて確認しておきたい。

（1）稲本洋之助「土地所有権と土地利用権」渡辺洋三＝稲本洋之助編『現代土地法の研究（上）―土地法の理論と現状―』（岩波書店・1982年）98-99頁。
（2）稲本洋之助『借地制度の再検討』（日本評論社・1986年）24-25頁。
（3）吉田克己「住宅政策からみた借地・借家法改正」法と民主主義220号23頁。

現行の借地権は、大別すると、普通借地権と定期借地権の２種類の権利形態が存在している。従来の借地法では、当初の存続期間が満了したとしても、借地人は借地契約の更新請求をすることができ、しかも土地所有者がこれに異議を述べるには正当事由が必要とされる借地権（以下「旧借地権」という。）のみが設けられていたが、1991年（平成３年）制定の借地借家法（以下「法」という。）において、旧借地権とは異なる存続期間や更新後の期間等を定めた新借地権（以下、旧借地権と新借地権を定期借地権との対比において「普通借地権」という。）とともに、新たに定期借地権が創設されることとなった。このとき定期借地権が創設されたのは、旧借地権では当初の存続期間が満了したとしても、土地所有者が土地の返還を受けることが極めて困難となる取扱いが正当事由制度によってなされており、このことが新たな借地供給を阻害する最大の要因となっているとの認識が存していたからである。そこで、存続期間の満了により土地所有者に土地が必ず返還される定期借地権が創設されれば、土地所有者にとっての最大の障害が除去され、借地供給の増大につながるものと企図されたのであった。それでは、定期借地権には、一般定期借地権（法22条）、事業用定期借地権（法23条）、建物譲渡特約付借地権（法24条）の３種類が存するが、これらの定期借地権の創設により、果たして借地供給の増大という立法目的は達成されたであろうか。

　まず、普通借地権については、新規に設定される事例が見られないわけではないものの、その絶対数はごく僅かであり、大部分は新法施行前から存する旧借地権が存続している状態であるといってよい。次に、定期借地権のうち一般定期借地権は、分譲用の戸建て住宅やマンションとして活用されてはいるもののその絶対数は決して多いとはいえないし、また定期借地権付住宅総数の約２割強が投資用の賃貸マンションやアパートとなっている。また、

（４）借地権とは、借地借家法上、「建物所有を目的とする地上権又は土地の賃借権をいう」と規定されているが（２条１号）、本書においては、特に言及がない限り、建物所有を目的とする土地賃借権についてのみ取り扱うこととする。
（５）旧借地権は、契約の更新に関して旧借地法の規定によるものとされたため（法附則６条）、新法施行後もなお存続するものとされた。

建物譲渡特約付借地権は、いわゆるスケルトン定借（つくば方式）という事業方式により分譲マンションとしての活用が僅かながらなされているものの、これ以外の活用事例はほとんど見受けられない[7]。これに対して、事業用定期借地権は、幅広い用途で積極的に活用され、その利用も多数に及んでいることが指摘されている[8]。

　このように、新法が制定された1991年（平成3年）以降の借地権の実際の活用状況を見る限り、事業用定期借地権など一部の借地権では積極的な活用事例は見られるものの、それ以外の一般の（主として居住用の）定期借地権の活用事例はごく僅かな状態に留まり、借地制度は不動産市場全体からすると大きな役割を果たすものとはなっていないといわざるを得ない状況にある。このように、存続期間の満了により土地所有者への土地返還が保障される定期借地権が導入されたにもかかわらず、一部の活用事例を除き、それ以前と変わらず借地供給が増大しなかった原因はどこにあるのであろうか。

（2）借地制度の機能不全の原因

　借地制度の機能不全の原因を考察するにあたっては、定期借地権の導入に

（6）これまでの全国の定期借地権付住宅の供給戸数の累計（平成5年から平成21年）は、合計で73,808戸であるが（分譲住宅が36,297戸、分譲マンションが20,711戸、賃貸マンション・アパートが16,800戸）、これを同じ期間の新設住宅着工戸数と比較すると、定期借地権付住宅の割合はわずか0.35％にすぎない（定期借地権付住宅戸数は73,731戸、新設住宅着工戸数は21,215,895戸）（国土交通省『平成21年度定期借地権付住宅の供給実態調査』および同『建築着工統計調査報告』による）。

（7）国土交通省『全国定期借地権付住宅の供給実態調査』（2008年）4頁によれば、一般定期借地権の一戸建持家と分譲マンションの販売単位数の合計が4,085であるのに対して、建物譲渡特約付借地権のそれはわずか52でしかない（前者の割合が98.7％に対して、後者の割合は1.3％でしかない）。

（8）周藤利一「定期借地権制度の課題」松尾弘・山野目章夫編『不動産賃貸借の課題と展望』（商事法務・2012年）81-83頁、勝木雅治「借地の本命に躍り出た事業用定期借地権—借地期間延長の意味、ならびに差額地代学説の現出—」不動産鑑定45巻10号（553号）33頁、36頁。

4

序　論　検討課題と目的

よって積極的に活用された借地権とそれにもかかわらずほとんど活用されな
かった借地権とが存在していたということに留意する必要がある。このこと
は、定期借地権それ自体に問題があったということを意味せず、定期借地権
に適した土地利用目的と適しないものとがあったということを意味するであ
ろう。すなわち、借地人の土地利用目的は、収益獲得を専らの目的とする場
合（資本主義的土地利用）と自己使用を主たる目的とする場合（非資本主義
的土地利用）とに区分することができるが、前者の場合は、借地権の存続期
間満了時における借地人と土地所有者との利害対立の程度が小さくその調整
が容易であるため定期借地権の活用に適しているが、後者の場合は、その程
度が大きくその調整が困難であるため定期借地権の活用に適していないとい
うことができる。このことを敷衍すれば、次のようにいうことができよう。

　まず、借地人の土地利用目的が収益獲得を専らの目的とする場合では、借
地上建物において借地人自らが事業を行ったり、借地上建物を第三者に賃貸
したりすることにより、収益の最大化を図ることが専らの目的となる。この
とき、借地人にとって借地権は純然たる財産権であるので、借地人の目的は
財産権的利益の実現であるということができる。このような目的は、事前に
合理的に計算することができ、借地権の存続期間内に達成することもできる
ので、そのような借地人にとって借地契約の更新は、さらなる収益獲得にと
って有益ではあるかもしれないが、必ずしも必須のものであるとはいえない。
このように、借地人の土地利用目的が収益獲得を専らの目的とする場合には、
将来の存続期間満了時に利害対立が生じないよう借地人の側で予め調整する
ことが比較的容易であるということができる。このため、このような土地利
用目的での定期借地権の活用は、むしろ土地の取得費用の負担を回避しよう
とする借地人にとって自己の財産権的利益を実現する上で１つの有効な手段

───────────────

（9）借地を事業用借地と居住用借地とに区分して、両者の相違に着目する見解と
　　して、吉田克己「借地・借家法改正の前提問題―保護法益と適用対象」法律時
　　報58巻５号45-46頁、瀬川信久『日本の借地』（有斐閣・1995年）229-233頁があ
　　る。

5

となり得るので、まさに借地制度が有効に機能する場面であるということができる。主として事業用定期借地権について借地供給の増大が見られたのは、以上のような理由によるものであると考えられる[10]。

　これに対して、借地人の土地利用目的が自己使用を主たる目的とする場合には、借地上建物において借地人自らが居住したり、事業を行ったりすることにより、生活の安定を図ることが主たる目的となる[11]。このとき、借地人にとって借地権は自己の生存を支える基盤としての財産権であるので、借地人の目的は第一義的には生存権的利益の実現であるということができる。このような目的は、事前に計算すること自体困難であり、また借地権の存続期間内において完結するようなものではないので、たとえ借地権設定時に存続期間のあることを借地人が了解していたとしても、そのような借地人にとって、自己の生存の基盤をなお維持するために借地契約の更新を求めることはいわば自然な反応であるといえる。他方で、存続期間満了により土地の返還を求める土地所有者にとっても実現されるべき利益が存する。自己や家族のために土地を必要とするのであれば土地所有者の生存権的利益の実現が問題となるし、再開発のために土地を必要とするのであれば土地所有者の財産権的利益の実現が問題となる。このように、借地人の土地利用目的が自己使用を主たる目的とする場合には、借地権の存続期間満了時に、借地人の生存権的利益と土地所有者の生存権的利益あるいは財産権的利益の対立が不可避的に生ずることになる。この場面での利害対立は、事業用定期借地権の場合の借地

---

(10) これ以外の理由として、借地人は事業終了時に土地を処分する労力・費用を免れることができること、土地所有者は土地を売却した場合の代金の運用収益と比べてそれ程劣らない地代を収取することができることも指摘されている（瀬川・前掲書（注９）229-230頁）。

(11) もっとも、この類型に一応は分類できるとしても、借地人が建物を第三者に売却したり、賃貸したりして収益を獲得することもあるし、またそのような借地人の態様も多様であることから、一様に取り扱うには難しい面がある。しかし、程度の差はあれ、そのこと自体は結果的ないし副次的に生じるものでしかないとみることもできるので、収益獲得を専らの目的とする場合（資本主義的土地利用）と区別することは可能であると考える。

人と土地所有者それぞれの財産権的利益の対立のように調整することが比較
的容易な利益の対立とは質的に異なる利益の対立に関わる。借地人にとって
の生存権的利益は、自己の生存に関わるものであるため簡単に放棄すること
ができない性質のものであるので、借地人と土地所有者との利害対立の程度
は大きく、それゆえその調整も容易ではないということができる。このため、
このような土地利用目的で借地権を活用するということは（それが普通借地
権であれ、また定期借地権であれ）、将来の不可避的で深刻な利害対立のリ
スクを内包した権利を設定するということであり、今日のように土地所有権
に基づく建物を所有するのが一般的になっている状況において、そのような
リスクをある程度認識しながらあえて借地権に基づく建物を所有しようとす
る者が少なくなるのは、いわば自然の成り行きであるということができる。
一般定期借地権の導入にもかかわらず借地供給の増大がほとんど見られなか
ったのは、以上のような理由によるものであると考えられる。⁽¹²⁾一般定期借地
権では、契約締結時に借地契約の更新をしない旨の特約を定め、存続期間満
了時の借地人の生存権的利益の主張を予め放棄させることでその利害対立を
調整しようとするものであるが、たとえ50年以上の存続期間があったとして
も、それだけでは多くの借地需要者が抱く将来的・潜在的な不安感をすべて
拭い去ることはできないものと思われる。

（3）現行の借地制度の基本問題

　以上のように、借地制度には、借地人の土地利用目的が自己使用を主たる
目的であるとき、借地権の存続期間満了時における借地人と土地所有者との
利害対立の程度が大きくなり、またその対立を調整することも困難となると

---

(12) そもそも居住用借地は、急速な産業化の時代に、地代利回りの高さ、貸地
　の値上がり率の高さ、地租負担の低さといった条件が備わっていたから普及し
　たのであって、そのような土地所有者に有利な条件がなくなり、土地売買によ
　る宅地供給の条件が整った今日では、借地供給が減少するのは自然であり、定
　期借地権を導入しても大量の借地を期待することはできないと指摘されている
　（瀬川・前掲書（注９）216-221頁、231頁）。

いう問題点が存しているということができる。この問題点は、性質的に相容れない利益の対立に根差すものであるためその解消を図ることは容易ではないにしても、その問題点をより改善するための努力はなされるべきであり、両当事者の利益調整が合理的になされるような法制度が追及されるべきであると考える。

　しかるに、現行の借地権の存続期間満了時の法制度は、借地人の利益か、土地所有者の利益かのいずれか一方の利益に偏ったものとなっており、両当事者の利益調整が合理的に図られる制度となっていないといわざるを得ない状況にある。すなわち、普通借地権については、その存続期間が満了するとき、借地人の更新請求は正当事由制度によりほとんど認められ、借地人の居住や事業の安定は確保されるものの、その反面、土地所有者は土地を取り戻すことが著しく困難な状況になっている。このように、普通借地権においては、借地人の生存権的利益がより保護されることになっているため、このことが土地所有者の財産権的利益を大きく減少させることになるという、借地人の利益に偏った制度となっている。次に、一般定期借地権については、その存続期間が満了するとき、建物取壊し・更地返還が原則とされているので、土地所有者はこれにより土地を取り戻すことが可能となるものの、その反面、借地人は存続期間が満了すると直ちに生存権的利益を喪失することになる。このように、一般定期借地権においては、土地所有者の財産権的利益が保護されることになっているため、このことが借地人に生存権的利益の喪失に伴う将来的・潜在的な不安感を抱かせることになるという、土地所有者の利益に偏った制度となっている。このような法制度の現状を踏まえるならば、今日残されている借地制度の基本問題は、自己使用を主たる目的とする借地権の存続期間満了時における借地人と土地所有者の利益調整を合理的に行うための法制度をいかにして再構築するかということにあるということができる。

　このような問題意識からすると、現在の具体的な検討課題は次の2つに絞られてくると思われる。1つは、借地人が自己使用を主たる目的とする場合において定期借地権の利用を許容することがそもそも妥当であるのかという

点である。一般定期借地権においては、その存続期間が満了するとき、借地人は建物取壊し・更地返還の特約によりその生存基盤を喪失することになるが、実際にはそれだけに留まらず、存続期間の経過による資産価値の減少という借地人の財産権的利益に関する問題や存続期間の満了間近の建物の荒廃・スラム化という公共的利益に関わる問題も生ずることが懸念されている。そのため、将来的に、このような問題は、現行法の下で解決することは可能なのか、それとも何らかの法的な措置が講ぜられることが必要となるのかということが課題となってくると思われるが、果たしてその課題を克服することは可能なのだろうか。仮に克服することが困難であるとするならば、定期借地権そのものの当否が問われてくることになると思われる。

　もう1つは、普通借地権の正当事由制度が現状のままでよいのかという点である。現在の正当事由の判断要素では、借地人の生存権的利益がより保護されるように作用しているが、そこに土地所有者の財産権的利益も考慮されるような判断要素（すなわち、土地所有者の「土地の有効利用の必要性及び相当性」）を加えることも改めて検討されてよいように思われる。この論点については、これまでにも2度にわたり借地法改正の際の議論（1960年（昭和35年）の「借地借家法改正要綱案」と1985年（昭和60年）の「借地・借家法改正に関する問題点」）において取り上げられてきたが、いずれにおいても採用されるには至らなかった。もっとも、その当時の状況を振り返るならば、地価の高騰や都市の乱開発などの土地問題が大きな社会問題となっていたのであり、そのような時代背景がその議論に大きな影響を与えていたはずである。それに対して、人口減少が急激に進行している今日の日本では、全国的規模での地価の高騰が問題となることはまずあり得ないし、むしろ住宅の過剰が社会問題となっている状況にある。このような時代背景の変化を踏まえるならば、かつての特殊時代的な要因を捨象して、正当事由制度のより合理的なあり方が問い直されてよいように思われる。

（4）考察の方法

　それではなぜ、以上のような借地制度の基本問題が今日においても依然として解決されないまま残されているのであろうか。借地制度に関しては、すでに多数の重要な学説や裁判例が蓄積されてきたにもかかわらず、結果的に上記のような基本問題が残されることになったことを踏まえるならば、既存の学術的なアプローチにおいて十分に考慮されてこなかった視点があるからであると思われる。そこで、本論文においては、まず、第1章において、そもそもなぜ借地人あるいは土地所有者のいずれか一方の利益に偏った法制度が形成されることになったのかについて検討する。具体的には、これまで展開されてきた基礎理論としての不動産賃借権物権化論、正当事由に関する判例理論、そして借地権の存続保障をめぐる政策論についての再検討を行うことによって、その問題の状況を具体的に明らかにすることを目的とする。

　そして、このような考察の結果、上記のような「定期借地権の当否」と「正当事由制度の再構成」という2つの検討課題が明らかになってくることになるが、これらの検討課題についてはどのような観点から考察をし、それによってその解決の方向性をどのように導いていけばよいかということが次なる課題である。ただし、これまでの日本法においては、これらの検討課題についての十分な議論の蓄積があるとはいえず、日本法の研究のみでは一定の限界があるといわざるを得ない状況である。そこで、第2章以下において、外国法の知見を参照することによって、日本の借地制度の特異な問題状況をより明確化し、問題解決の方向性を探求することとする。

2　比較法研究の方法
（1）比較法研究の対象と方法

　本書では、日本の借地制度における以上の2つの検討事項を解決するための知見を得るため、イギリスの定期借地制度についての比較研究を行うこととする。イギリスの法制度を取り上げる理由は、イギリスの多くの諸都市において定期借地制度が広く普及していたところ、その存続期間満了時に賃貸

序　論　検討課題と目的

人と賃借人との間で様々な住宅問題が発生したことにより、その問題解決のための法制度改革が何度も繰り返しなされてきたという経緯があるからである。しかし、借地制度のような土地法に属する法分野は、一国的で多様な特徴をもって現象するため、比較対照という点ではきわめて興味深いとしても、他方で、それだけに留まるならば、差異の適示とあまり変わらないことになってしまうという危険性も有している。[13]

　そこでまず、比較法研究が有意義に行われるためには、借地制度に関する日本とイギリスの法制度上の相違にもかからず、両国の法現象に「共通の基礎」が存することが必要となる。この点に関して、両国における法制度上の相違点から指摘するならば、大陸法と英米法の相違ということ以上に、土地と建物に関する法律構成が大きく異なることが問題となる。欧米諸国では共通して、土地建物一体の原則がとられているのに対して、日本法では、土地と建物は別個の不動産とされているため、借地上建物の権利関係は土地と建物とで別異の所有者に帰属することになる。これに対して、イギリス法では、借地人が資本を投下して土地上に建物を建てたとしても、建物は土地に附合するものとされているため、法律上、借地人は土地建物全体の賃借権を有するにすぎないと構成されることになる。しかし、借地人は、実際の慣行上、土地は賃借しているかもしれないが、自ら資本を投下した建物については実質上所有していると観念したため、法律上の側面では土地建物一体の原則が堅持されていながら、実際上の側面では土地と建物が別異の所有者に帰属すると意識される借地制度が存することになったのである。このことから、存続期間満了時における賃借人の投下資本に対する財産権的利益の保護と賃借人の生存権的居住利益の保護とをめぐる法律問題が発生することになったのである。このように、日本法とイギリス法とでは大きな法律上の相違が存するものの、借地権の存続期間満了時に同様の法律問題が生ずるという実態面

(13) 稲本洋之助「比較土地法の視点」渡辺洋三・稲本洋之助編『現代土地法の研究（下）―ヨーロッパの土地法―』（岩波書店・1983年）4-5頁（同論文は、稲本・前掲書（注2）184頁以下においても収められている）。

11

に着目するならば、日本法とイギリス法において「共通の基礎」を見出すことができる。

　次に、比較法研究のためには、共通の基礎の探求だけではなく、各国における土地法の諸経験の総合とそのための視点の確立が必要となると指摘されている。具体的には、土地所有権を改めていかに制約するかという視点と土地政策が土地法に対していかなる影響を与えるかという視点とが必要であり、このうちの後者の視点から、多様な土地法現象が一定の政策的な方向づけ（土地政策）による淘汰を経て「構造化」され、その結果、各国の土地法の「構造」が類似し、同一化していくことが指摘されている。この点に関して、イギリスでも、日本と同様に、賃借権の存続期間満了時に賃借人の財産権的利益と生存権的居住利益とが奪われるという問題が生じ、この問題がやがて立法的に解決されるべき政策課題へと発展していったのであった。もっとも、この課題は、賃貸人の財産権的利益を犠牲にして（すなわち、土地所有権の効力を制約して）賃借人の利益を保護しようとするものであったので、その立法的解決に至るまでにはおよそ１世紀近くの期間を要することになったのであった。最終的には、賃借人の生存権的居住利益を保護することが優先され、いわば定期借地権の普通借地権化あるいは所有権化という立法措置（すなわち、定期借地権の延長権あるいは土地所有権の買取請求権の賃借人への付与）が講ぜられることになったのであった。このようにイギリスでは、定期借地権はその存続期間満了時に社会的問題を引き起すことになるため、この問題を立法的に解決するためには、これを普通借地権とするか、あるいはこれを所有権に転換して消滅させるかという解決策にたどり着くことになったのであった。このようなイギリスの法制度の歴史的経緯は、日本の借地制度において、1921年（大正10年）の借地法制定時の建物買取請求権の

（14）稲本・前掲論文（注13）５頁。

（15）本序論においては、イギリスの賃借権のことをあえて定期借地権と述べるが、これは日本の定期借地権との対比を行い易くするための便宜的な措置であり、正確な権利形態に基づく表現は第２章以下において行う。

序　論　検討課題と目的

導入、1941年（昭和16年）の借地法改正時の正当事由制度の導入、さらには
その後の判例法理の展開により、民法上の賃借権が普通借地権へと発展して
いった時期に対応しており、この点において両国の借地制度の「構造」が類
似し、同一化していく傾向を見出すことができる。

　以上のような比較法研究の方法論に基づいて日本とイギリスの借地制度を
それぞれ比較してみた場合、両国の借地制度に「共通の基礎」を見出すこと
ができ、さらにその「構造」が類似し、同一化していく傾向も見出すことが
できるであろう。その一方で、この方法論に基づく考察を行うことにより、
その反射として、日本とイギリスに2つの大きな相違点が存することが浮き
彫りとなる。1つは、その後の日本の借地制度では、1991年（平成3年）の
借地借家法においてあえて定期借地権を導入したことである。このことは、
定期借地権の問題点を長年にわたる法改革によって克服してきたイギリスの
借地制度の視点から見れば、いわば歴史の針を巻き戻すような行為として映
るはずである。もう1つは、日本の借地制度では、賃借人の利益の保護に偏
った正当事由制度が改正されることなく堅持されていることである。この点
については、確かにイギリスの借地制度でも、賃借人の生存権的居住利益を
保護するため、賃借人に定期借地権の延長権と土地所有権の買取請求権とが
付与されることになったが、これらに関する規定を子細に検討するならば、
賃貸人の生存権的居住利益、さらには財産権的再開発利益の保護にも相当の
配慮がなされており、むしろ賃借人と賃貸人との合理的な利益調整が図られ
るような仕組みとなっているということできる。このような2つの相違点は、
上述のような日本の借地制度の検討課題を考察するための示唆となり得るも
のであると考える。

　（16）定期借地権は、正当事由制度から解放されかつ時間的にきわめて明確に限定
　　　されたものであり、期間満了により更地での返還がなされるものであることか
　　　ら、特別法たる借地法・借家法が成立する以前の民法に基づいて設定された土
　　　地賃借権の場合の期間満了の際の法的処理の仕方と同様となった（すなわち民
　　　法典への回帰現象）とも評価されている（大西泰博『土地法の基礎的研究―土
　　　地利用と借地権・土地所有権』（敬文堂・2010年）93-94頁）。

（2）考察の方法

　以上のような観点から、本論文の第2章から第4章において、イギリスの定期借地制度についての検討を行うこととする。まず、第2章において、イギリスの定期借地制度はどのような権利構造となっているのか、その制度が各都市にどれくらい普及することになったのか、そしてその制度が具体的にどのような住宅問題を引き起こすことになったのかについて検討する。第3章においては、その住宅問題に対する解決策として19世紀末に提唱された方法が政治的な議論の場でどのように扱われたのか、その方法が第二次世界大戦後に改めて提唱されたとき、どのような政策的意図の下で立法化されることになったのか、そしてその法制度にはどのような問題点があり、どのような修正がなされたのかについて検討する。さらに第4章においては、第3章で立法化された法制度が集合住宅にも拡大されていった状況について検討する。集合住宅は、その権利関係が複雑となることから特別な考慮がなされる必要があったため、戸建て住宅やテラスハウスのための法改革とは切り離されて、別に議論がなされたのであった。そこで、第4章では、定期借地権に基づく集合住宅はどのような権利関係となっているのか、その賃借人を保護するためにどのような法改革の政策論が提唱されたのか、そして最終的にどのような法制度が確立され、そこにどのような課題が残されたのかについて検討する。

　以上の考察を通じて、イギリスの定期借地制度が必然的に一定の住宅問題を引き起こすものであり、この問題は定期借地権を普通借地権化あるいは所有権化することでしか解決することができないものであることについて明らかにする。そして、最終的に立法化された法制度も、賃借人の利益の保護に偏ったものではなく、賃貸人の利益にも配慮したものであり、両者の合理的な利益調整が図られる仕組みとなっていることについても明らかにする。

3　本書の考察の目的

　このようなイギリスの定期借地制度の比較研究から得られた示唆を踏まえて、第5章において、本著の検討課題として設定した、日本法における「定期借地権の当否」と「正当事由制度の再検討」という2つのテーマについて考察を行うものとする。そして、このような考察を行うことにより、自己使用を主たる目的とする借地権の存続期間満了時における借地人と土地所有者との合理的な利益調整のあり方はいかにあるべきかという問いに対して、一定の私見を提示することとしたい。

　なお、「借地は、住宅地の供給形態としてはその歴史的使命を終えて、いわば安楽死すべきもの」とする見解が存するが、この見解に対する本書の基本的な考え方は次のとおりである。まず、借地が住宅地の供給形態としての歴史的使命を終えたという点については確かにそのとおりであると考える。また、「安楽死すべきもの」という点についてはそれが法22条の定期借地権に関する限りにおいて同意する。しかし、借地制度それ自体については（わずかながらではあるにせよ）一定の存在意義はあるものと考える。確かに、土地所有権に基づく持家が一般化している今日において、借地権に基づく持家が残余化するのは自然の成り行きである。しかし、時代の趨勢がたとえそうであるとしても、居住用借地に対する需給が全く存在しなくなるわけではない。土地所有者の中には、実際には土地を売却したくても諸般の事情により売却できない者（例えば、国や地方公共団体あるいは宗教団体など）もいるし、土地所有権を保持しながら土地の有効活用を図ろうとする者もいるであろう。そして、このようにしてなされた借地供給に対して、現に一定の需要も存在していた以上、その廃止の方向を検討する前に、借地権の存続期間満了時に生ずる借地人と土地所有者の利害対立をより適切に調整し、当事者双方にとってより公平かつ合理的となるような法制度のあり方が追及されてよいと考える。

（17）瀬川・前掲書（注9）231頁。

第1章
借地制度の基礎理論・判例理論・政策論の再検討

第1節　不動産賃借権物権化論の再検討

1　不動産賃借権物権化論の意義と限界

　建物所有を目的とした土地の用益権が、民法制定以降、地上権（物権）ではなく、賃借権（債権）に基づいて設定されるという慣行が一般化したことから、借地人の権利は当初は極めて弱いものであった。しかし、借地人の賃借権は、1909年（明治42年）の建物保護法、1921年（大正10年）の借地法および1941年（昭和16年）の改正借地法によって漸次物権的に強化されていき、借地人の地位は大きく改善されることとなった。そして、このような賃借権の物権的強化のプロセスに対し、その理論的基礎を提供したものが不動産賃借権物権化論であった。

　一般的に（論者により若干の差異はあるが）、建物所有を目的とした土地賃借権の「物権化」の法的メルクマールとして、①最低存続期間の保障、②第三者対抗力、③妨害排除請求権、④譲渡・転貸の自由、⑤改良費償還請求権（建物買取請求権）、⑥正当事由による継続性の保障があげられる。しかし、それぞれの内容ごとにさらに分類すれば、①②③は賃借権の安定性を確保するものとして、また、④⑤は賃借人の投下資本の回収を保障するものとして、賃借人の財産権的保護に関わるいわば市民法的保障であるといえるのに対して、⑥は経済的弱者たる賃借人の社会権的保護に関わるいわば社会法的保障であるといえ、両者を区別して理解することができる。このような理解は、日本の借地関係の実態とそれに対応した借地法の構造を析出した不動産賃借権物権化論において共有された認識でもあった。

　同理論の認識については次のように要約することができる。すなわち、日本の土地用益資本は、いわゆる資本家的資本ではなく、都市小市民層の自給的・小商品生産のものでしかなく、自己の生活・生存の維持をはかることが主目的であった。このため、日本の土地用益資本の資本的利益は、経済的弱者たる借地人の生活・生存の維持という具体的生活利益と不可分に結びついていた。そして、このような借地人は、経済的社会的には土地所有者に対し

第1章　借地制度の基礎理論・判例理論・政策論の再検討

従属的な地位におかれていたことから、資本価値の実現という近代市民法の原則は、土地用益資本独自の経済的力によってはこれを実現できないという矛盾をはらんでおり、結局その実現には国家権力の介入が必要とされた。国家権力の介入に際しては、土地用益資本の資本価値の実現を保障すると同時に、都市小市民層の具体的生活・生存の利益をも保障するという課題の解決も迫られた結果、日本の借地法は、市民法的財産権の確立と社会法的生存権の擁護という性格を併せ持つようになったとの認識がなされている[1]。

　しかしながら、不動産賃借権物権化論が追及しようとしたものは、日本の借地法の特質そのものの考察ではなく、むしろその特質を分析するために、資本の価値法則が正常に貫徹した形態における近代的借地法の一般法則を析出することであった[2]。そのため、考察の対象は専ら賃借人の市民法的財産権の確立という側面に向けられており、日本の借地法の社会法的生存権の擁護という側面については、そのこと自体認識されてはいたものの、十分な考察はほとんどなされていなかったといってよい。また、同理論のうちとりわけ水本理論が、資本の価値法則が貫徹した歴史的事例として、産業資本主義段階におけるイギリスの農地の所有利用関係にその典型例を求めたことを受けて、その後に精密な批判的な論争が繰り広げられることとなったが、その批判も主として歴史的方法論に関する諸点に集中したことから、ここでも借地法の社会法的生存権の是非について議論が深められることはなかった。結局、借地権の継続性に関する論点は、不動産賃借権物権化論において学術的な議論がなされることはほとんどなかったのであり、その理論的展開は、正当事由をめぐる裁判例の集積（とそれに呼応する学説）にほとんどすべて委ねられたのであった。

　以下、このことを明らかにするために、不動産賃借権物権化論とその批判に関する要点を確認することとする[3]。

（1）渡辺洋三『土地・建物の法律制度（上）』（東京大学出版会・1960年）119-
　　127頁、水本浩『借地借家法の基礎理論』（一粒社・1966年）246-255頁。
（2）水本・前掲書（注1）5頁、237頁。

2　不動産賃借権物権化論の要点

（1）不動産賃借権物権化論の系譜

　建物所有を目的とする土地賃貸借あるいは農地賃貸借においては、借地人によって土地に資本が投下されることになることから、必然的に、土地所有者の土地所有権の自由と借地人の資本所有権の自由とが対立することになる。このとき、土地所有権の自由が貫徹されるならば、資本所有権の自由が制約されることとなり、そのように資本の運動を制約するような土地所有権が果たして近代的といえるのかが問われることになる。このような問いに対し、不動産賃借権物権化論は、土地所有権の自由を制限すること、すなわち土地に投下された資本所有権を保障するために土地賃借権を物権化することが土地所有権の近代性を確立させることになるとする。

　このように、不動産賃借権物権化論は、土地所有権の近代性とは何かという問いをめぐる議論（近代的土地所有権論）に対する解答として展開されたものであったということができる。そのため、その内容を把握するためには、近代的土地所有権論の論争史の出発点である川島武宜『所有権法の理論』に遡って確認しておく必要があるであろう。

　川島理論によれば、近代的所有権とは、交換価値支配権としての商品所有権から出発し、その商品所有権から資本所有権が導き出されるものであるとされている。[4]すなわち、「資本制社会の富はすべて商品として現われ、且つ

（3）不動産賃借権物権化論とその批判について考察したものとして次の文献を参照した。東海林邦彦「いわゆる『土地所有権近代化論争』の批判的検討」北大法学論集36巻3号343-390頁、上谷均「所有権論の動向と課題—土地問題と所有権論の係わりを中心に—」修道法学8巻2号43-61頁、池田恒男「戦後近代的土地所有権論の到達点と問題点（一）（二）—その原点に立ち帰って—」大阪市立大学法学雑誌35巻3・4号1-69頁、36巻2号1-33頁、森田修「戦後民法学における『近代』—『近代的土地所有権』論史斜断—」東京大学社会科学研究48巻5号97-133頁、張洋介「土地問題と土地所有権論の変容—都市における土地所有権概念の検討に向けて—」法と政治55巻3号117-215頁。

（4）渡辺洋三「財産制度—その理論史的検討」『マルクス主義法学講座第5巻／

第1章　借地制度の基礎理論・判例理論・政策論の再検討

資本制社会の全構造は、究極においては、商品としての富に内在する社会的諸関係を基礎・起点とする。したがって、近代的所有権の特殊＝歴史的な性質・内容は、近代的所有権の経済的社会的実質の端緒的型態たる商品そのもののうちに含まれている」（傍点原文）とする。その上で、「資本の運動は終局的には商品交換によって常に媒介されている。すなわち商品交換こそは、資本の運動の抽象的基礎的モメントである。」「したがって、資本の法的構造は、『契約を媒介として運動するところの私的所有権』として把握され得る」（傍点原文）とする。このように、川島理論によれば、商品所有権は、資本所有権の端緒的基礎的範疇として措定されているのである。

　しかし、川島理論においては、動産と不動産の利用価値による区別は、交換価値支配権としての所有権の商品性の基礎の上においては二次的意義しか持ち得ないとして、土地所有権も基本的に動産所有権と同様の商品所有権の一形態に位置づけられた結果、土地所有権と資本所有権（土地賃借権）の矛盾＝対抗関係という重要な側面が分析の中心的枠組みから欠落されることとなった。もっとも、この側面に関する考察として唯一、賃借権の第三者対抗力についての考察がある。すなわち、「『売買は賃貸借を破る』或いは『破らない』という法理がそれ自身として近代的かいなかを問うことは、問題として無意味である」。「『破る』という法理は、近代的な所有権と債権との分離の一般原則（特に賃貸借に関連しては、封建的な人的な小作関係からの所有権の自由）を意味しているし、『破らない』という原則は、近代的な所有権と債権との分離の原則一般を破ることなく、その基礎の上において賃借

ブルジョア法の基礎理論』（日本評論社・1980年）101頁。
（5）川島武宜『新版所有権法の理論』（岩波書店・1987年）26頁。
（6）川島・前掲書（注5）287頁。
（7）ただし、交換価値支配権としての商品所有権に関する分析が論理的にきわめて明快であるのに比べて、資本所有権に関する分析はかなり晦渋をきわめており、不十分であることが指摘されている（渡辺・前掲論文（注4）101頁）。
（8）川島・前掲書（注5）160頁。
（9）東海林・前掲論文（注3）378頁。

21

権（実際においては、不動産の賃借権）を『限定された他物権』の列の中に加えることを、意味しているにすぎないからである。そうして、賃借権の対抗力が承認されるかいなかを決するのは、結局においては、他人の不動産の利用の上に資本が基礎をおいているかいなか、或いはその強さ、にかかっている」（傍点原文）とする。そして、土地所有権の自由が他物権の存在によって制限されるとき、「そのかわりに、所有権はその使用の対価をうけとる元本に転化する。このことによって、物理的・素材的には所有権の権能は削減される。しかし、資本制社会においてはその対価（地代・家賃）の収入は資本に還元capitalizeされ、所有権は一定の資本的価値を得るのであり、したがって経済的・価値的には所有権の内容は削減されない。そうして、（中略）他物権（賃借権を含めて）による所有権自由の限定は、近代的所有権の自由の否定ではなくして、その1つの現象型態、発展型態であると認め得られるのである」とする。

　このように、川島理論は、他物権（賃借権を含めて）によって土地所有権の自由が制限されるとき、土地所有権は地代収取権に縮減されるが、その自由の制限は、近代的所有権の否定ではなく、その現象型態、発展型態であるとする。しかし、川島理論においては、近代的土地所有権としての枠組みは体系的に示されておらず、論述も不徹底であり不透明であるといえる。しかし、川島理論のこのような理解はその後の不動産賃借権物権化論によって敷衍され、賃借権の債権的形態（売買は賃貸借を破る）が土地所有権の前近代性の1つのメルクマールとされたのであり、その後の民法学において、賃借権の物権化＝近代的土地所有権というシェーマが展開されてくることになったのである。

---

(10) 川島・前掲書（注5）51-52頁。
(11) 川島・前掲書（注5）53-54頁。
(12) 池田・前掲論文（注3）35巻3・4号13頁。
(13) 東海林・前掲論文（注3）379頁。
(14) 渡辺・前掲論文（注4）111頁。

第1章　借地制度の基礎理論・判例理論・政策論の再検討

　こうして、不動産賃借権物権化論において、次のような基本認識が共有されることとなる。すなわち、民法典における土地所有権は、商品所有権としての私的性質・自由が保障されている点においては「近代的」であるが、資本に基礎をおく土地賃借権が土地所有権に従属しその自由が保障されていない点においては「寄生地主的＝半封建的[15]」あるいは「跛行的（前近代性・半封建性)[16]」であると認識され、その上で、「資本主義的私有財産制度の一環を構成する土地用益権が、（中略）土地所有権を支配してゆく過程」、すなわち「賃借権の物権化といわれる現象は、日本社会の近代化の基礎をなす近代的土地所有権の確立過程を意味するもの[17]」であるとして、土地賃借権の物権化＝近代的土地所有権の確立という図式が示された。そして、このような基本認識を共有する不動産賃借権物権化論が、水本＝渡辺理論として展開されたのである。

（２）渡辺理論の要点

　まず、渡辺理論における不動産賃借権物権化論についてその要点を確認する。

　渡辺理論では、近代的土地所有権の完成に土地賃借権の物権化が果たす意義を論ずるにあたり、まず、建物所有権と土地所有権の法的保障の意味の相違に着目する。すなわち、「建物のように、人間が資本や労働を投下してつくりだした物は、その物自体として人間にとって有用な物であり、（中略）したがってまた価値ある物であり、それゆえに、かかる労働生産物にたいする人間の排他的支配は、法律によって保障されるに値する利益でありうる。資本主義社会では、所有は資本によって措定されるから、資本と労働を投下して人間がつくりだした建物の所有は、労働を提供した者の所有にではなく、資本を提供した者の所有に帰属するのが原則である。したがって資本主義社会における建物所有権は、その建物をつくるために資本を投下した者の利益

---

(15) 渡辺・前掲書（注1）83頁。
(16) 水本・前掲書（注1）254頁。
(17) 渡辺・前掲書（注1）119頁。

を法律的に保障するものでなければならない」[18]。これに対して、「土地それ自体は、（中略）人間の行為と関係なく自然に存在するものであり、その物自体としては人間にとって無用、無価値なものである。土地それ自体が有用なのではなく、土地のうえに生育する作物や立木や、土地のうえに建てられる建物等々が、人間にとって直接に有用であり価値あるものなのである。資本投下もおこなわず自然物たる土地を支配しているということは、資本主義社会においては、本来何ら保護するに値いする利益ではありえない。（中略）資本主義法にとって大切なことは、資本投下者の経済的利益を守ることである。資本投下者の利益と対立し、いわば何もしないで、ただ自然物たる土地をたまたま支配しているだけで、利益を受ける人がいるということは、資本主義経済にとってよけいなことである。この意味で、土地所有権は、資本投下のひきかえなしにえられる法律上の保障であり、資本主義的私有財産制度の体系の中に本来その正当な地位を占めるものではありえない。だから、（中略）土地所有権が独立の財産権として法的価値をみとめられるということは、それ自体封建的なことなのであり、資本主義経済したがって資本所有者は、かかる土地所有の克服のうえに成立する。土地所有が資本制社会において価値をもつように現象するのは、資本所有が所有一般としてあらわれることの反射であり、土地所有権が独立の財産権として法的保障をうけるのは、これまた資本の私的所有権が私的所有権一般として法的構成されることの反射にすぎない」（傍点原文）[19]。それゆえ、「土地所有権が、資本所有権に従属せず、独立の財産権として法的保障を受けている度合いが高ければ高いほど、それは、資本主義法の発展の未成熟を示すものである」とする[20]。このように、資本主義の下における建物所有権と土地所有権の法的保障の相違を踏まえるならば、土地所有権と建物所有権を支える土地用益権との対抗関係においては、「土地所有権が土地用益権に従属しなければならない」ということにな

---

(18) 渡辺・前掲書（注1）3頁。
(19) 渡辺・前掲書（注1）4頁。
(20) 渡辺・前掲書（注1）5頁。

第1章　借地制度の基礎理論・判例理論・政策論の再検討

り、「ここに、近代的土地所有権の特色がある」とされる。[21]

　このような近代的土地所有権の特色については、川島理論における近代的所有権概念に接合して把握される。すなわち、「商品所有権としての自由な土地所有権の確立は、近代的土地所有権の基礎・起点であって、その完成ではない。土地用益権との対抗が問題になる側面においては、土地所有権はみずからを用益権すなわち資本所有権に従属的地位に置くことによって、その近代性を完成させるのである。したがって、法律学の立場から、土地所有権制度の近代化過程を問題にするなら、それは、交換価値支配権としての自由が絶対的土地所有権の法的確認をもって始まり、土地用益権の土地所有権にたいする優位の原則の法的確認をもって完了する一連の過程である」。「かくて、完成された型態においてみるとき、近代的土地所有権は、それが商品所有権であるかぎり、一般的にはその絶対性・自由性を貫徹するとともに、他方土地用益権との対抗の側面においては、むしろ土地用益権＝資本所有権の絶対性・自由のまえにみちをゆずって、みずからの絶対性・自由を制限する」とする。[22]そして、土地用益権の土地所有権に対する優位は、土地用益権を物権的に構成することが合目的であり、「この意味では。物権的借地権（用益権）こそが、近代的用益権の完成された形態としては典型的なのである。そうだとすると、土地の賃借権において、そのいわゆる『物権化』過程と呼ばれるものは、とりもなおさず土地制度の近代化過程、すなわち近代的用益権の自己実現の過程である」とする。[23]

　なお、渡辺理論では、このような土地賃借権の物権化を「近代化の問題」として理解するのに対して、建物賃借権の物権化を「近代の変質化の問題」として区別して理解している。[24]すなわち、建物賃借権の物権化は、「資本主義の一定の段階における住宅問題の発生に伴い、その社会問題に内在する矛

---

(21)　渡辺・前掲書（注1）5頁。
(22)　渡辺・前掲書（注1）5-6頁。
(23)　渡辺・前掲書（注1）11-12頁。
(24)　渡辺・前掲書（注1）12頁。

盾の処理として」要求されるに至ったものであるので、「借家人たる労働者
大衆の生活維持という観点とむすびつき、その生活維持に不可欠な居住権の
保護のために家屋の私的所有＝資本の自由を制限する社会法的なものであ
る。」そして、この保護の論理は、「生存権的理念に支えられたうえでの保
護」（傍点原文）であるとする。その上で、このような社会法的要請は、「労
働者、サラリーマン等が借地上に自己使用の目的で建物を所有する」という
ようなある種の借地関係においても考慮されるべきであるとする。このよう
に、渡辺理論における土地賃借権の物権化には、市民的な意味での物権化
（＝近代化）と社会法的な意味での物権化とがあり得ることが示唆されてい
たのである。

（3）水本理論の要点

次に、水本理論における不動産賃借権物権化論についてその要点を確認す

---

(25) 渡辺洋三「市民法と社会法—市民法・社会法・行政法を中心として」法律時
　　報30巻4号22-23頁。

(26) 渡辺・前掲論文（注25）23頁。

(27) なお、渡辺理論は、次のような川村理論が基礎になっているということが
　　できる（渡辺・前掲書（注1）12-15頁）。すなわち、近代社会では、土地の貸
　　借関係は、土地所有がその物的支配と私的性質とを徹底したことの結果として、
　　純粋なる人的関係そのものとなるので、非所有者の用益権は債権であることが
　　本則となる。そして、用益権の債権的構成は、すなわち契約当事者双方の所有
　　権＝契約の自由の留保（解約自由の原則）は、自由競争を可能とし、賃借物そ
　　のものの需給の均衡と給付・反対給付の等価的均衡とをもたらし、用益関係の
　　安定につかえることになると考えられるとする。しかし、30年あるいは60年と
　　いうような永い寿命を持つ建物を所有するための借地が行われる場合に用益権
　　の債権的構成がとられると、契約当事者の一方の側における所有権＝契約の自
　　由が実質的に否定され、あるいは制約されることがあり得る。そのため、この
　　種の用益関係については、この借地権も建物と同様に長期間にわたる存続（さ
　　らには用益権の対抗力や処分の自由）が確保される必要があることから、用益
　　権の物権的構成が要請され、近代民法はこの種の用益関係に限って用益物権を
　　認めたのであるとする（物権化の市民法的構造）。その一方で、賃借権の物権化
　　現象と呼ばれているものの中には、それとは問題の所在を全く異にするものも

る。

　水本理論では、近代的土地所有が典型的に具象化した歴史的事例として、産業資本主義段階までのイギリスの農地賃貸借法を取り上げ、その所有利用関係の中に近代的土地所有の一般法則が見出されるとして、まず、近代的な土地の所有利用関係を次のように定義する。すなわち、「近代市民社会においては、土地所有権は、契約を媒介として、賃貸借に化現することにより、商品の再生産過程に即応する態勢をとることを余儀なくさせられる。地主―資本家―賃労働者という三分割制（tripartite division）は、近代市民社会の典型的階級関係であるが、ここでは、土地は資本によって借地され、資本は賃労働を使用することにより剰余価値を生み出し、剰余価値の一部が借地の対価（地代）として支払われることにより、商品再生産の運動が行われる。」つまり、「資本の運動法則が貫徹している近代社会においては、地主によって担われる土地所有権が資本家によって担われる借地権を圧迫することなく、商品生産過程の円滑な運行に順応するように両者の実定法的関係が定められている、ということが必要である」（傍点原文）とする。[28]

　そして、そのような土地の所有利用関係を資本の運動によって成立させ、一般法において賃借権の物権化を完成させることによって近代的土地所有権を現出させた典型を19世紀中葉前後のイギリスの農地賃貸借関係に求めるこ

　　　存在する。すなわち、需要が持続的に供給を上回るという事態―絶対的な借地難や借家難―が貸し手に対する借り手一般の立場を弱くし、それによって、ひとり賃労働者だけの居住の必要が（さらには小市民だけの借地の必要が）、あるいは既存の賃借権の否定、あるいは新規の賃借権の獲得の拒否という形をとって否定されることになる。このことは、これらの賃借人の経済力が他の賃借人の経済力に圧倒されているからであり、このような事情によってこれらの賃借権の物権化が要請されることになるとする（物権化の社会法的構造）。このように、用益関係の物権的構成には、「用益物権」（地上権）の系列に属するものと、固有な意味での「賃借権の物権化現象」との2つが存するとする（川村泰啓「物権化の、市民法的構造と社会法的構造」民商法雑誌36巻3号333-343頁、同「用益物権」法学セミナー19号14-16頁）。
（28）　水本・前掲書（注1）8-9頁。

とができるとする。すなわち、「イギリスでは、独立自営農民としてのヨーマンリーおよびひきつづいてその分解の中から生まれ出た借地農業者層が土地貸借の担い手となり、産業資本確立の主体的役割を果たしていったので、不動産賃借権の対抗力はほとんど理論的抵抗にあうことなく、早くも15世紀末葉にはその完結を見たのであった。」さらに、「産業資本主義の全面的展開とともに、競争地代に支えられつつ借地人層の中から大リースホールダー（large leaseholders）たる資本家的借地農業者層が生み出され、階級分解が貫徹されて現代に及ぶイギリス農業の三分割制が完成してゆくのであるが、この間に、賃借権は期間の安定を確保したり、譲渡・転貸自由の原則を取得したり、改良費償還請求権を細目的に認められたりして内容を充実してゆく。」「かくて、いわゆる一般法の整備段階で、大陸法のいわゆる賃借権の物権化はほぼ完成をみるのであって、下から近代化の典型的形態が展開され」たとする。そして、この時期に、「資本が農業を完全に把えて、地代が利潤の一部として支払われる状態＝資本制地代が現出したものとされる。近代的土地所有を資本主義的土地所有—価値所有の一局面—とみるならば、歴史的・現実的には、19世紀中葉前後に現出した英国農村の土地所有が最も典型的である。したがって、法社会学的考察において、近代的土地所有の規範形態として近代的土地所有権を現実の法制度として措定するならば、19世紀中葉の英国不動産法に求むるのが最も適当である」とする。

　このようにして、イギリス法の土地所有利用関係＝近代的・典型的形態、大陸法の土地所有利用関係＝前近代的・奇型的形態という対比が導き出されることになる。すなわち、「土地所有権が強大で農業経営を圧迫する限り、それは近代的所有権とはいえない。土地所有が使用価値としてでなく価値として（自己所有の場合でもそれが賃貸される場合は価値としてなされる必然性を包蔵する）所持されなければならないから、土地所有は当然に利用者の資本利潤の一部たるべき性質を有するわけであり、そのことは、法的には所

（29）水本・前掲書（注1）13頁。
（30）水本・前掲書（注1）105-106頁。

第1章　借地制度の基礎理論・判例理論・政策論の再検討

有権が賃借権に制限されて現れなければならないことを意味する。したがっ
て、ローマ法の所有権絶対の法律構成、そしてそれが反映されるわれわれの
イデオロギーは、近代法としては、さかだちしたものというべきである。近
代大陸法は、寄生地主的段階の反映なのであり、本来の近代的土地所有権の
実質的効果は地代収取権へ行きつき、かつ、それだけに留まるべきものとな
る。現在、市民社会の経済的諸条件の論理はそのことを要求しているにもか
かわらず、大陸法系の諸国でなお、借地権の強化がもたついているのは、や
はり封建遺制の残存およびイデオロギーとしての法の論理法則が抵抗してい
るからにほかならない。そして、この抵抗の残存は、資本主義発達の古典的
形態を示した先進英国に対する大陸諸国のずれを、いいかえれば近代化の不
完全さを端的に物語るものである」（傍点原文）⁽³¹⁾。さらに、「大陸においては
資本が農業をとらえることが不完全、あるいは皆無であったがゆえに、大陸
法の不動産賃貸借法は債権契約法の一分野としてその貧弱な内容に固定する
にいたったのであって、法形式はともかく、実質的内容に即していえば大陸
法の賃貸借法こそ近代不動産法の奇型的形態と考えねばならない⁽³²⁾」とする。

（4）水本＝渡辺理論の問題点

　以上、渡辺理論と水本理論の要点についてそれぞれ確認してきたが、両理
論の意義は、資本の価値法則が正常に貫徹した形態（近代化の正常形態）に
おける近代的借地法の一般法則を析出することにより、日本の借地法が目指
すべき実践的な理論枠組みを提示したことにあるということができる。しか
しながら、その一方で、両理論には主に次の2点において問題点があったと
いえる。

　第1の問題点は、近代的借地法の一般法則を析出することが専らの課題と
された結果、現実の日本の借地法の分析が著しく不十分な状態に留まってし
まった点である。水本理論では、近代市民法的不動産賃貸借法の範型を地主

（31）水本・前掲書（注1）106頁。

（32）水本・前掲書（注1）107-108頁。

29

—借地農業資本家—労働者という三分制度の関係における土地所有と借地農業資本の間の法として措定し、これを宅地の借地関係にも無媒介に当てはめ、「地主—借地貸家営業資本（家）—借家人のシェーマが成立する」とし、地主と借地貸家営業資本（家）の間に成立する法関係が「最も典型的に近代的な権利・義務関係を内包する」とする。その結果、自己住宅用借地人（小市民的資産家層）の存在は「近代化の進行とともに漸次分化・分解の中に解体されてゆくもの」とされる。このような理解から、都市の中間層（主に中間下層と労働者上層）が日本の借地人層となっている借地形態は「近代的借地形態と異質なもの」であり、そのような零細借地人に対する借地法上の正当事由制度は「社会政策的保護立法」であり、「借地権の変質を示すもの」とされる。そして、日本の借地法の性格は、賃借権の物権化つまり市民法化（近代化）と賃借権の社会権化つまり社会（法）化の二重構造（複合構造）をなしていることを確認した上で、「借地人の場合は建物財産を媒介としての居住利益の保護からくるものであるから、借地法においては借家法におけるほど社会法的保護の比重が決定的とはいえない。なぜなら、借地権の存続保護は居住利益であるのみならず財産利益そのものの要求でもあるからであり、『正当事由』制度によらなくても、長期の法定存続期間—理想的には朽廃に至るまでを限度とする法定存続期間—の制度化により借地権の存続保護は果たされていくからである。」したがって、「『正当事由』は財産権化と異質なものとして撤廃されてよい」との結論がなされている。このように、水

（33）水本・前掲書（注1）237-241頁。水本理論では、イギリス農地賃貸借法の発展過程から抽象された三分割制という理論図式が普遍的理論として一般化された結果、その理論図式が無媒介に日本の宅地賃貸借関係にも直結させられ、「宅地利用権と農地利用権との構造的差異が不明確にされた」との問題点が指摘されている（東海林・前掲論文（注3）383頁）。

（34）水本・前掲書（注1）246-252頁。

（35）水本・前掲書（注1）254-257頁。もっとも、この結論はその後の著作において大きく修正がなされている。同『借地借家法の現代的課題』（一粒社・1971年）では、「物権化とは市民法の枠内において債権を物権に置き換えることに限定すべきであって、居住権的生存権理念に基づく社会権化または社会規範化

本理論では、日本における自己居住用借地人の存在を認識しながらも、近代的借地形態をあるべき形態とするあまり、そのような借地人の社会法的保護の必要性を十分に考慮しない態度となっている。

　これに対して、渡辺理論では、水本理論とは異なり、借地人の生存権的土地利用権の保障が第一義的に考えられるべきであり、そのための法体系が確立されなければならないとする。すなわち、土地利用権には、生存権的土地利用権と非生存権的土地利用権とに分けられ、「生存権的土地利用権は、人間の生存を支えている財産権であり、人権としての財産権であるから、その侵害や制限には、慎重な配慮を要する。これに対して、土地所有権および非生存権的土地利用権は人権としての財産権ではなく、資本主義社会における私有財産制度に編入されているかぎりにおいて政策的に保障されている財産権であり、したがってまた政策的にその自由を制限されうる性質のものである」。生存権的土地利用権とは、居住生活の基礎となっている都市住民の土地利用権、零細・中小の営業の基礎を支えている自営業者の土地利用権等を指すものであるから、「土地利用権の中では、生存権的土地利用権の保障を第一義的に考えるべきであり、」「生存権的土地利用権保障の法体系として確立されなければならないのである」とする。このように、渡辺理論では、水本理論と異なり、借地人の社会法的保護の必要性にも配慮を示してはいるも

を物権化と識別すべきであろう。」「そして、物権化をはみ出た社会権化（中略）とでもいえる現象は物権化とは別な法論理によって支えられたものであるから、両者の本質を明確に認識し、区別した上で、立法なり解釈なりを整序してゆくべきではないか」（43頁）として正当事由制度の撤廃までは明言しなくなっている。そして、同『土地問題と所有権〔改訂版〕』（有斐閣・1980年）になると、「零細借地人（中略）にとっては、社会法的・生存権的立場から、その土地利用権は保護される必要がある」（283頁）ので、「社会法的・生存権的利益の判断基準ないし判断わく組みを確立し、それにより法的処理をしていかなければ妥当な結論が得られない」（287頁）として正当事由制度の意義を認めるかのような表現に至っている。ただし、その具体的な判断基準ないし判断枠組みについては同書では示されていない。

（36）渡辺洋三『土地と財産権』（岩波書店・1977年）99頁。

（37）渡辺・前掲書（注36）101頁。

のの、その具体的な保護のあり方やそのための法体系についてまで考察が及ぶことはなく、その主張は一般的・抽象的なレベルに留まっている。

　結局、水本＝渡辺理論においては、近代的借地法の一般法則を析出することこそが中心的課題であったのであり、日本の借地法の社会法的生存権の擁護という現実問題の認識はそのための手段でしかなかったといえよう。そのため、借地人の社会法的生存権をどのように配慮し、そのための法体系をどのように確立するかという課題についてはほとんど手付かずのまま残されることになったのである。この残された課題は、借地法上の正当事由に関する裁判例を通じてその保護が図られていったのであるが、そのことが不動産賃借権の亜所有権化という問題、さらにはその対応策としての定期借地権の導入をめぐる政策論へとつながっていくことになるため、それぞれ節を改めて詳細に検討していくこととする。

　次に、第2の問題点は、とりわけ水本理論が、産業資本主義段階におけるイギリス農業の三分割制の成立＝土地所有権の土地利用権への従属（土地賃借権の物権化の完成）＝近代的土地所有権の成立という理論図式からイギリスの土地所有権を近代化の「典型」としたこと（イギリス典型論）に対して向けられてきたものであり、これまで多くの批判的な論争がなされてきたものである。イギリス典型論とは、「資本主義の発達において先進的であり、全面的であったイギリスでは法の近代的進化もまた同様であろうという想定に立って、イギリス法の諸領域における歴史的変容のうち資本主義的再生産構造の成立に論理的に符合する一定の事象をとりだしてそれを法の近代的進化の典型とし、他国における進化をはかる標識とするものである」が、「これは、①『典型国』のそれと異なる他国の法現象をしばしば前近代的、未成熟、跛行的……であると規定し、総じて法の近代的進化において後進的ないし不徹底であると判断させるおそれがあるばかりか、②『典型国』イギリスについては、法の歴史的実証に論理的措定をおきかえ、その歴史的発展の特殊性を捨象してしまう危険を伴う」ものであるとされている。[38]

　（38）稲本洋之助「土地所有権と土地利用権」渡辺洋三＝稲本洋之助編『現代土地

第1章　借地制度の基礎理論・判例理論・政策論の再検討

このような産業資本主義段階のイギリスの土地所有権を近代化の「典型」とする水本理論に対しては、イギリス典型論批判として、主としてその歴史的分析方法の観点から精緻な議論がなされることとなった。ただし、ここでの批判は、水本理論における不動産賃借権物権化論の側面に対して向けられたものではなく、専ら近代的土地所有権論の側面に対して向けられたものであったり、また、不動産賃借権物権化論の側面に対して向けられたものであっても、資本家としての市民法的借地人のための物権化論の範囲内に留まるものであったりする。そのため、本書の課題との関連では大きな意義をもつものではないため、ここではごく簡潔にその要点を確認するに留める。

3　近代的土地所有権論批判の要点

イギリス典型論批判は、一定特定論（特定の法制度ないし法体系一般がいつ近代化（資本主義化）されたかを一定のメルクマールを選択して決定しようとする考え方）の排除を出発点とする。[39]具体的には、イギリス農業の三分割制が成立した産業資本主義段階という特定の画期のみを取り上げて、その段階で具体的に展開した法現象をメルクマールに近代的土地所有権が成立したとみなす方法論を問題視する。この批判は、西欧資本主義法の歴史的分析は次のような方法論によってなされるべきであることを前提としている。すなわち、法の歴史は、「諸段階において経済的社会構造が法規範体系のあり方を規定する」という「規定関係」と、「経済的社会構造と法規範体系の間の規定関係にさまざまな・それ自体としては非経済的・非法的な媒介物が入る」という「媒介関係」とによって展開することから、経済的社会構造の連続的発展がその上に築かれる法規範体系との並行的な連続的発展を当然には保障しないので、歴史の各段階への移行過程が重視されなければならないとする。[40]そして、そのための歴史的実証的作業として、産業資本主義から独占

　　法の研究（上）―土地法の理論と現状―』（岩波書店・1982年）79頁。

（39）稲本・前掲論文（注38）79頁、81頁注（5）。

（40）稲本洋之助「資本主義法の歴史的分析に関する覚書―現代における外国法研

33

資本主義への展開という段階の前後の2つの時期、つまり原始的蓄積の最終的過程である市民革命期から産業革命期までの時期と独占資本主義の最終的過程である国家独占資本主義段階における国家法の分析が重視されてよいとする。[41]

このような分析視角と同様の方法論をもって、イギリス典型論における前述したような2つの課題、すなわち、典型国以外の他国の法現象を法の近代化の進化において後進的・不徹底と判断させるおそれがあるという課題と、典型国イギリスの歴史的発展の特殊性を捨象させてしまう危険があるという課題とについて具体的な批判を行ったのが、戒能通厚論文と原田純孝論文である。

まず、戒能論文では、イギリス典型論は、イギリスの現実の土地所有形態を抽象化し、それに即応しない歴史的事実を二次的・副次的要因としてその分析の視角から放てきしてしまう危険がある。例えば、三分割制の確立期の土地所有の形態は貴族的大土地所有を基調とする近代的大土地所有であるところ、土地に合体された借地農の投下資本が土地の不可分の偶有性として土地所有者に帰属するか否かという問題（テナント・ライト補償問題）、土地所有者に地代徴収のため最優先差押権を保障する自救的動産差押法の問題、土地所有の拡散防止を目的とした継承財産設定の問題など貴族的大土地所有に関わる問題は、この時期の賃借権による所有権絶対性の制限といった一般的形態においては解決されていないという事実を看過しているとする[42]（これらの問題が法改正によって解決されたのは19世紀末の国家独占資本主義段階においてであり、これにより特殊イギリス的な貴族的大土地所有が崩壊し、その特殊性も失われたのであり、この段階に至って、イギリスの土地所有権は近代的土地所有の典型—土地所有の純経済的形態—に近いものとなったと

　　究の問題点」法律時報38巻12号17頁。
（41）橋本・前掲文（注38）79頁、81頁注（5）。
（42）戒能通厚「イギリス所有権法の総体的把握—水本理論を手がかりに—」社会科学の方法5巻9号12頁。

第1章　借地制度の基礎理論・判例理論・政策論の再検討

解されている⁽⁴³⁾)。そこで、イギリスにおける近代的土地所有権の解明のため
には、市民革命を起点とする資本の本格的かつ原始的蓄積過程、すなわち土
地所有の少数土地所有者への集中と直接生産者の自己経営の排除、これによ
って大土地所有に大借地経営が照応する特殊＝イギリス的な農業における資
本主義化の諸過程の土地所有権のレベルにおける反映を歴史＝具体的に分析
しなければならないとする⁽⁴⁴⁾。

　このような歴史的分析方法論から、戒能論文において、イギリスの近代的
土地所有権についての総体的＝構造的な分析が詳細に行われていくことにな
るのであるが、その反面において、その分析内容はますますプロセス論的・
事実記述的とならざるを得ず、水本理論が目指したような実践性・規範的性
格からもますます乖離していく結果となっているといえる⁽⁴⁵⁾。また、ここで展
開された批判は、水本理論における不動産賃借権物権化論の側面に対して向
けられたものではなく、専ら近代的土地所有権論の側面に対して向けられた
ものであるので、その意味において、戒能批判は水本理論が目指した主題か
ら大きく逸れたものであったともいえる⁽⁴⁶⁾。

　次に、原田論文でも、イギリス典型論を批判して、物権化論（とりわけ水
本理論）の問題点は、「イギリスの、いわば『産業資本主義段階における資
本の法』（『三分割制』確立期の農地賃貸借法）を近代市民法（『近代的土地
所有権』）の『典型』として直接的に提示したこと」にあるとする。その上
でさらに次の2つの問題が含まれるとする。1つは、その「歴史的形態」に
属さない法的契機は当然に「原理論的」構成の枠外に残されること、とりわ

───────────────

(43) 椎名重明『近代的土地所有―その歴史と理論―』（東京大学出版会・1973年）
　　 335-336頁、同「近代的土地所有論」社会科学の方法6巻6号6頁。
(44) 戒能通厚『イギリス土地所有権法の研究』（岩波書店・1980年）29-31頁、同
　　 「イギリス土地法の方法論的一考察―『近代的土地所有権』をめぐって」法律時
　　 報46巻5号88-89頁、同「近代的土地所有権をめぐって―イギリス土地法研究の
　　 ためのノート―」季刊現代法7号56頁。
(45) 池田・前掲論文（注3）36巻2号7頁。
(46) 水本浩「所有権理論の進展―戒能通厚氏の批判に答えて―」社会科学の方法
　　 6巻2号1頁。

け借地農の改良費償還請求権があまりにも容易に「物権的構成」の要素から除外されることになったことであり、もう1つは、イギリスのリースのもつ「物権的」構成を無媒介に大陸法の用益権に類比させたため、近代大陸法を「近代法としてはさかだちしたもの」「寄生地主制段階の反映」であると規定し、例えばフランス民法典のような近代大陸法の分析＝自由な土地所有権と債権的賃借権との照応関係の意義の理解のために十分な有効性を持ちえなかったことであるとする。[47] そこで、「近代的」土地所有権を法的に把握するためには、資本生産様式がなお形成途上にある市民革命後・産業革命前の過渡期に国家制定法として成立するその法＝「近代的」土地所有権法が、経済過程との関係で有した強力な媒介作用を重視しつつ、近代的な法形式を付与された土地所有権法が担った意義と機能を具体・歴史的に解明する必要があるとする。[48]

このような歴史的分析方法論から、原田論文では、フランス民法典における賃借権の「外的構造」の側面（譲渡・転貸の原則的自由と対抗力）の強化は少なくとも法律的に一定程度実現された反面、賃借権の「内的構造」の側面（改良＝投下資本の自由とその回収の保障）では、土地所有権への従属性の強化として極めて顕著に現象することになったことが詳細に論じられ、近代的な法形式を付与された農地賃借権の債権的構成が、一見「地主的」な外観にかかわらず、当時の歴史的発展段階に即応した特殊・近代的意義を持っていたことが明らかにされる。[49] このように、原田論文は、フランス民法典における自由な土地所有権に対する農地賃借権の債権的構成の特殊・近代的意義を明示することにより、イギリス典型論の課題を克服するものであるが、この特殊フランスの発展過程を「近代化」と呼ぶか、それとも「物権化」と

---

(47) 原田純孝「『近代的土地所有権』論の再構成をめぐって（上）」社会科学の方法13巻11号13-14頁。

(48) 原田・前掲論文（注47）15-16頁。

(49) 原田純孝『近代土地賃貸借法の研究―フランス農地賃貸借法の構造と史的展開―』（東京大学出版会・1980年）35-38頁、477-485頁、同「『近代的土地所有権』論の再構成をめぐって（下）」社会科学の方法14巻2号12-16頁。

36

呼ぶかはいわば程度の問題であり、その意味においては、原田論文は、水本理論の問題点を是正し補足するものとして水本理論の延長線上に位置づけられるものであるといえよう。

第2節　正当事由に関する判例法理の展開と課題

1　正当事由制度の導入とその展開

（1）考察の視点

借地人の土地使用の目的が自己使用であるとき、借地人がその土地の使用を継続できるかどうかは、その上に投下された建物などの財産権的利益の保護だけでなく、そこでの居住や営業などの生存権的利益の実現にも関わる重大な事柄となる。他方で、借地権の存続期間が満了するとき、土地所有者にとっても土地を必要とする事情があり、その事情には、例えば、土地所有者本人あるいはその家族の居住や営業のために土地を必要とするなど生存権的利益に関わる事情もあれば、再開発など土地の高度利用のために土地を必要とするなど財産権的利益に関わる事情もある。このように、借地人の土地使用の目的が自己使用であるとき、借地人の生存権的利益と土地所有者の生存権的利益あるいは財産権的利益との対立が不可避的に発生し、当事者双方の利益をいかにして合理的に調整するかということが問題となる。

この問題を検討するに際しては、借地人の生存権的利益と土地所有者の生存権的利益とが対立する場面と、借地人の生存権的利益と土地所有者の財産権的利益とが対立する場面とに分けて検討することが有益であると考える。前者の場面では、当事者双方ともに土地を自己使用のために必要としていることから、土地をより必要とする方に土地の使用を委ねるべきであるといえる。したがって、この場面では、当事者双方の利益調整の判断枠組みは、当事者双方の公平性が配慮されるように構築されればそれで十分である。これに対して、後者の場面では、借地人が土地を自己使用のために必要としているのに対して、土地所有者は土地を高度利用のために必要としていることから、当事者双方の公平性の観点とは別に、社会全体の公共性の観点からの政

策的判断も要請されることになる。すなわち、土地所有者の利益が優先され
れば、借地人の生存権的利益が犠牲になり、逆に借地人の利益が優先されれ
ば、土地所有者の財産権的利益が犠牲になることの他に、もはやその地域に
は適さなくなった土地利用が存するような場合、その状況が継続される結果、
社会全体の公共的利益が犠牲になることにもなる。したがって、後者の場面
では、当事者双方の利益調整の判断枠組みは、当事者双方の公平性に加えて、
社会全体の公共性にも配慮して構築されるべきかどうかという政策的判断に
関わるものとなる。

　このような借地権の存続期間満了時の問題は、先に検討した不動産賃借権
物権化論ではそもそも主たる関心の範囲外に置かれていたため、その議論の
中でこの論点が理論的に深められることはなかった。このため、この論点に
ついては、学術的な基礎理論に基づいたあるべき方向性が示されないまま、
以下で検討するような正当事由に関する判例の集積を通じて、裁判実務の中
から形成されていくことになったのである。

　そこで、借地権の存続期間満了時における当事者双方の利益を合理的に調
整するための法制度を考察するための前提として、判例法理による正当事由
の判断枠組みがどのようなものであり、そこにどのような問題点があったの
かを検討する。そのためにまず、そもそも正当事由制度がどのようにして導
入されたのか、そしてその後正当事由制度がどのような展開を辿ったのかを
概観する。[(50)]

（2）正当事由制度の導入

　借地法は1921年（大正10年）に制定されたが、制定当初は正当事由に関す
る定めは設けられていなかった。このときの立法では、借地権の存続期間が

---

(50) 正当事由制度の導入から展開までのプロセスについては次の文献を参照した。
鈴木禄弥『借地法上巻〔改訂版〕』（青林書院新社・1980年）23-63頁、同『借
地・借家法の研究Ⅰ』（創文社・1984年）108-124頁、155-165頁、鎌田薫・山田
伸直「借地関係における正当事由の判断要素の明確化」ジュリスト939号94-96
頁、平田厚『借地借家法の立法研究』（成文堂・2014年）54-57頁、75-81頁。

38

第1章 借地制度の基礎理論・判例理論・政策論の再検討

満了した場合、借地権は原則として消滅し、例外的に、①借地人が「契約ノ更新ヲ請求」し、土地所有者がこれを拒絶しなかったとき（旧法4条1項）、あるいは②借地権消滅後に借地人が「土地ノ使用ヲ継続」し、これに対して土地所有者が「遅滞ナク異議ヲ述ヘサリシトキ」（旧法6条）に限り、借地権は存続されるものとされていた。そして、借地人の契約の更新請求に対して土地所有者が「契約ノ更新ヲ欲セサルトキ」、借地人は土地所有者に対し「時價ヲ以テ建物其ノ他借地権者カ権原ニ因リテ土地ニ附属セシメタル物ヲ買取ルコトヲ請求スルコト」ができるとされていた（旧法4条2項）。

　このように、借地法制定当初においては、借地権そのものは、たとえ借地上の建物が存在する場合でも、存続期間満了により消滅するというのが原則であり、ただ、建物に投下された資本が建物買取請求権により保護される結果として、借地人が保護されているにすぎなかった。すなわち、当時の借地人のうちには、自己の住居を建てんとする者や、自己の小規模の営業用として建物を建てようとする者、さらには小金を貯めて数戸の貸家を建てわずかの家賃収入を得ようとする者等が大きな部分を占めていたが、これらの借地人の生活（居住・営業）それ自体が借地法によって保護されたわけではなく、建物がその者の所有物として保護されていることの反射として、その限りでのみ、借地人の生活が保護されているにすぎないというものであった。[51]

　これに対して、1941年（昭和16年）の改正借地法において正当事由制度が導入されたことにより、土地所有者が借地人による契約の更新請求や土地の使用継続に対して異議を述べるためには、「自ラ土地ヲ使用スルコトヲ必要トスル場合其ノ他正当ノ事由アル場合」であることを要するとされた（法4条1項但書・6条2項）。これにより、たとえ借地権の存続期間が満了したとしても、建物が存する限り、土地所有者に正当事由がある場合でなければ、借地権は消滅しないこととなり、むしろ借地権が消滅しないことが原則とされたのであった。

（51）鈴木・前掲借地法上巻（注50）31-32頁、同・前掲借地・借家法の研究Ⅰ（注50）118-119頁。

このような正当事由制度が導入された理由は、基本的には政府が土地所有者の寄生的利益の排除＝価格統制の維持を目的としたからであるが、それと同時に、借地人の生活を安定させることの必要性をも考慮したからであるとの評価がなされている。⁽⁵²⁾すなわち、戦時下の絶対的住宅難の下では、土地や建物の価格の高騰を背景に、借地権の存続期間が満了するとき、土地所有者はその土地を他に利用するために更新拒絶をすることが常態化していた。もちろん、土地所有者が更新拒絶をすれば時価で建物を買い取る必要があるが、その時価には借地権価格は含まれていないこと、また土地や建物の需要が供給をはるかに上回る経済事情にあることから、土地所有者はその後にこれを第三者に売却ないし賃貸することで寄生的投機的利益を取得することができた。このことが間接的に土地建物等価格統制令をおびやかすものとして、土地所有者の寄生的投機的利益を目的とする更新拒絶を制限しなければならないと考えられたのであった。そして、このようなファシズム的な論理を媒介として、更新を拒絶され、建物を買い取られた借地人が、深刻な住宅難の下、容易に他の建物を見出すことができないで困窮するという生活の脅威を取り除くことも考慮されたのであった。⁽⁵³⁾

　こうした理由から改正借地法は、更新拒絶を行う土地所有者に正当事由があることを要するものとしたが、その規定は「自ラ土地ヲ使用スルコトヲ必要トスル場合其ノ他正当ノ事由アル場合」という一般条項的性格を有するものであり、その具体的な内容は必ずしも明確ではなかった。もっとも、立法過程の議論から、立法者はまず、正当事由を土地所有者本人の土地使用の必

（52）渡辺洋三『土地・建物の法律制度（中）』（東京大学出版会・1962年）462-465頁。

（53）これに対して、借地法改正の目的を「国家独占資本の利益のために地主層に負担を転嫁するためになされたもの」と理解しつつも、借地人の居住の保障という観点から借地関係の存続への努力がなされていたことをより積極的に評価して、「社会法的性格をもつもの」ということができると解する見解もある（鈴木・前掲借地法上巻（注50）43頁、同・前掲借地・借家法の研究Ⅰ（注50）158頁）。

第1章　借地制度の基礎理論・判例理論・政策論の再検討

要性があれば、当然かつ無条件に正当事由の存在が肯定されるという絶対的正当事由として理解していたと解される。そして、この「自己使用」の範囲もかなり広い意味で捉えられており、家族や親族、分家の使用も含まれるものとされていた。(54)また、町会の事務所、常会の事務所、防空壕あるいは緑地帯などの用途に土地を利用する場合や、土地所有者が大きなアパートを建築して住宅難の緩和に貢献する場合など、統制法の一環としてではあるが、「公共性」に資するような場合も正当事由に入るものとされていた。(55)以上のように、正当事由制度の導入時においては、正当事由に該当し得る場合は、土地所有者本人またはその家族等の土地使用の場合と公共性に資する土地使用の場合とに限られるものとして理解されていたのである。

（3）正当事由の明確化に関する立法提案

　その後、1956年（昭和31年）頃から、借地法・借家法が当時の社会事情に適合せず、紛争解決に不十分であること、土地建物の使用の高度化に関する規定の整備が必要であることなどを理由に、借地法・借家法を全面的に改正しようとする動きが現れてきた。(56)法制審議会民法部会財産法小委員会の借地借家法改正準備会は、改正の準備作業にとりかかり、1957年（昭和32年）に「借地・借家法改正の問題点」を、1959年（昭和34年）に「借地借家法改正要綱試案」を、1960年（昭和35年）に「借地借家法改正要綱案」をそれぞれ発表した。そして、正当事由については、その判断が容易でなく、客観的に見てどのような場合に正当事由が具備されるのか明確でない場合が多いとの問題意識から、財産法小委員会においてその具体的内容を明確化し、正当事由の存否がある程度当事者にも判断できるようにするべきであると考えられた。(57)

（54）渡辺・前掲書（注52）478-481頁。

（55）渡辺・前掲書（注52）476-477頁。

（56）鈴木・前掲借地法上巻（注47）50頁、同・前掲借地・借家法の研究 I（注50）163頁。

（57）座談会「借地・借家法の改正―借地・借家法改正要綱から落とされた問題

41

まず、「借地・借家法改正の問題点」においては、①借地権の存続期間の満了の際、土地所有者が借地権の消滅を欲するときは、裁判所に対してその旨の請求をなし、裁判所の判断により、借地権を消滅させるか否かを決定する、②裁判所は、土地使用の状況その他一切の事情を考慮して借地権者にその土地を継続して使用させることを相当と認めるときは、借地権消滅の請求を認容しないことができる、そして、③裁判所は、借地権の消滅請求を認容しまたは認容しない場合に、当事者間の均衡を図るため、その一方に金銭の支払いを命ずることができるとする提案がなされた。この提案によれば、借地権が消滅するか否かは、裁判所による土地使用の状況その他一切の事情の比較衡量によって決せられることになる。

　次に、その後の「借地借家法改正要綱案」においては、①借地権の存続期間は30年とし、借地権は、その存続期間が満了したとき、期間の定めのないものとして存続する、②借地権の存続期間の満了後は、一定の正当事由があるときは、土地所有者は、裁判所に対し、借地権の消滅の請求をすることができる、③借地権消滅請求を認容する裁判により借地権が消滅したときは、建物その他借地権者または転借地権者が権原により土地に附属させた物の所有権は、土地所有者に帰属するが、その場合、土地所有者は、借地権者または転借地権者に対し、時価その他の事情を考慮して裁判所が定めた対価を支払わなければならないとされた。その上で、土地所有者が借地権消滅請求をするのに要するとされる正当事由として、①請求の際、借地権者または転借地権者が正当な事由なくして当該土地を使用していないとき、②土地所有者が当該土地の上に工作物を築造する計画を有し、これを実施することが当該

　　点―」ジュリスト297号55頁〔川島一郎発言〕。

(58)「借地・借家法改正の問題点」については、廣瀬武文『借地借家法の諸問題』（日本評論新社・1959年）273頁以下の附録として掲載。

(59)「借地借家法改正要綱案」については、法務省民事局参事官室編「借地・借家法改正の問題点」別冊NBL17号153頁以下所収、同「借地・借家法改正要綱試案」別冊NBL21号201頁以下所収。なお、「借地借家法改正要綱試案」の内容も要綱案とほぼ同一である（ジュリスト196号61頁以下所収）。

第1章　借地制度の基礎理論・判例理論・政策論の再検討

土地をより高度に利用することとなるとき、③土地所有者が借地権者または転借地権者に比較して当該土地を使用すべき切実な必要があるとき、④土地所有者が借地権者または転借地権者に対し相当な条件で直ちに使用し得る相当な代替土地を提供するとき、⑤その他これに準ずる正当な事由があるときがあげられた。

　この要綱案は、全般的に借地権の物権化が志向されていたため、土地所有者側の反対意見が強く、法制審議会で正式に取り上げられるには至らなかった。しかし、その後は、緊急の手直しに必要な点だけに限っての一部改正の準備が進められ、最終的に1966年（昭和41年）の改正借地法として実現することになった。(60)ただし、上記の正当事由に関する要綱案の内容はこのとき盛り込まれることはなかった。その理由として、すでに判例が社会情勢の変遷に従って様々な内容を正当事由に盛り込んでいる状況において後から具体的な規定をすると、かえって判例に枠をはめることになってしまい摩擦が生じてしまうこと、そして、具体的な規定をすると、当事者の利害を比較考量することがはっきりしなくなる懸念があることがあげられている。(61)

　こうして、要綱案のうち正当事由の明確化については見送られることとなった。しかし、ここで注目されるのは、要綱案において、土地所有者が建物の再開発の計画を有し、それが土地の高度利用となるとき、そのことが正当事由となるとされている点であり、しかも、そのことが基本的に公共の利益に資するものと考えられていた点である。(62)このような土地の高度利用を正当

---

(60) 鈴木・前掲借地法上巻（注50）51-52頁、同・前掲借地・借家法の研究Ⅰ（注50）164頁。

(61) 前掲座談会（注57）57頁〔我妻栄発言〕。

(62) 土地の高度利用を正当事由に加えるべきとする発言として、①大都会に人口が集中して、土地が足りなくなり、地価が上昇し、土地の利用価値が非常に高くなるに従って、一寸の土地でも有効に使いたいという時代になってくると、借地人と土地所有者との困窮度の比較だけでは不十分であり、土地の有効な利用という社会的使命に沿うような使用方法を促進することを考える必要があると述べるもの〔川島一郎発言〕、②公共の福祉と同じような考え方から、借地人の利益がある程度犠牲になってもやむを得ないと述べるもの〔小山宏発言〕、③

43

事由に加えるべきか否かをめぐる議論は、1980年代後半に再び強まることとなるが、このことについては節を改めて検討することとする。

（4）正当事由の判断要素の形成

　以上のように、借地法4条1項の「自ラ土地ヲ使用スルコトヲ必要トスル場合其ノ他正当ノ事由アル場合」という一般条項的規定から、これを改正して正当事由を具体的に列挙し、その内容を明確化しようとする試みがなされてきた一方で、この試みと同時進行的に、判例は、土地所有者本人の土地使用の必要性の存否だけで正当事由の有無を判断するのではなく、当事者双方の利害関係その他諸般の事情を考慮して総合的に判断するという基準を確立させつつあった。すなわち、最高裁判所が「土地所有者が更新を拒絶するために必要とされる正当の事由ないしその事由の正当性を判断するには、単に土地所有者側の事情ばかりでなく、借地権者側の事情をも参酌することを要し、たとえば、土地所有者が自ら土地を使用することを必要とする場合においても、土地の使用を継続することにつき借地権者側がもつ必要性をも参酌した上、土地所有者の更新拒絶の主張の正当性を判定しなければならないものと解するのを相当とする」と判示したことにより（最判昭37・6・6民集16巻7号1265頁）、正当事由の存否の判断に際しては、その条文の文言に関わりなく、当事者双方の利益が比較衡量されるべきこととされた。そして、

　　今日の正当事由の解釈では、当事者の利害の他に、社会上・公益上の見地からこれを判断しなければならないことになっているから、土地の高度利用という要件を具体的かつ明確に規定した方がよいと述べるもの〔広瀬武文発言〕がある。ただし、土地の高度利用を正当事由とする場合、公共の福祉のためにたまたま犠牲にならなければならない借地人に対しては相当の補償をすることも考えなければならないとの発言がある〔我妻栄発言〕。これに対して、一般論としては土地の高度利用という公共的・客観的なファクターを問題とする考え方は大いによいが、これだけを問題にするならば、土地所有者の計画が優先され、借地人の計画は問題にされなくなる疑問があり、このような規定を入れることに躊躇を感じると述べるものもある〔星野英一発言〕（以上、前掲座談会（注57）58-59頁）。

その後の下級審裁判例の集積を通じて、当事者双方の土地使用の必要性を主たる判断要素とし、その他諸般の事情を副次的な判断要素とする裁判実務が確立していくこととなった。

　このような正当事由の判断枠組みは、現在では、1991年（平成3年）に制定された借地借家法6条の規定に基本的にそのまま受け継がれている。同法⁽⁶³⁾6条では、正当事由の判断に当たり斟酌されるべき判断要素として、「借地権設定者及び借地権者（転借地権者を含む。以下この条において同じ。）が土地の使用を必要とする事情のほか、借地に関する従前の経過及び土地の利用状況並びに借地権設定者が土地の明渡しの条件として又は土地の明渡しと引換えに借地権者に対して財産上の給付をする旨の申出をした場合におけるその申出」があげられている。ここであげられた判断要素は、いずれも判例等で正当事由の判断に当たり考慮されるべきものとされた代表的なものに他ならず、当事者双方の「土地の使用を必要とする事情」が主たる判断要素となり、「借地に関する従前の経過」、「土地の利用状況」および「借地権設定者の財産上の給付の申出」が副次的な判断要素となるよう条文上構成されている。このことから、次に正当事由に関する判例の検討を行うに際しては、⁽⁶⁴⁾借地法が適用される判例と借地借家法が適用される判例とを特に区別することなく、借地借家法6条の判断枠組みに基づいて検討を行うこととする。

2　正当事由判断の全体的傾向と問題点

（1）検討の方法

　正当事由の有無の判断にあたっては、まず当事者双方の土地使用の必要性の比較が行われるが、土地使用の必要性の内容や程度は様々である。例えば、

（63）借地借家法6条の規定は、現に裁判実務で考慮されている要素を規定に掲げることにより、より具体的な実情に即した判断をすべきことを法文上も明らかにすることを目的とするものであるので、正当事由の有無の判断の実質は、実質的に借地法の下での扱いと変わらないとされている（寺田逸郎「借地・借家法の改正について」民事月報47巻1号52-53頁）。

（64）寺田・前掲論文（注63）56頁。

土地所有者側において、本人あるいはその家族の居住や営業のために土地を必要とするなど生存権的利益に関わる事情もあれば、再開発など土地の高度利用のために土地を必要とするなど財産権的利益に関わる事情もある。土地所有者は、これらの事情があれば直ちに正当事由があるとされるわけではなく、借地人の土地使用の必要性との相関関係によってその有無が判断される。そして、このような当事者双方の土地使用の必要性の比較のみで判断できない場合に、その他諸般の事情も考慮して正当事由の有無が総合的に判断されることになる。

　正当事由判断に関する判例の分析についてはすでに多数の文献があり、[65]それぞれにおいて詳細な考察がなされているので、ここでは個別の判断要素について改めて検討することは避け、本書の問題意識の範囲で判例の全体的傾向を把握することに努めることとする。本書の問題意識は、借地人の生存権的利益と土地所有者の生存権的利益とが対立する場面では、どのような制度を構築すれば当事者双方の公平性が確保されるか、また借地人の生存権的利益と土地所有者の財産権的利益とが対立する場面では、借地人の生存権的利益が優先されるべきであるか、それとも社会全体の公共的利益が優先されるべきであるかというものである。そこで、判例の検討方法としては、問題意識の区分に対応させて、土地所有者が土地の自己使用を理由に正当事由を主張する場合と土地の高度利用を理由に正当事由を主張する場合とに便宜的に区分して検討する。この検討を通じて、区分ごとの全体的傾向を確認し、どこにどのような問題点があるといえるのかを検討する。

（65）正当事由に関する判例を分析したものとして次の文献を参照した。鈴木・前掲借地法上巻（注50）438-448頁、星野英一『借地・借家法』（有斐閣・1969年）75-80頁、鎌田薫・山田伸直「借地法4条・6条の正当事由—戦後判例の総合的検討—」ジュリスト828号222-229頁、加地徹『借地契約解除の正当事由』（近代文藝社・1994年）53-142頁、稲本洋之助・澤野順彦編『コンメンタール借地借家法〔第2版〕』（日本評論社・2003年）33-46頁〔本田純一〕、田山輝明・澤野順彦・野澤正充編『新基本法コンメンタール借地借家法』（日本評論社・2014年）35-42頁〔藤井俊二〕。

第1章　借地制度の基礎理論・判例理論・政策論の再検討

　なお、取り上げた判例の総数は110件で、このうち同一訴訟についての異審級の判例は、結論が同一であるときは上級審のみを取り上げ、結論が異なるときはそれぞれを取り上げている。

（2）土地所有者が土地の自己使用を理由に正当事由を主張した事例

　ここでは、土地所有者が土地の自己使用を理由に正当事由を主張した場合における判例の全体的傾向を確認する。

　判例は、最初に当事者双方の土地使用の必要性の比較を行うことで正当事由の有無を判断するが、このような比較のみで正当事由が肯定された判例一覧が【表1】で、否定された判例一覧が【表2】である。【表1】および【表2】からそれぞれ次のような傾向を読み取ることができる。

　【表1】においては、一部の事例（12の判例）で必要性の強弱の程度に応じて正当事由が肯定されているが、全体的には土地所有者の必要性が明らかに高いのに対して、借地人の必要性がほとんどないかそれ程でもないといえる事例において正当事由が肯定されている。

　他方で、【表2】においては、全体的に土地使用の必要性が相対的に土地所有者よりも借地人の方が高いといえる場合に正当事由が否定されている。ただし、必要性が双方ともに同程度に高いにもかかわらず正当事由が否定された事例（15、19、21、29の判例）もあり、これらにおいては借地人の方が有利に取り扱われているといえる。

　次に、判例が当事者双方の土地使用の必要性の比較をした上で、さらにその他諸般の事情も考慮して正当事由が肯定された判例一覧が【表3】で、否定された判例一覧が【表4】である。【表3】および【表4】からそれぞれ次のような傾向を読み取ることができる。

　【表3】においては、特殊な事例や詳細不明な事例を除けば、次の3つの傾向があるといえる。1つは、【表1】と同じように土地所有者の必要性が明らかに高く、借地人の必要性がほとんどないといえるにもかかわらず、立退料の提供等の事情も考慮して正当事由が肯定された事例（3、4、6、19

47

の判例）である。2つは、土地所有者の必要性はある程度あるが、借地人の
移転先確保が可能なことと立退料の提供等の事情も考慮して正当事由が肯定
された事例（5、9、10、11、17、18、20の判例）である。3つは、当事者
双方の必要性は同程度であるが、立退料の提供等の事情も考慮して正当事由
が肯定された事例（12、13、14、15、16の判例）である。

【表4】においては、一部に妥当性が疑われる事例（借家人の存在を考慮
した事例（1、2の判例[66]）や土地所有者の必要性があり、借地人の必要性が
ないにもかかわらず、立退料の不足を理由に正当事由が否定された事例（7
の判例））もあるが、それ以外は当事者双方の必要性は同程度であるが、諸
般の事情が重視されて正当事由が否定されている。

以上の判例から、まず、土地所有者の必要性が明らかに高く、借地人の必
要性がほとんどないかそれ程でもないといえる場合には正当事由は肯定され
（そのような場合でも立退料の提供等が条件とされることもある）、当事者双
方の必要性が同程度の場合には立退料の提供等を条件に正当事由は肯定され
る（そのような場合でも正当事由が否定されることもある）が、それ以外の
場合には正当事由は否定されるという傾向を読み取ることができる。このよ
うな傾向から、当事者双方の公平性が一定程度配慮されてきたということが
できるが、正当事由が肯定される場合が上記の場合に限定されていることを
踏まえると、基本的には正当事由制度は借地人に有利に機能してきたという
ことができる。

---

(66) これらの判例については、その後の最高裁判例により、「第三者である地上
　　建物賃借人の事情を参酌」すべきでないと判示され（最判昭56・6・16判時
　　1009号54頁）、また「借地人側の事情として借地上にある建物賃借人の事情をも
　　斟酌することの許されることがあるのは、借地契約が当初から建物賃借人の存
　　在を容認したものであるとか又は実質上建物賃借人を借地人と同一視すること
　　ができるなどの特段の事情の存する場合であり、そのような事情の存しない場
　　合には、借地人側の事情として建物賃借人の事情を斟酌することは許されない」
　　と判示されている（最判昭58・1・20民集37巻1号1頁）。

第1章　借地制度の基礎理論・判例理論・政策論の再検討

【表1】土地使用の必要性の比較のみで正当事由が肯定された事例

番号	判決日／出典	土地所有者の主な事情	借地人の主な事情
1	京都地判昭25・3・25下民1巻3号407頁	営業に不可欠	借地の不使用（建物朽廃）
2	東京地判昭32・3・29下民8巻629頁	営業に必要	借地の一部の不使用
3	横浜地判昭34・7・30下民10巻7号1576号	生計維持に不可欠	第三者の使用
4	東京地判昭35・1・29判時227号28頁	営業に不可欠	移転先の存在
5	東京地判昭36・3・31下民12巻3号684頁	営業に必要	第三者の使用
6	岐阜地判昭39・9・22判タ166号207頁	営業に必要	借地の一部の返還可能
7	最判昭39・10・16判タ170号115頁	営業に必要	第三者の使用
8	東京地判昭43・1・31判時520号64頁	生計維持に不可欠	移転先の存在
9	東京地判昭45・11・27判時626号64頁	生計維持に不可欠	借地の一部の不使用
10	東京高判昭46・9・16判時646号49頁	不明	第三者の使用
11	東京地判昭47・10・26下民23巻9-12号558頁	居住に不可欠	借地の一部の不使用
12	東京高判昭48・4・26判時705号54頁	居住に不可欠	居住に必要
13	東京高判昭50・5・29判時786号45頁	居住に必要	第三者の使用
14	東京高判昭50・8・20判時803号72頁	居住に必要	借地の一部の第三者の使用
15	水戸地判昭51・3・31判タ342号257頁	生計維持に不可欠	借地の不使用
16	札幌地判昭53・1・25判時905号93頁	居住に不可欠	借地の一部の不使用
17	東京地判昭55・6・4判タ427号166頁	居住に必要	借地の不使用
18	東京高判昭56・1・29判時994号48頁	居住に必要	第三者の使用
19	最判昭56・6.16判時1009号54頁	営業に必要	第三者の使用

49

20	東京高判昭56・11・24判時1027号53頁	営業に必要	借地の不使用
21	東京地判昭56・11・27判時1047号116頁	居住に必要	借地の不使用
22	横浜地判昭57・12・24判タ498号143頁	居住に不可欠	第三者の使用
23	東京地判昭59・7・10判時1159号130頁	生計維持に不可欠	移転先確保の容易さ
24	横浜地判昭63・2・8判時1294号106頁	居住営業に不可欠	第三者の使用
25	東京地判昭63・5・31判時1303号93頁	居住に必要	借地の不使用

【表2】土地使用の必要性の比較のみで正当事由が否定された事例

番号	判決日／出典	土地所有者の主な事情	借地人の主な事情
1	鳥取地判昭25・7・5下民1巻7号1021頁	転売に必要	営業に不可欠
2	東京高判昭31・9・19判タ63号56頁	居住に必要	移転困難
3	東京地判昭34・8・17下民10巻8号1680号	営業に必要	無資力・移転困難
4	最判昭36・3・24民集15巻3号572頁	営業に必要	居住に不可欠・無資力
5	最判昭37・6・6民集16巻7号1075頁	営業に必要	居住・営業に不可欠
6	仙台高判昭38・10・2高民集16巻7号531頁	居住に必要・本拠の存在	居住に不可欠
7	東京高判42・6・13高民集20巻3号291頁	居住に必要・本拠の存在	居住営業に不可欠
8	東京地判昭42・7・13判時497号55頁	営業に必要	居住営業に不可欠
9	東京地判昭47・3・30判時675号65頁	営業に必要	営業に不可欠
10	東京地判昭47・7・13判時688号73頁	営業に必要・具体性なし	営業に不可欠
11	東京地判昭50・9・25判タ333号249頁	営業に必要	居住・営業に不可欠
12	東京高判昭52・6・20判時862号27頁	居住に必要	居住に不可欠・無資力
13	名古屋高金沢支部判昭52・9・7判時875号57頁	営業に必要・代替地可能	営業に不可欠

14	東京地判昭53・2・24判タ369号255頁	営業に必要	居住営業に不可欠
15	東京地判昭53・3・27判タ369号244頁	居住営業に不可欠	居住営業に不可欠・移転困難
16	東京地判昭53・3・29判タ369号241頁	営業に必要	営業に不可欠・移転困難
17	東京高判昭53・12・8判時919号66頁	社員寮建設に必要	居住に不可欠・移転困難
18	水戸地判昭54・9・10判タ416号168頁	宗教施設に必要	居住に必要・移転困難
19	東京高判昭55・5・1判タ419号101頁	居住に不可欠	居住に不可欠
20	東京地判昭55・11・1判時1004号83頁	居住に必要・必要性低い	営業に不可欠・移転困難
21	東京高判昭55・12・2判時992号61頁	生計維持に不可欠	居住に不可欠
22	東京高判昭56・1・30判タ453号113頁	居住に必要・代替地可能	居住営業に不可欠
23	東京地判昭56・2・27判タ449号109頁	居住に必要	営業に不可欠
24	東京高判昭56・4・22判時1004号67頁	居住に必要	営業に不可欠・移転困難
25	東京高判昭56・4・28判タ449号90頁	居住に必要	居住に不可欠
26	東京地判昭56・7・29判タ465号132頁	営業に必要・具体性なし	営業に不可欠・移転困難
27	東京地判昭56・9・28判時1035号82頁	施設に必要・代替地可能	営業に必要・一部第三者使用
28	東京地判昭56・10・12判タ466号144頁	不明	営業に不可欠
29	東京高判昭56・11・25判タ460号96頁	居住営業に不可欠	営業に不可欠・移転困難
30	東京地判平24・11・8判例集未登載	営業に必要・具体性なし	営業に不可欠
31	東京地判平24・11・15判例集未登載	居住に必要・代替地可能	居住営業に必要
32	東京地判平25・5・14判例集未登載	営業に必要・代替地可能	居住に不可欠
33	東京地判平25・5・16判例集未登載	営業に必要・具体性なし	第三者の使用

【表3】諸般の事情をも考慮して正当事由が肯定された事例

番号	判決日／出典	土地所有者の主な事情	借地人の主な事情	諸般の事情
1	東京地判昭39・10・19 判タ170号236頁	不明	居住に必要	立退料の提供
2	東京地判昭46・4・28 判タ265号157頁	営業（ビル建設）に必要	営業に必要	借地契約の特約
3	東京地判昭49・9・30 下民25巻9-12号781頁	居住に必要 生計維持に必要	第三者による使用 移転先の存在	立退料の提供
4	東京地判昭49・10・17 判時779号71頁	営業に不可欠	借地の一部の返還可能	立退料の提供
5	大阪地判昭50・3・28 判時785号90頁	営業（工場建設）に必要	移転先の存在	立退料の提供
6	東京高判昭54・3・28 判時935号45頁	営業に不可欠	営業に不可欠 借地の一部の返還可能	借地契約の特約違反 立退料の提供
7	東京地八王子支部判昭54・3・28判時955号86頁	居住に必要	都営住宅建設の必要	土地所有者の土地取得の経緯
8	東京地判昭54・9・25 判時958号86頁	居住に必要	都営住宅建設の必要	土地所有者の土地取得の経緯
9	東京地判昭55・4・22 判時969号83頁	営業（ビル建設）に必要	営業に必要 移転先の存在	老朽建物の存在 立退料の提供
10	大阪高判昭58・9・30 判タ523号166頁	営業に必要	営業に必要 移転先の存在	立退料の提供
11	東京地判昭59・12・21 判タ533号185頁	居住に必要	営業に必要 移転先確保の容易さ	立退料の提供
12	名古屋高判昭59・12・26 判タ549号195頁	営業（店舗建設）に必要	営業に必要	立退料の提供
13	神戸地判昭62・5・28 判時1265号138頁	居住に必要	居住（社宅）に必要 マンション建設に必要	立退料の提供
14	横浜地判昭63・4・21 判時1293号148頁	必要性なし	借地の不使用	老朽建物の存在 立退料の提供
15	東京地判昭63・6・9 判時1311号84頁	営業（工場建設）に必要	営業・生活維持に必要	立退料の提供
16	東京地判昭63・11・14 判時1324号61頁	大学校舎建設に必要	営業に必要	立退料の提供
17	最判平6・10・25 民集48巻7号1303頁	営業（薬局）に必要	営業（百貨店）に必要 移転先確保の容易さ	立退料の提供

第1章　借地制度の基礎理論・判例理論・政策論の再検討

18	東京地判平7・2・24 判タ902号101頁	営業（新聞販売店の建替え）に必要	営業（印刷業）に必要 移転先確保の容易さ	立退料の提供
19	東京高判平11・12・2 判タ1035号250頁	営業・居住に不可欠	第三者の使用	老朽建物の存在 立退料の提供
20	東京地判平24・12・25 判例集未登載	居住（建替え）に必要	居住に必要 移転先確保の容易さ	老朽建物の存在 立退料の提供

【表4】諸般の事情をも考慮して正当事由が否定された事例

番号	判決日／出典	土地所有者の主な事情	借地人の主な事情	諸般の事情
1	広島高岡山支部判昭50・9・19判 時800号65頁	営業に必要	第三者の使用	借家人の存在
2	東京高判昭51・10・21判時841号37頁	営業（倉庫建設）に必要（見込み困難）	第三者の使用	借家人からの賃料収入
3	東京地判昭53・5・31判タ371号109頁	居住に必要	居住営業に不可欠	権利金の授受
4	東京地判昭54・6・9判タ397号92頁	居住に不可欠	営業に不可欠	商業地域
5	東京地判昭63・5・30判時1300号73頁	居住に必要 具体性なし	居住に必要	権利金・承諾料の授受
6	東京高判平1・10・30判タ752号179頁	大学校舎建設に必要	営業に必要	立退料の不足
7	東京地判平25・5・21判例集未登載	居住に必要	借地の不使用	老朽建物の存在 立退料の不足

（3）土地所有者が土地の高度利用を理由に正当事由を主張した事例

　ここでは、土地所有者が土地の高度利用を理由に正当事由を主張した場合における判例の全体的傾向を確認する。正当事由が肯定された判例一覧が【表5】で、否定された判例一覧が【表6】である。【表5】および【表6】からそれぞれ次のような傾向を読み取ることができる。

　【表5】においては、大部分は高度利用に適した地域に老朽建物が存在して土地の有効利用が阻害されている場合であり、借地人にある程度の必要性があるときでも、借地人の移転先確保が可能なことと立退料の提供等の事情を考慮して正当事由が肯定されている。その結果、地域の

特性に応じた土地の最有効使用が実現されたということができる。なお、移転先確保が困難であるにもかかわらず正当事由が肯定された事例（10、11の判例）もあるが、これらの事例は上級審（【表6】の6、7の判例）において正当事由が否定されている。

　これに対して、【表6】においては、大部分が高度利用に適した地域に老朽建物が存在して土地の有効利用が阻害されているにもかかわらず、①借地人の土地使用の必要性が重視されること（2、3、4、6、7、8の判例）、②立退料が不足していること（5の判例）、③土地所有者の実質的な目的が地上げであること（9の判例）を理由に正当事由が否定されている。これらの判例のうち、特に①を理由に正当事由が否定される場合においては、借地人の必要性を重視するあまり、もはやその地域に適さなくなった土地利用が継続される結果、社会全体の公共的利益が犠牲にされているということができる。

【表5】正当事由が肯定された事例

番号	判決日／出典	土地所有者の主な事情	借地人の主な事情	諸般の事情
1	東京高判昭51・2・26 高民29巻1号16頁	ビル建設に必要	営業に必要 移転先の存在	高度利用に適した地域 立退料の提供
2	大阪高判昭52・9・16 判時879号85頁	文化住宅建設に必要	第三者の使用	高度利用に適した地域 老朽建物の存在
3	東京地判昭53・8・29 判時933号99頁	アパート建設に必要	第三者の使用	立退料の提供
4	福岡高判昭54・12・20 判時960号58頁	ビル建設に必要	営業や生活維持に不可欠 第三者の使用 移転先の存在	高度利用に適した地域 老朽建物の存在 立退料の提供
5	東京地判昭56・4・28 判時1015号90頁	本社ビル建設に必要	営業に必要 借地の一部の第三者使用	高度利用に適した地域 立退料の提供
6	東京地判昭61・1・28 判時1208号95頁	マンション建設に必要	営業（木賃宿）に必要	高度利用に適した地域 営業継続の困難さ

番号	判決日／出典	土地所有者の主な事情	借地人の主な事情	諸般の事情
7	東京高判昭61・4・28 金判748号31頁	高層ビル建設に必要	高層ビル建設に必要 移転先の存在	高度利用に適した地域 老朽建物の存在 立退料の提供
8	東京高判昭61・10・29 判時1217号67頁	マンション建設に必要	第三者の使用	立退料の提供
9	東京地判昭62・3・23 判時1260号24頁	店舗ビル建設に必要	営業（飲食店）に必要 移転先確保の容易さ	高度利用に適した地域 立退料の提供
10	東京地判平1・12・27 判時1353号87頁	本社ビル建設に必要	居住営業に不可欠 移転先確保の困難	高度利用に適した地域 老朽建物の存在 立退料の提供
11	東京地判平3・1・25 判タ807号239頁	本社ビル建設に必要	居住営業に不可欠 移転先確保の困難	高度利用に適した地域 老朽建物の存在 立退料の提供
12	東京地判平6・8・25 判時1539号93頁	高層ビル建設に必要	居住に必要 移転先の存在	高度利用に適した地域 老朽建物の存在 立退料の提供
13	東京地判平7・9・26 判タ914号177頁	賃貸住宅建設に必要	移転先の存在	信頼関係の破綻 立退料の提供
14	東京地判平10・8・21 判タ1020号212頁	高層ビル建設に必要	営業（司法書士）に必要 移転先の存在	高度利用に適した地域 立退料の提供
15	東京地判平24・12・12 判例集未登載	マンション建設に必要	居住に必要 移転先確保の容易さ	高度利用に適した地域 老朽建物の存在 立退料の提供
16	東京地判平25・3・14 判時2204号47頁	スーパー建設に必要	居住に必要 移転先確保の容易さ	立退料の提供

【表6】正当事由が否定された事例

番号	判決日／出典	土地所有者の主な事情	借地人の主な事情	諸般の事情
1	東京地判昭36・7・3 判時268号20頁	高層ビル建設に必要	居住営業に必要 借地の一部の第三者使用	新築建物の存在
2	大阪高判昭40・4・27 判時419号30頁	高層ビル建設に必要	居住営業に不可欠	高度利用に適した地域 老朽建物の存在

3	東京地判昭61・12・26 判時1252号73頁	高層ビル建設に必要	居住に不可欠・移転困難	高度利用に適した地域 老朽建物の存在
4	東京地判平1・9・14 判タ731号171頁	商業ビル建設に必要 隣地との一体開発	事務所ビル建設に必要 代替地確保の困難	高度利用に適した地域
5	東京地判平2・4・25 判時1367号62頁	高層ビル建設に必要 隣地との一体開発	高層ビル建設に必要 移転先の存在	高度利用に適した地域 立退料の不足
6	東京高判平3・1・28 判時1375号71頁	本社ビル建設に必要	居住営業に不可欠 移転先確保の困難	高度利用に適した地域 老朽建物の存在 立退料の申出を考慮せず
7	東京高判平4・6・24 判タ807号239頁	本社ビル建設に必要	居住営業に不可欠 移転先確保の困難	高度利用に適した地域 老朽建物の存在
8	大阪地判平5・9・13 判時1505号116頁	高層ビル建設に必要	営業に不可欠	高度利用に適した地域 老朽ビルの存在
9	東京地判平8・7・29 判タ941号203頁	高層ビル建設に必要 実質は地上げ目的	借地の不使用 第三者の使用	高度利用に適した地域 老朽建物の存在

（4）判例法理の問題点

　以上の判例の全体的傾向の検討から、判例法理には2つの問題点があるものと思われる。

　1つは、正当事由が肯定される場合が、土地所有者の必要性が明らかに高く、借地人の必要性がほとんどないかそれ程でもないといえる場合と、当事者双方の必要性が同程度の場合に立退料の提供等が条件とされる場合とに実質的に限られているため、基本的に正当事由制度が借地人に有利に機能しているといえる点である。すでに1970年代には借地権価格ないし借地権割合の観念が確立し、新たに借地権を設定するには土地代金と大差のない権利金を支出する取引慣行も成立しており、かかる基礎の上に、借地法による土地賃借権に対する物権的効力の付与により、「借地権の亜所有権化」という現象

第1章　借地制度の基礎理論・判例理論・政策論の再検討

が生じたことが指摘されている。[67] 借地人に有利に機能する正当事由に関する判例法理が借地権の亜所有権に寄与したことは明らかであり、こうして当初まとまった出費をしなくても定期的に借賃を支払いさえすれば持家を築造することができるというかつての古典的借地制度のメリットは失われ、借地制度の利用者が減少していくこととなったのである。

　もう１つは、借地人の必要性を重視するあまり、もはやその地域に適さなくなった土地利用が継続される結果、社会全体の公共的利益が犠牲にされてよいかという点である。判例を見る限り、借地人に不利となる事情がなければ正当事由を肯定していこうとする傾向はあるものの、基本的には借地人の土地使用の必要性が重視されているように思われる。したがって、借地人の生存権的利益と土地所有者の財産権的利益とが対立する場面において、判例は、原則として借地人の生存権的利益を優先させ、その利益に支障が生じない限りにおいて土地所有者の財産権的利益を尊重するという態度をとっているといえる。このような判例の態度は、土地所有者の財産権的利益を実現させることを通じて社会全体の公共的利益をも実現させるという可能性を捨象するものであり、その可能性にも目を向けるべきであると考えるならば、土地所有者の財産権的利益をより重視した正当事由判断のあり方を検討することも必要であると思われる。

　これらの問題点はその後、借地供給の拡大と土地の高度利用を求める世論の高まりにより、1980年代に大きなテーマとなっていくことになるが、この問題については次節で検討することとする。

第3節　借地権の存続保障に関する政策論の展開と課題

1　借地・借家法改正の帰結

1980年代に入ると、現行制度における厳しい規制がかえって良好な借地・借家の供給の障害となっているとの認識の下、法制度の見直しが提言される

（67）鈴木禄弥「不動産賃借権の亜所有権化について」社会科学の方法86号１-４頁（同・前掲借地・借家法の研究Ⅰ（注50）269-274頁所収）。

ようになった。改正に向けての具体的な作業は、1985年（昭和60年）から法制審議会民法部会で行われ、法務省民事局参事官室から同年11月15日に「借地・借家法改正に関する問題点」（以下「問題点」という。）とその「説明」が公表され、1989年（平成元年）3月17日には「借地・借家法改正要綱試案」（以下「要綱試案」という。）とその「説明」が公表された。その後、法制審議会は、1991年（平成3年）2月4日に「借地法等改正要綱」を採択し、同日法務大臣に答申した。政府は、この答申を受けて、同年3月19日、第120回通常国会に「借地借家法案」を提出するも、継続審議の扱いとなり、同年9月30日、第121回臨時国会において「借地借家法」（以下「新法」という。）が成立することとなった。

このように、借地・借家法の改正が土地対策に関する各種の提言から発せられたこと、そして、問題点の説明および要綱試案の説明において「借地方式による宅地の供給の促進及び都市における土地の有効利用のための建替えの促進といった観点から、借地法及び借家法の見直しをすべきである」との意見が踏まえられていることからも明らかなように、このときの改正事業は不動産・開発業界の強い要求を契機に推進されたものであったということができる。業界の要求は、主として、都市の近郊で借地による宅地供給を促進するため「貸しても必ず帰ってくる」という保障のある借地権を創設せよというものと、既成市街地において既存の借地・借家関係の解消を容易にして再開発事業等を容易にするため「正当事由」の抜本的な見直しをせよという

---

(68) 借地・借家法の見直しについて触れた各種の提言については、寺田逸郎「借地・借家法の見直し―その経緯と『改正要綱試案』の構想」ジュリスト939号25頁、同「新借地借家法の改正（1）」NBL488号47頁においてまとめられている。

(69) 法務省民事局参事官室編「借地・借家法改正の問題点」別冊NBL17号8頁以下。

(70) 法務省民事局参事官室編「借地・借家法改正要綱試案」別冊NBL21号8頁以下。

(71) 資料「借地法等改正要綱（全文）」NBL467号8頁以下。

(72) 資料「借地借家法案と現行法の対比表」NBL470号19頁以下。

(73) 法務省・前掲問題点（注69）13頁、法務省・前掲要綱試案（注70）19頁。

第1章　借地制度の基礎理論・判例理論・政策論の再検討

ものとであった。最終的に、前者の要求については、新法に定期借地権を新設することによって受け入れられたが、後者の要求については、土地の有効利用は正当事由の判断要素とされるべきではないとされ、かつ、新たに判断要素が明確化された正当事由の規定も既存の借地・借家関係に対しては不遡及とされて決着することとなった。[74]

　ところで、新法の成立によって、前節で検討した判例法理の2つの問題点が解消されることになったであろうか。すなわち、定期借地権の新設によって、正当事由制度が借地人に有利に機能する結果、「借地権の亜所有権化」現象が生じ、これにより借地制度の利用者が減少するという問題は解消されることになったであろうか。また、正当事由制度が新たに規定されたことによって、借地人の土地利用の必要性を重視するあまり、もはやその地域に適さなくなった土地利用が継続される結果、社会全体の公共的利益が犠牲にされる場合があるという問題は解消されることになったであろうか。これらの問いに対して予め私見を述べるならば、前者の問いについては、定期借地権が利用されるようになったことによって、確かに「借地権の亜所有権化」の問題は解消されることにはなったが、そのことが解決困難な新たな問題を将来引き起こすことになるという結果を招くことになったということできる。また、後者の問いについては、新たな正当事由制度は基本的に既存の判例法理を条文化しただけもので、社会全体の公共的利益が考慮されるような判断要素は意図的に排除されたため、問題は何ら解消されないまま棚上げされたにすぎなかったということができる。

　このように、私見では、新法は判例法理の2つの問題点に対して妥当な解決策をもたらすことができなかったものと考えるが、そのような帰結は学説や立法担当者がこれらの問題を重視しなかったことによってもたらされたというわけでは決してない。それではなぜ、学説や立法担当者がこれらの問題を克服すべき課題として認識していたにもかかわらず、妥当な解決策が新法に適切に反映されなかったのであろうか。以下ではその理由を明らかにする

(74)　稲本洋之助「新借地借家法における借地権の観念」法律時報64巻6号9頁。

ため、まず、定期借地権の理論的な支柱ともなる供用義務論について検討する。その上で、その理論が定期借地権の立法過程において貫徹されなかった結果、理論的裏付けを欠いた定期借地権が創設されることになったことについて検討する。次に、立法過程において、正当事由の判断要素として「土地所有者による当該土地の有効利用の必要性及び相当性」を加えることの是非が検討されたが、その判断要素がどのような理由によって不採用とされることになったのかについて検討する。そして、その理由は現在でもなお十分な説得力を有するものであるのかについても検討する。

2 定期借地権の理論的・実態的課題

(1) 定期借地権の基礎理論としての供用義務論

供用義務論は、「定期借地権制度を理論的に支えるものである」といわれている。そこで、供用義務論の内容を要約することから始めることとする。

供用義務論では、まず、わが国における土地と建物の非一体的法律構成が具体的利用とかかわりのない土地保有を許容しており、またその土地を利用に供せしめる法的なシステムが確立していないことを問題視する。すなわち、土地建物非一体的構成は、建物等のない更地がその用途を限定されていないという意味で価格の上でも最高の商品であるとの社会通念を生み出し、近年における深刻な土地問題を反映して、新たな矛盾を生み出している。その矛盾とは、第1に、市街地の土地価格がその利用上採算可能な額を超えて騰貴した結果、土地収益よりも資産保全（評価益）さらには投機的利益を目的とする土地取得が一般化し、具体的利用とかかわりのない土地保有の比重が相対的に増大したことから、迅速的確に最も有利な条件で転売することができるように土地を《建物から自由な》状態にとどめておくことが望ましいとさ

---

(75) 松井宏興「定期借地権制度の批判的検討」乾昭三編『土地法の理論的展開』（法律文化社・1990年）409頁。

(76) 要約にあたっては、水本浩『転換期の借地・借家法』（日本評論社・1988年）185-194頁も参照した。

第1章　借地制度の基礎理論・判例理論・政策論の再検討

れ、そのことが都市の周辺部のみならず中心部においてもかなりの面積の土
地が未利用のまま放置される現状を招いたというものであり、第2に、ヨー
ロッパ諸国の都市部では「都市施設利用権」ともいうべき権利観念が広く見
出されるのに対して、わが国においては建物とも結びつかず、まして都市施
設の一環としての公共的性格と何ら具体的なかかわりを有しない土地保有が
許容される事態を招いたというものである。[77]

　そこで、このような問題認識から、「土地所有権固有の内在的義務」と
しての「供用義務」の観念が提唱される必要があるとする。供用義務とは、
「都市における土地所有者は、集団的公共的な計画に従って自己の土地を都
市的利用に供する基本的義務を負っている」と解し、「原則的には都市計画
に適合した建物を自己の発意と計算において建造し、それを自己または第三
者の利用に供することによって果たされる」ものであるとする（直接供用）。
また、「供用義務は、土地所有者が自己の発意および計算において建物を建
造せず、したがって建物の利用に直接に関与しない場合には、一定の利用目
的ないし事業計画を有する第三者にそれを委ねることによっても果たされ
る」ものであるとする（間接供用）。[78]

　間接供用の場合は、第三者（借地人）が「その建物の自己利用または賃貸
によって行なう収益活動を保障するもの」でなければならず、「合理的な経
営経済計算（投下資本の回収ないし償却）を保障するもの」でなければなら
ないが、このような「経営経済計算を可能ならしめる一定の期間—それは多
かれ少なかれ長期にわたるが—存続が保障されれば足り」、「特別に存続期間
を延長したり、更新の権利を認める必要はない」とされている。[79]ここでの
借地人は、「従来の借地人とは異なった新しい借地人のカテゴリー」であり、
「『土地所有者に対して、期間満了後借地の返還を保証する』ことができる者
すなわち契約の更新をしなくても借地の目的を果たすことができる者」であ

────────────

（77）稲本洋之助『借地制度の再検討』（日本評論社・1986年）13-14頁。

（78）稲本・前掲書（注77）14-15頁。

（79）稲本・前掲書（注77）15頁、79頁。

61

り、「それには、借地上の建物を自己の居住の用に供するのではなく、約定の存続期間内に投下資本の回収を終えることができるような経営を行なうのでなければならない」。具体的には、「それに相応しい専門的な能力・経験と資金調達能力を具えた職業的デベロッパー」であることが想定されるとする。[81]

　また、間接供用の場合において借地契約が終了すると、土地所有者は借地人から建物所有権を取得し、以後土地＝建物一体の施設の所有者として、あるいは直接に、あるいは第三者を介してその経営にあたることになる。「このような文脈に置かれた借地権は、その性質上過渡的なものであり、存続期間の満了によって《土地＝建物一体の所有および利用の本来的在り方》を実現せしめる」ことになる。すなわち、借地人から建物所有権を取得した土地所有者は土地＝建物を自ら所有あるいは賃貸し、その建物の借家人は爾後土地所有者から土地＝建物を賃借するというと都市的土地利用の合理的形態に収斂することになるとする。[82]このような「借地方式」は「土地信託」に最も近いものであり、「土地信託」の発想を新しい「借地方式」に取り入れることが望ましいとする。[83]

（２）供用義務論の意義と限界

　以上の供用義務論は、土地所有者自らが建物を建てて自己または他人の建物需要を満たすべき義務を履践しなくても、借地契約を介してその義務を借地人に履践させる機会を提供し、その借地人をして土地＝建物の一体化を実現させる媒体としての役割を担わせることによって、具体的利用とかかわりのない土地保有が許容される借地主義の問題を克服しようとするところにその本質があると評価することができる。供用義務論は、そのための法システムを確立するための基礎理論として提示されたものであり、その意味におい

---

(80) 稲本・前掲書（注77）29頁。
(81) 稲本・前掲書（注77）46頁。
(82) 稲本・前掲書（注77）16-17頁。
(83) 稲本・前掲書（注77）34頁、77頁、88頁。

第1章　借地制度の基礎理論・判例理論・政策論の再検討

て優れて政策的な理論であるということができる。

　このような供用義務論の要素を踏まえるならば、供用義務論の射程範囲に含まれる定期借地権の類型は、建物譲渡特約付借地権（法24条）だけのはずである。一般定期借地権（法22条）や事業用定期借地権（法23条）は、存続期間満了後の建物取壊し・更地返還が原則とされていることから、存続期間満了後の土地＝建物一体化は実現されず、具体的利用とかかわりのない土地保有の前提が再現されることになるからである。実際に、供用義務論の提唱者も、問題点の公表後の時点では、「期間満了による土地の返還が土地利用の具体的目的すなわち土地上の建物の利用終了をもたらすことがあっては本来の目的を損なうことになるので決して許されるべきではない」と述べている[84]。

　しかし、その後制定された新法では、都市の近郊で借地による宅地供給を促進するため「貸しても必ず帰ってくる」という保障のある借地権を創設せよという不動産・開発業界の強い要求が反映されて、むしろ建物取壊し・更地返還を原則とする定期借地権が創設されることとなった。これは、「定期借地権の終了時の建物を土地所有者に帰属させることについても、また、建物の賃貸借を存続させることについても、土地所有者の借地供給意欲を削ぐおそれがあること」が考慮されたからであり[85]、そのことはすなわち、供用義務論の大前提である「土地建物一体化理論」が実質的に排斥されたということを意味する[86]。

　このような実務的配慮によって供用義務論の本質部分が除き去られていった実態を踏まえるならば、供用義務論に対して向けられた批判は、まさに正鵠を射たものであったということができる。すなわち、「土地所有権固有の内在的義務」としての「供用義務」は、「土地所有権一般の属性的制限を構

---

(84)　稲本洋之助「借地借家法改正問題の争点」法と民主主義220号7頁。

(85)　稲本洋之助「定期借地制度の創設」日本住宅総合センター『定期借地制度の研究』（日本住宅総合センター・1994年）9頁。

(86)　大西泰博『土地法の基礎的研究—土地利用と借地権・土地所有権』（敬文堂・2010年）120頁。

63

築するために演繹され論理的に仮設された概念⁽⁸⁷⁾」であって、「それ自体としては、何ら論証された確定的意味内容をもつものではない。」「供用すべき土地利用の内容が、パブリックな計画的コントロールを経て具体的かつ個別的に決定されたものとして措定されない限り、この『義務』の内容は、法律的には空疎であり」、場合によっては、「《土地有効利用》の観念に法律的な外観を与えるだけのものともなりかねない危険を伴っている」と批判された。⁽⁸⁸⁾また、「都市的土地利用」のあり方は、「『土地建物の一体的構成』によって特徴づけられる類のものではなく、都市空間と個別の土地利用への『公的介入』、いいかえればそこにおける『公共性』の実現のためのさまざまな手法による『土地所有権の自由』の制限に凝縮されている」のであって、「供用義務論」の前提としての「公共性論」はむしろ、「有効利用・高度利用」といった「公共の福祉」の実現という意味での「土地所有権の自由」の拡張に、内的支持を与えるものであるとも批判された。⁽⁸⁹⁾

　これらの批判において指摘された懸念は、本来、供用義務論の射程範囲外である建物取壊し・更地返還を原則とする定期借地権が、借地供給の促進という実務的配慮からいとも簡単に受容されることによって現実化することとなったのである。そして、供用義務論の提唱者も、新法成立後は、「定期終了・更地返還」を定期借地権のメリットとして強調し土地所有者の懸念を除去しようとした「立法担当者の配慮は正当であった」として、自ら供用義務論を廃棄するに至るのであった。⁽⁹⁰⁾こうして、供用義務論による理論的裏付けの存在しない定期借地権は、単に「制度の必要性及び有用性とこれらのデメリットの比較」という政策的な利益衡量によってのみその当否が図られるものとなったのである。⁽⁹¹⁾

（87）戒能通厚「1996年学界回顧—土地法」法律時報58巻13号78頁。
（88）原田純孝「不動産利用における所有権と利用権」ジュリスト875号55頁。
（89）戒能通厚「『現代土地法論』への論争的アプローチ」乾昭三編『土地法の理論的展開』（法律文化社・1990年）19-20頁。
（90）稲本・前掲論文（注85）9頁。
（91）法務省・前掲問題点（注69）19頁。

第1章　借地制度の基礎理論・判例理論・政策論の再検討

　このように、理論的基礎を欠いた、政策的な利益衡量のみに依拠する定期
借地権は、その利用者や社会にどのような影響を及ぼすことになるであろう
か。仮に、定期借地権の担い手が法人のような「期間満了により更新もせ
ず、更地で土地を『必ず』返還してくれる者」に限定されるのであれば、借
地人にデメリットはほとんどなく、むしろ定期借地権の必要性・有用性の方
が高いといえるので、定期借地権は肯定されることになろう。事業用定期借
地権（法23条）は、その担い手が法律上事業者に限定されているので、まさ
にこのようなケースに該当する。これに対して、一般定期借地権（法22条）
は、その限定がなく、実際に自己居住を目的とする借地人が多く存在してい
る。定期借地権の担い手がこのような自己居住を主たる目的する個人である
場合、借地人にとっては、建物や借地権の財産権的利益だけでなく、自らの
生存権的居住利益も重要な要素となってくる。そして、借地人の生存権的居
住利益は、とりわけ存続期間満了時における土地所有者の財産権的利益と対
立することになるが、この時点における「制度の必要性及び有用性とこれら
のデメリットの比較」をより丁寧に行うならば、定期借地権の当否は改めて
問い直される必要が出てくるものと思われる。

3　正当事由と土地の有効利用

（1）正当事由制度の改正過程

　従来の借地法の規定では、「『正当事由』の例示として自己使用の必要性が掲
げられているにとどまるため、そのほかにどのような事由があればその存在が
肯定されるのかは、条文上明らかでない」との問題があるとされていた。そこ
で、問題点において、「いわゆる正当事由（借地法4条及び6条）の内容を法
律上明確にすべきであるとの考え方があるが、どうか。どのような内容にすべ
きか」との論点が提示された。最終的に正当事由の内容は、新法において、当
事者が土地の使用を必要とする事情、借地に関する従前の経過、土地の利用状

（92）　大西・前掲書（注86）115頁。
（93）　法務省・前掲問題点（注69）21頁。

況、財産上の給付の申出が掲げられることになったが、このような新法6条の規定については、立法担当者によれば、「借地関係の解消の要件である正当事由の有無を判断する場合に現に裁判実務で考慮されている要素を規定に掲げることにより、より具体的な実情に即した判断をすべきことを法文上も明らかにすることをねらいとするものである。したがって、正当事由の有無の判断の実質は、現行法の下での扱いと変わらない」との見解が示されている。⁽⁹⁴⁾

　このように、結果的に、新法における正当事由の内容は、これまでのものと変更はないものとされたが、問題点においては、正当事由の一事由として、「土地所有者による当該土地の有効利用の必要性及び相当性を加える」べきか否かという論点も提起された。このことは、「土地の高度利用を図るべき地域において借地権者が低層老朽な建物を維持することによって借地権を維持し、これが都市の適正な再開発を阻害している事例が多いので、土地所有者の利益のためのみならず、土地の有効利用という公益的見地からも、土地所有者が当該土地をより有効に利用する計画を有し、かつ公益的見地からもそれが相当と認められるような場合には、正当事由が肯定されるようにすべきである、との考え方」が踏まえられたからである。⁽⁹⁵⁾

　そして、その後の要綱試案において、「正当の事由の有無は、土地所有者及び借地権者が土地の使用を必要とする事情、借地に関する従前の経過、土地の利用状況、土地の存する地域の状況その他一切の事情を考慮して定められるものとする」との提案がなされた。ここでは、「土地の有効利用の必要性及び相当性」という文言は直接的には用いられていないが、その内容は「土地の利用状況」や「土地の存する地域の状況」などの文言に含意されるものとされている。すなわち、要綱試案の説明によれば、「『土地の利用状況』としては、借地上の建物の種類、用途、構造、規模、物理的な状態などが考えられ、また、『土地の存する地域の状況』としては、都市計画上の用途地域のように法律上のものばかりでなく、商業地域であるか住宅地域であ

（94）寺田逸郎「新借地借家法の改正（3）」NBL492号25頁。

（95）法務省・前掲問題点（注69）21-22頁。

第1章　借地制度の基礎理論・判例理論・政策論の再検討

るかといった事実上の状況も含まれる」とされている。そして、「その土地がより有効に利用されるべきであるにもかかわらず、借地権者の利用がこれに伴っておらず、その結果土地所有者の得る地代が不当に低額とならざるを得ないという状況にある場合には」、正当事由の判断は、「『土地の利用状況』と『土地の存する地域の状況』を総合的に斟酌する場面においてすることが可能であろう」とされている。これはまさに、「経済的利益に基づく土地の有効利用が、この文言の解釈の中で当然に考慮され得ることを意味する」ものであると解されている。

　しかし、最終的には新法において、「土地の存する地域の状況」という文言が盛り込まれることは避けられた。それは、この文言は「『土地の使用を必要とする事情』や『土地の利用状況』を評価する際の背景事情にとどまるのではないかと考えられるのであって、これをあえて法文に掲げると過度に重きが置かれかねないという危険がある」と考えられたからである。しかし、その概念が完全には払拭されたわけではなく、「『土地の利用状況』という文言を通じて、公法的判断要素が入り込む余地が少なからず存在する」との見解も示されている。

（2）土地の有効利用に対する否定論

　正当事由の一事由として「土地の有効利用」を加えるべきか否かについては、次のように否定的見解が多数を占めている。すなわち、ここでの「有効利用」が意味するものは、高騰した都市部の地価を前提として、その経済的効用を十分に発揮し得るような土地利用形態であり、このような経済的論理に偏った「土地の有効利用」を正当事由として導入することは、大都市中心部での居住用低層建物の否定的評価と高層・業務用ビルへの置き換え＝都市

（96）法務省・前掲要綱試案（注70）28頁。
（97）大西・前掲書（注86）82頁。
（98）寺田・前掲論文（注94）28頁。
（99）大西・前掲書（注86）82頁。

からの資本による住民の放逐を導き、その結果、より洗練された形態での「地上げ」と都市空洞化の助長をもたらすことなる[100]。社会的に要請される土地利用の実現を図るのであれば、それは、公的土地利用計画に基づいて公的主体の責任において行われるべきであって、私的部門において利潤の論理に基づいて行われるべきではない[101]。しかるに、ここでの「土地の有効利用」は、都市的土地利用における最大限の利潤追求に他ならず、かかる私的利益追求のために既存の借地人・借家人の利益の縮減が図られることになると論ぜられ[102]ている。

---

(100) 吉田克己「住宅政策からみた借地・借家法改正」法と民主主義220号24頁。これと同趣旨の見解として、「地価にみあった地代・家賃を支払えない限り、都心部の中～低層住宅における『居住＝生活利益の保護』はもとより『建物の投下資本の保護』という要請さえも、右の《有効利用》の要請の前に当然に否定され、排除されてしかるべきものとなる」と論ずるもの（原田・前掲論文（注88）54頁）、「『土地の高度利用』を正当事由の内容として認知してしまうということは、かれらに『地上げ』のための有効な法的手段をあたえることになりかねない」と論ずるもの（田山輝明「借地借家法と都市問題」自由と正義43巻5号14頁）、また、「ある土地の利用のあり方は、決して経済的効率から決まるものあるいは決められるべきものであってはならないのであり、とりわけ借地の場合は、経済的効率からのみで考えられると、借地権の消滅＝生活基盤の喪失につながる」と論ずるもの（大西・前掲書（注86）58頁）などがある。

(101) 吉田・前掲論文（注100）23-25頁。これと同趣旨の見解として、「《有効利用》を正当事由として法定することは、事実上それを『公益』と認めることを意味するが、そのようなすぐれて政策的な判断を民事の立法によって包括的かつ抽象的に宣言すること」（傍点筆者）は、立法政策として妥当なことではなく、「公益的観点からする土地有効利用の判断は、個別的かつ具体的になされるパブリックな計画的コントロールを経てはじめてよくなされうる」と論ずるものがある（原田・前掲論文（注88）54頁）。

(102) 吉田・前掲論文（注100）25頁。これと同趣旨の見解として、「土地の高層的利用は、土地の公益的な利用であることは否定しがたい。然し、これは、統一された全般的な都市の利用計画に基づき、計画実施に伴う各種の利害を合理的、民主的に調整されたうえでのことであって、」「私人の恣意的な高層利用は、所詮、利潤獲得のための私的開発にすぎず、その目的において、公益性も公共性もない」と論ずるものがある（田中英雄「借地借家法改正論批判」法と民主主義220号30頁）。

第1章　借地制度の基礎理論・判例理論・政策論の再検討

　このような否定的見解では、土地の有効利用は公的主体の責任において行われるべきであると主張されているが、それでは、これに関連する都市再開発法による市街地再開発事業において、借地人はどのように扱われることになるであろうか。まず、都市再開発法による市街地再開発事業は、都市計画で定められる事業であり（都市計画法12条1項4号）、この都市計画は、都道府県が、関係市町村の意見を聴き、かつ、都道府県都市計画審議会の議を経て、決定されるものである（同法18条1項）。したがって、この決定過程においてその事業の公共性の有無が判断されることになる。そして、この市街地再開発事業を市街地再開発組合が施行しようとするとき、都道府県知事の認可を受けて組合が設立されることになる。その場合、施行区域内の土地所有者または借地権者の5人以上が共同して定款および事業計画を定め（都市再開発法11条1項）、土地所有者および借地権者の3分の2以上の同意を得ることを要する（また同意した者の総地積の合計が3分の2以上あることも要する）とされている（同法14条1項）。組合施行の市街地再開発事業では、敷地を共同化し、高度利用することで、道路や公園などの都市施設用地と保留床が生み出されると同時に、従前権利者の権利は再開発建物の床（権利床）に関する権利と原則として等価で交換（権利変換）されることになる。このとき、従前権利者が組合の設立認可等の公告があった日から30日以内に施行者に対して「権利変換を希望しない旨の申出」をすることもでき（同法71条1項）、その場合、従前資産の価格に対する補償金が支払われることになる（同法91条）。このように、組合施行の市街地再開発事業では、借地人も組合員となるものとされているので、借地権を消滅させなくても事業を遂行することは可能である。そして、この事業において借地人は、従前資産と等価の権利床を取得するか、あるいはその価格に相当する補償金を得ることができるので、少なくとも自己の財産権的利益は法律上保護されるようになっているのである。

　否定的見解は、土地の有効利用は都市再開発法などの公法領域でのみ処理されるべきとするが、これに対して、「借地法、都市再開発法、建築基準法、

都市計画法等が、相互に住民の立場に立って適切な土地利用や再開発に役立つよう（中略）トータルに考えられていない」として、借地法と都市再開発法などの公法領域との関連が未整備であることを問題視する見解がある。この見解によれば、「こうしたシステムが整っていない現時点では、土地の有効利用を借地法に入れるのは、借地法に土地の利用のあり方について過度の負担を負わせることになり、妥当性を欠くことになる」との主張がなされている。[103]

　その他の否定的見解として、仮に法律が改正されて「再開発」という名の土地の高度利用が正当事由に該当することになるとすると、公共性の要素を含む難しい問題を事実上、民間デベロッパーの判断にまかせてしまうことになること、また借地人に対する金銭の調整も借地権の消滅を前提とした調整となり、借地人の財産権的利益が保護されなくなってしまうことといった問題が生ずると指摘する見解もある。この見解では、「正当事由の中に土地の高度利用を含めることは公法と私法との混同であり、法体系に基本的矛盾をもち込むことになる」との主張がなされている。[104]

（3）土地の有効利用に対する肯定論

　都市再開発法による市街地再開発事業がなされるならば、確かに借地人の財産権的利益は法律上保護されることにはなる。しかし、公益的立場からの市街地再開発であったとしても、借地権や借家権の存在ゆえに事業が進まないこともあるというのが実態であり、そのために公益がいつまでも実現されない結果となるということもあり得る。そうだとすれば、土地の有効利用を正当事由の一事由としつつ、借地人や借家人の既存利益が損なわれないような仕組みを考案すべきであるともいえる。そこで、このような観点から、市街地再開発が私的利益のみを目的とする場合には正当事由は具備されないが、それが公益的立場から必要であると判断される場合には正当事由は具備され

（103）大西・前掲書（注86）58-59頁。
（104）田山輝明「借地法と都市開発」法と民主主義220号12-13頁。

第 1 章 借地制度の基礎理論・判例理論・政策論の再検討

るものとする。ただし、それによる借地・借家の終了に伴う利益をすべて地主・家主に帰属させることは不公平であるので、借地人・借家人は、不利益を受ける限度で、権利の消滅を伴う損失を立退料の形態で補塡されるべきである。つまり、地主・家主から相当な財産的給付がなされることによって、実質上の損失補償と同じ処理が施されるべきであるとする見解が提示されている。この見解は、再開発によって公益とともに土地所有者の財産権的利益を実現させると同時に、借地人の財産権的利益をも（少なくとも金銭的に）保護するものとなっているので、借地権の存続期間満了時における借地人と土地所有者の利益調整を合理的に図るものとして、傾聴に値するものであると思われる。

　しかし、この見解には、当該市街地再開発が単に私的利益のみを目的とするものであるのか、それとも公益を目的とするものであるのかという微妙かつ困難な公益性の判断を、最終的に民事事件の処理の中で裁判所にまかせることになるという問題点が存する。現在の法曹養成制度を前提とすれば、このような判断をなしうる教養を兼ね備えた裁判官は原則として存在しないので、このような判断を司法権に委ねるべきではないとの指摘はもっともである。そこで、公益性の判断を裁判官の実質的な審理に委ねるのではなく、都市計画上の具体的な計画の有無をもって形式的に行うという判断枠組みとすることではどうだろうか。しかし、このような判断枠組みは、私人間の権利調整の問題を公法上の規制の有無のみに係らしめるものであり、私法上の判断枠組みとしては妥当でないと考えられている。このように、公益的な市街地再開発に限って正当事由の一事由とする見解には、公益性をめぐる取扱いにおいて問題が存することになるといえる。

（105）水本・前掲書（注76）71-73頁。
（106）田山・前掲論文（注104）12頁。
（107）座談会「借地法・借家法改正要綱試案」ジュリスト939号45頁〔寺田逸郎発言〕。

（4）正当事由制度の再検討の必要性

これまで、土地の有効利用を正当事由の一事由とすることに関する否定論と肯定論についてそれぞれ確認してきたが、いずれの見解においても、土地所有者の私的利益の追求を目的とした土地利用によって、借地人の権利が奪われてしまいかねないことに対する危惧が共通して存在している。また、土地の有効利用については、否定論では、公法の領域で実現されるべきであるとするに対して、肯定論では、正当事由の判断要素として取り込みしつつも、その内容を公益的なものに限定するとしており、いずれの見解においても、公益的な土地の有効利用のみが肯定されるとの認識では共通している。このような両者に共通した認識の存在は、これらの見解がいずれも1980年代後半のバブル期に提示されたものであることと無関係ではなく、地価の高騰や都市の乱開発などの土地問題が大きな社会問題になるという、いわば異常事態の下で提示されたものであるということができる。

したがって、今日、土地の有効利用を正当事由の一事由として加えてよいかという問いを検討するにあたっては、そのような特殊時代的な要因を捨象して、より合理的なあり方が問い直されてよいように思われる。そうすると、そもそも土地の有効利用がそこまで公益的であることが強調される必要があるのかということが疑問として生ずる。例えば、当該借地が高度利用のなされるべき用途地域にありながら、借地人による低層木造老朽家屋としての利用が継続されることより、たとえ私的利益を目的とした再開発（建替え）であったとしても、土地所有者による当該用途地域に適した高層建築物としての利用がなされるのであれば、それだけで十分に地域の改善に資するもの（すなわち公益に適うもの）であるといえるのではないだろうか。その上で、借地人に借地権価格その他の損失補償がなされるのであれば、土地所有者に正当事由が認められるとしてもよいではないだろうか。そうだとすれば、土地所有者から「具体的な土地利用計画の内容とその実現可能性」があることの確認がなされるのであれば、それをもって正当事由が具備されたものとして扱ってよいように思われる。

4　小括—今後の借地制度の方向性

これまで、自己使用を主たる目的とする借地権について、その存続期間満了時における借地人と土地所有者の利益はいかなる法制度の下でより合理的に調整され得るかという問題意識から、基礎理論としての不動産賃借権物権化論、正当事由に関する判例理論、そして借地権の存続保障に関する政策論について検討してきた。これらの検討を通じて、まず、不動産賃借権物権化論は、資本の価値法則が正常に貫徹した形態における近代的借地法の一般法則を析出することが目的であり、考察の対象は専ら賃借人の市民法的財産権の確立という側面であったため、そもそも自己使用を主たる目的とする借地人の社会法的生存権の擁護という側面についてはほとんど議論が深められていないことが明らかとなった。結局、このような借地人の保護は、正当事由をめぐる判例理論の展開に委ねられたのであったが、その判例理論によって借地人の保護が図られたことによる反作用により、「借地権の亜所有権化」現象が生じ、借地制度の利用者が減少するという問題、また、地域全体の土地利用の有効利用の必要性よりも借地人の土地利用の必要性が優先されたため、むしろ公共的利益が犠牲にされる場合があるという問題を生じさせることになった。そこで、前者の問題に対しては定期借地権が新設されることで、後者の問題に対しては正当事由制度の見直しが図られることで、これらの問題を解決するための政策的な対応がなされたのであった。しかし、その結果は、自己使用を目的とした定期借地権については、むしろその当否が問い直されるべき状況が作り出され、また、正当事由制度については、抜本的な見直しが回避されたことにより、問題はそのまま残り続けることになったのであった。結局、以上の考察から、本書の問題意識に基づく借地制度の基本問題は何ら解決されておらず、むしろ新たな検討課題の発生と既存の問題の先送りという状況が存していることが明らかになったといえる。

このような状況を改善し、より合理的な借地制度を構築するためには、次のような制度の抜本的な見直しが必要なのではないかと考えている。まず、

自己使用を主たる目的とする定期借地権においては、建物取壊し・更地返還を原則とする借地権は将来的に廃止し、建物の存続を前提とする借地権のみを許容する。次に、普通借地権においては、正当事由の判断要素に土地所有者の「土地の有効利用の必要性及び相当性」を加え、その条件として、土地所有者による具体的かつ実現可能な土地利用計画の証明と借地人に対する正当な補償を要するものとする。また、土地所有者が底地の買取りを希望するような場合には、借地人による底地の優先的な売渡請求を可能とする先買権に関する規定が立法的に整備されてもよい。

　もっとも、このような方向での借地制度の見直しが果たして真に望ましいものであるといえるのかについては、いうまでもなくより慎重な検討が必要である。しかし、このような観点からの検討は日本ではこれまでほとんどなされておらず、日本法の検討だけでは限界があるのが実情である。そこで、定期借地制度が一般化しており、そこから生ずる問題点を立法的に是正し、最終的に存続期間満了時における借地人と土地所有者の利益を合理的に調整するための法制度を構築していった外国法の知見を参照することが有益となるであろう。そして、これに該当する国がイギリスであり、以下では、そのようなイギリスの借地制度について考察するものとする。その上で、そこから得られた知見を踏まえて、最後に改めて日本の借地制度のあり方を検討することとする。

第2章
イギリスの定期借地制度と
住宅問題

第1節　建築用不動産賃貸借の基本問題

1　イギリス特有の定期借地制度

現在のイギリスの不動産賃貸借制度[1]は、居住用賃貸借（residential tenancy）、事業用賃貸借（commercial tenancy）、農業用賃貸借（agricultural tenancy）などの各類型に分化しており、このうちの居住用賃貸借については存続期間の長短によって2つの類型に分かれている。まず、短期の不動産賃貸借としては、存続期間が1年間、1か月、1週間などの周期賃貸借（periodic tenancy）と存続期間が21年未満の定期賃貸借（term of years）とが存在する。これらの賃貸借形態では、賃借人は土地建物全体の価値を基礎に算定される搾出賃料（rack rent）を負担するという特徴を有している点で典型的な借家形態であり、今日の民間賃貸部門（private rented sector）と公営住宅部門（public rented sector）とを形成している。これに対して、長期の賃貸借として、存続期間が21年以上の長期不動産賃貸借（long leasehold）が存在しており、これは建物建築を目的とする土地賃貸借（building lease）（以下「建築用不動産賃貸借」という）という方式に基づいて多くの都市において利用されてきた[2]。建築用不動産賃貸借は、土地賃借人が一定の

（1）イギリスとは本来はイングランドの略語であり、イギリス法とは直接的にはイングランド法を意味する。しかし、今日では、ウェールズもイングランドと法律上ほとんど区別がないので、イギリス法にはウェールズも含められるのが一般的である（したがって、スコットランドと北アイルランドはイギリス法の範疇には含まれない）。本書でも、イギリス法という場合、イングランドとウェールズの法を指すものとする（田中和夫『英米法概説〔再訂版〕』（有斐閣・1996年）21頁以下）。

（2）建築用不動産賃貸借について紹介した文献として次のものがある。水本浩『借地借家法の基礎理論』（一粒社・1966年）187頁以下、戒能通厚「土地所有関係法の現代的展開—1870年以降のイギリスにおける展開—」椎名重明編著『土地公有の史的研究』（御茶の水書房・1978年）274頁以下、同「イングランドにおける土地所有思想と公共観念—ひとつの比較史的研究—」土地と農業24巻48頁以下、内田勝一「イギリスの借地・借家制度」稲本洋之助＝広渡清吾＝内田勝一＝望月礼二郎『欧米諸国の借地・借家制度』（日本住宅総合センター・1985年）121頁

存続期間で借りた土地上に自らの費用で建物を建築することになるので、日本の借地制度に相当するものと理解することができるが、次のようなイギリス特有の法準則に基づいているため、日本の借地制度とは権利構造において幾分異なる面を有している。

そもそもイギリスには、「土地に附加された物は、ずべて、土地に属する」（quicquid plantatur solo, solo cedit）という法準則が古くより確立しているので、そのような法準則の下では、ある人が他人の所有する土地に自己の材料をもって建物を建てた場合でも、その土地所有者がコモンロー上の土地建物一体物の所有者ということになる。[3] したがって、このような土地建物一体原則の下では、土地賃借人がその土地上に建物を建築したとしても、その建物は土地所有者に帰属することになり、土地賃借人は土地建物の賃借人ということになる。しかしながら、建築用不動産賃貸借においては、土地賃借人は自らの費用で建物を建築していることに加えて、賃料も土地のみの価値を基礎に算定される地代（ground rent）しか負担しないので、少なくとも建物資本に対する権利は自らに帰属しているはずであるとして、土地は賃借しているかもしれないが、建物は実質上所有していると賃借人によって観念されたのであった。[4] このように、建築用不動産賃貸借の場合、法律上の

　以下、同「外国の借家法の現状（1）―イギリス」水本浩＝田尾桃二編『現代借地借家法講座第3巻』（日本評論社・1986年）27頁以下、藤田哲雄「19世紀末ロンドンにおける土地問題」社会経済史学41巻4号24頁以下、島浩二「19世紀後半イギリス都市におけるリースホウルド制について―1889年委員会報告の検討を中心として―」阪南論集社会科学編16巻3・4号49頁以下、同「19世紀イギリスにおける大土地所有制と所領経営の特徴」阪南論集社会科学編23巻4号39頁以下、高橋裕一『土地大国イギリスの終焉』（慶応通信・1993年）86頁以下。

（3）H. Broom, A Selection of Legal Maxims, 8 th ed., 1911, p.314.

（4）借地制度については他のヨーロッパ諸国においても存在するが、土地と建物との関係についてはイギリスとは異なった理論構成が取られている。例えば、フランスの借地制度としては、民法上の賃貸借、永代賃貸借、建築用賃貸借が用いられたが、この場合は、土地と建物が一時的に別個の主体に帰属するというものであった（稲本洋之助「フランスの借地・借家制度」稲本洋之助＝広渡清吾＝内田勝一＝望月礼二郎『欧米諸国の借地・借家制度』（日本住宅総合セン

側面と実質上の側面とにおいて乖離が生ずることになるが、実質上の側面に注目するならば、これを定期借地制度の類型として理解することもできるだろう。そこで、本書では、建築用不動産賃貸借制度を定期借地制度の一種として理解し、日本の定期借地制度の比較対象として意識しながら考察を進めることとする。

2　長期不動産賃借権の法的性質

　建築用不動産賃貸借においては、賃借人は存続期間が長期の不動産賃借権を取得することになる。しかし、このような長期不動産賃借権は、英米法の所有権概念（ownershipとしての所有権）が大陸法の所有権概念（dominiumとしての所有権）とは異なることから、日本の不動産賃借権とはかなり異なる理解がなされている。

　イギリスの所有権概念では、所有権は11の主要条件からなるものであるとされている。すなわち、所有権は、①占有権、②使用権、③管理権、④収益権、⑤資本への権利、⑥安全への権利、⑦相続可能性、⑧期間の不存在性（所有権の恒久性）、⑨加害的使用の禁止、⑩強制執行の対象となる地位、⑪残基性（所有権の弾力性）からなる主要条件の束であると考えられている。イギリスには、土地所有権に相当するものとして自由土地保有権（freehold）があり、これには単純不動産権（fee simple）、限嗣不動産権（fee tail）、生涯不動産権（life estate）の3種類が含まれるが、所有権の主

　ター・1985年）17頁以下）。また、ドイツの借地制度としては、世襲建築権（地上権）が用いられたが、この場合も、土地建物一体原則はこの権利が存続する間だけその機能を停止するというものであった（広渡清吾「西ドイツの借地・借家制度」同上、75頁以下）。したがって、フランスやドイツの借地制度では、土地建物一体原則の例外として構成されたのに対して、イギリスの借地制度では、土地建物一体原則が法形式の上では堅持されていたものということができる。

（5）A. M. Honorè, 'Ownership' in A.G. Guest (ed.), Oxford Essay in Jurisprudence, Oxford University Press, 1961, p.113; A・ライアン（森村進＝桜井徹訳）『所有』（昭和堂・1993年）74頁。

要条件のすべてを満たすものは単純不動産権に限られる。したがって、自由土地保有権のうちの単純不動産権のみが大陸法における土地所有権に実質的に相当するものである。

このような所有権概念の下で、例えば、単純不動産権を有する自由土地保有権者Aが、自己の土地の賃借権を長期の存続期間でBに譲与（grant）した場合、AとBの権利関係は次のように説明されることになる。すなわち、土地賃借権の譲与がなされると、所有権の主要条件のうち、占有権、使用権および管理権は残基性の権利と分離し、収益権は資本への権利と分離することになると解されている。つまり、賃貸人Aは、賃貸借期間中、土地の現在の支配権（占有権・使用権・管理権）と収益権を失い、ただ残基性の権利と資本への権利、すなわち賃貸借期間満了後の土地の復帰権（reversion）と地代収取権のみを有することになり、Aの単純不動産権は将来不動産権（future estate）へと転化することになる。これに対して、賃借人Bは、土地の現在の支配権と収益権とを有することになり、これらの権利が不動産賃借権（leasehold）の内容を構成することになる。

このように、土地賃借権が譲与されると、単純不動産権の中から所有権の主要条件が分割されることになるので、大陸法における所有権に相当する不動産権は存在しないことになる。ただし、単純不動産権のような絶対的所有権（absolute ownership）が存在しなくなったとしても、所有権（ownership）そのものが存在しなくなるとは考えられてはおらず、所有権の主要条件のうち、所有権の帰属を決定づけるのに不可欠な権利（interest）を含んでいる不動産権が所有権であるとみなされている。このような所有権概念の下では、コモンロー上は復帰権者（reversioner）が所有者（owner）として取り扱われることになるものの、実際には、所有者が誰かを問わないことも、逆に、2人の所有者（賃貸人と賃借人）が存在すると理解することもできると観念された。現に、賃借人Bは、地代支払義務や

（6）ライアン・前掲書（注5）83頁。

（7）A. Reeve, Property, Macmillan Education LTD, 1986, p.19.

賃貸借契約上の義務は負うものの、賃貸借期間中の土地の現在の支配権と収益権とを有しており、その存続期間が長期になればなるほど実質的に自由土地保有権に近づいていくので、長期不動産賃借権も所有権の類型に含まれると理解されたのであった。[9]

3　建築用不動産賃貸借に内在する基本問題

　建築用不動産賃貸借は、以上のような長期不動産賃借権を有する土地賃借人が借地上に自らの費用で建物を建築することになるが、イギリス法ではそ

（8）*Ibid*, p.14.
（9）イギリス法では長期不動産賃借権は所有権の類型に属するものとされているので、これを「定期所有権」と表現したとしても、イギリスの所有権概念に従う限り、決して間違った表現ではない。この点に関連して、日本の都市における土地利用の制度のあり方として、地上権によって設定された定期借地権を「時間的な限定の下に譲渡された土地所有権」＝「定期所有権」と定義することで、これを都市における土地所有権の合理的な形態として積極的に評価した上で、このような定期所有権のモデルとなるものが英米法における不動産賃借権（リースホールド）であるとする見解がある（稲本洋之助「定期借地制度が示唆するもの」『定期借地制度の研究』（日本住宅総合センター・1994年）218-221頁、同「定期借地権について」日本不動産学会誌9巻3号33-35頁、同「不動産定期利用権の現状と展望」自由と正義51巻8号93-96頁）。しかし、英米法における不動産賃借権を都市における合理的な形態としての定期所有権のモデルと解することについては、少なくともイギリス法における不動産賃借権の歴史的実態を踏まえるならば、疑問があるといわざるを得ない。その理由としては、第1に、イギリス法の土地所有権概念が日本法の土地所有権概念と大きく異なっているという点があげられる。確かに、イギリス法のownershipとしての所有権は、分割することのできる主要条件の束であると理解されているので、所有権の主要条件の一部が分割された「時間的な限定の下に譲渡された土地所有権」の存在を説明することは可能である。しかし、イギリス法の所有権概念は、大陸法のdominiumとしての所有権概念を継受する日本法のそれとは根本的に性質の異なるものであるので、日本法の所有権概念にイギリス法のそれを無媒介に取り込むことは不適当であると考えられる。第2に、イギリス法の不動産賃借権が財産権的性質を備える以前においては、契約においてのみ生ずる単なる対人的権利（right in personam）にすぎず、英米法における所有権とみなされる自由土地保有権（freehold）とは歴史的沿革が全く異なっているという点があげられる。不動産賃借権は、単なる対人的権利から物的財産（realty）と人的財

第2章　イギリスの定期借地制度と住宅問題

のようにして投下された建物資本の帰属に関する問題が生ずることになる。
すなわち、上述のように、土地建物一体原則の下では、土地に附加された建
物は土地の一部となるとされ、土地それ自体における権利と同様の権利の下
に服することになるので、賃借人Bが自らの費用で借地上に建物を建てたと
しても、その土地と建物は、コモンロー上は、復帰権を含む将来不動産権を
有する賃貸人Aに帰属することになる。

　このような法的な帰結にもかかわらず、不動産賃借権が譲与された当初は、
このことが賃借人Bによって問題視されることはなかった。というのも、賃
借人Bは、長期間にわたる土地建物の現在の支配権と収益権とを有していた
ので、自ら投下した建物資本の権利が自らに帰属するかどうかについて特に
意識する必要がなかったからである。しかしながら、不動産賃借権の存続
期間が満了するとき、土地だけでなく、賃借人Bによって建てられた建物に
ついても、コモンロー上の土地建物の所有者である賃貸人Aに当然に復帰す
ることになった。このような事態に至って初めて、建物資本の権利はその
費用を投下した賃借人Bに帰属しているはずであるので、少なくとも建物資
本価格は賃借人Bに補償されるべきであると意識されるようになったのであ
る。しかし、賃借人Bによる投下資本に対する補償請求権は、一部の定着物
（fixture）や改良費（improvement）に限り、判例法や制定法によって特別
に認められてはいたものの、建物資本については、コモンローにおいても、

産（personalty）の両方の性質を兼ね備えた不動産に関する人的財産（chattel
real）となり、そして1925年財産権法（Law of Property Act 1925）において完
全な物的財産へと転化するという歴史的な発展を経たものである。この意味に
おいて、不動産賃借権は、「物権的利用権以外の何ものでもない」（水本浩『転
換期の借地・借家法』（日本評論社・1988年）199-200頁）ので、自由土地保有
権との対比でこれを所有権と呼ぶのは不適当であると考えられる。そして第3
に、後の本文においても検討するように、イギリス法の不動産賃借権について
の近年の実態を見るならば、それが都市における合理的な利用形態となってい
るとはいえず、むしろ多くの住宅問題を惹起する主要な要因となっているとい
う点があげられる。イギリス法の不動産賃借権が都市における合理的な利用形
態であるといえるかどうかは、それについての実態的な考察を通して判断され
る必要がある。

81

またエクイティにおいても認められていなかった。[11]こうして、賃借人Bに建物資本の権利が賃貸人Aに侵害されていると意識されるようになり、建物資本に対する権利が賃貸人と賃借人のいずれに帰属するのかという対立が不動産賃借権の存続期間の満了を契機に顕在化することとなったのである。

　もっとも、ここでの賃貸人と賃借人との対立は、別の視点で見れば、双方ともに一定の資産を有する地主階級と中産階級との間の建物資本に対する補償をめぐる問題でしかなく、その意味では、建築用不動産賃貸借に内在する問題は、もともとは金銭的補償という局面に限定された問題にすぎなかったということができる。しかし、その後の19世紀末に発生した住宅問題に不動産賃借権が密接な関わりを持っていたことが明らかになったことによって、賃借人の主張は、単なる建物資本の金銭的補償から、不動産賃借権の存続保障へ、さらには賃貸人が持つ自由土地保有権の買取請求へと拡大していくことになるのであった。特に最後の主張は、不動産賃借権解放論（leasehold enfranchisement）として提唱されたものであった。不動産賃借権解放論とは、長期不動産賃借権の賃借人に賃貸人の有する自由土地保有権を強制的に（すなわち賃貸人の意思に反してでも）購入する権利（以下「不動産賃借権解放権」という。）を付与することによって、不動産賃借権を自由土地保有権へと解放しようとする主張であるが、この主張の要点は、「建物は実質上賃借人の所有に属する」という前提に基づき、賃借人は土地の価格のみで土

（10）定着物の場合、1704年の判例（Poole's case）により賃借人に営業用定着物（trade fixture）の収去権が認められ、1875年農地保有法（Agricultural Holding Act 1875）により賃借人に農業用定着物（agricultural fixture）の収去権が認められた。また、改良費の場合、1883年農地保有法（Agricultural Holding Act 1883）により農地の賃借人に改良費の償還請求権が認められ、1927年不動産賃貸借法（Landlord and Tenant Act 1927）により業務上の目的のために用いられる不動産の賃借人に改良費の償還請求権が認められた（水本・前掲書（注2）111頁、内田勝一「土地私法の形成過程―19世紀イギリスの土地法改革―」比較法学11巻2号33-38頁、フィリップ・S・ジェームズ（矢頭敏也監訳）『イギリス法（下）私法』（三省堂・1993年）202頁）。

（11）Broom, *supra* note 3, p315.

地建物の自由土地保有権を買い取ることができるという点にある。この主張の提唱者は、賃借人に不動産賃借権解放権が付与されれば、建築用不動産賃貸借の基本問題は解決され、延いては住宅問題も解決されるという理解に基づいていたのである。このような不動産賃借権解放論は、そのドラスティックな内容から19世紀末においては議会の圧倒的多数によって否決されることになったが、その後の1967年には立法化されることになるのである。

このように、建築用不動産賃貸借は、賃貸人と賃借人との間に建物資本の帰属をめぐる基本問題を内在させており、そしてその問題が後に大きな論争を呼び起こすことになるのである。それにもかかわらず、イギリスでこのような土地利用形態が広く普及するようになったのはなぜであろうか。そこで、以下では、まず、建築用不動産賃貸借がどのような歴史的な文脈の下で発展していったのかについて確認しておくこととする。その上で、実際に生じた住宅問題とその解決策をめぐる論争について検討していくこととする。

第2節　建築用不動産賃貸借の起源と展開

1　20世紀初頭の諸都市における土地保有態様

イギリスの諸都市における住宅その他の建物の建築を目的とした主要な土地保有態様（tenure）には、①自由土地保有権、②地代付封土権（fee farm）（直属受封者地代（chief rent）あるいは地代付封土権地代（fee farm rent）と呼ばれる永久的な固定の年地代の支払いに対し単純不動産が譲与される自由土地保有権）、③謄本土地保有権（copyhold）（荘園領主の許可がなければ1年以上の不動産賃借権を譲与できない点、鉱物や木材に対する権利を持たない点および一定の付随条件（incidents）や一定の許可料（fines）の支払いが条件とされる点を除き、実質的には単純不動産権と相違ない自由土地保有権）、④99年を超える存続期間（一般的に999年）の長期不動産賃借権、⑤21年から99年の存続期間の長期不動産賃借権、⑥生涯不動産賃借権（life leasehold）（3人の生存期間の終了を解除条件とする不動産賃借権）が存したが、20世紀初頭の時点においては、①が全体の2分の1、

83

②が全体の20分の１、④が全体の10分の１、⑤が全体の３分の１という割合であった(13)(これに対し、③は、1290年不動産権譲渡法(Quia Emptores 1290)以降、新規の荘園を創設することができなくなったため、謄本保有地は比較的わずかな割合しか存在しなくなっていたところ、謄本保有権者は一定の条件でこれを自由土地保有権に転換できる権利を付与する法も制定されたので、謄本保有地自体消滅しつつあり、最終的には1922年財産権法(Law of Property Act 1922)によって謄本土地保有権は廃止された。また、⑥は、急速に消滅しつつあり、デボンやコーンワルにわずかに散見される程度となっていた。(14)なお、1925年財産権法(Law of Property Act 1925)により、コモンロー上の不動産権として存続しうる土地に対する不動産権は、現有絶対単純不動産権(estate in fee simple absolute in possession)と絶対定期不動産権(term of years absolute)のみとされ、その他のすべての権利はエクイティ上のものとされたので、(15)今日では、上記の①④⑤のみがコモンロー上の不動産ということになっている。

　本書の主たる考察の対象である⑤の長期不動産賃借権に基づいて開発された都市については、以下の【表１】のとおり広く分布しており、この中には、ロンドン、リバプール、バーミンガムなどの主要都市も含まれている。

---

(12) Land Enquiry Committee, The Land: the Report of the Land Enquiry Committee, Vol.2, Urban, 1914, pp.344-345.

(13) *Ibid*, p.349.

(14) *Ibid*, pp.348-349.

(15) ジェームズ・前掲書(注10)191頁。

84

第 2 章　イギリスの定期借地制度と住宅問題

【表 1 】21年から99年の存続期間の長期不動産賃借権を土地保有態様とする都市の分布 [16]

地域	州	都市
イングランド北部	ランカシャー	リバプール、ボルトン、サウスポート、バリー、プレスコット
	チェシャー	バーケンヘッド
	ヨークシャー	ヨークの一部地域（MaltonとBatley）、シェフィールド、ハロゲイト、ネイルズバラ、ハダースフィールド、ポンティフラクト、スキプトン
	カンバーランド	カーライル、ホワイトヘブン
	ノーザンバランド	ニューキャッスル・オン・タイン、ベルフォード
	ダラム	ジャロウ、ゲーツヘッド、ヘプバーン
イングランド中央部	ウォリックシャー	バーミンガム、コベントリー、レミントン、ウォリック
	ノッティンガムシャー	ノッティンガム
	ダービーシャー	ダービー、ベイクウェル
	ノーザンプトンシャー	ダベントリー
	スタッフォードシャー	スタッフォード、バートン、ウォーソール
	ウスターシャー	ダドリー、マルバーン
	リンカンシャー	グレート・グリムズビー
イングランド東部	ノーフォーク	ノーリッジ、キングズ・リン
	エセックス	レイトン
	ハートフォードシャー	バーネット
	ハンティンドンシャー	ハンティンドン
グレーター・ロンドン		ロンドン
イングランド南東部	オックスフォードシャー	オックスフォード
	サリー	クロイドン（現在ではロンドン特別区）、モールデン、レッドヒル、ライギッド
	ハンプシャー	ウィンチェスター、ボーンマス、クライストチャーチ
	サセックス	ヘイスティングズ、イーストバーン
	ケント	ロチェスター、チャタム、ディール、フォークストン、セブンオークス

85

イングランド南西部	ドーセットシャー	シャーボーン、ウェーマス
	デヴォンシャー	ニュートン・アボット、タヴィストック、ティバートン
	コーンワル	ペンザンス、セント・アイヴス、カンボーン、ファルマス、リスカード、レッドラス、セント・オーステル
ウェールズ北部		カナーヴォンなど
ウェールズ南部		カーディフ、スウォンジー、ニューポート

2　建築用不動産賃貸借の起源と継承的財産設定の展開

（1）建築用不動産賃貸借の起源

　そもそも土地を他人に賃貸するという慣行が成立したのは、10世紀末頃であるとされている。この慣行は、中世初期における最大の土地所有者でありながら、土地の経営に直接的な注意を払う能力の最も弱い宗教団体が、教会領地を3人の生涯（賃借人自身の生涯と賃借人が相続人と指名した他の2人の生涯）の期間で賃借人に譲与することによって行われたとのことである。[17]そして、確定期間の定期賃貸借がいつ頃から用いられるようになったのかについては定かではないものの、それは13世紀には周知のものであったし、15世紀には一般的になっていたとのことである。[18]定期賃貸借という慣行は、その後絶えず拡大していき、17世紀から18世紀初頭にかけて、宗教団体や私的土地所有者によって都市開発のために広く利用されていった。[19]

　この当時、宗教団体は、1571年および1572年教会不動産賃貸借法（Ecclesiastical Leases Act）によって40年を超える不動産賃借権の譲与は禁止されていたのに対して、[20]私的土地所有者は、その所有地のほとんどに継承

---

(16)　Land Enquiry Committee, *supra* note 12, pp.350-352により作成。

(17)　F・ポロック（平松紘監訳）『イギリス土地法―その法理と歴史』（日本評論社・1980年）144頁。

(18)　ポロック・前掲書（注17）145頁。

(19)　Land Enquiry Committee, *supra* note 12, p.362.

(20)　藤田・前掲論文（注2）27頁。

第2章　イギリスの定期借地制度と住宅問題

的財産設定（settlement）を行っていたので、21年を超える不動産賃借権を設定することは実際上不可能な状況であった。このため、都市の大土地所有者は、地所（estate）の開発に関して、宗教団体との競争において不利な状況に置かれていたのであった[21]。それでは、都市の大土地所有者は、自らの地所開発のために建築用不動産賃貸借をいつ頃、いかなる方法によって、そしていかなる目的をもって活用していったのであろうか。

　建築用不動産賃貸借の起源は、1630年に始まるベッドフォード（Bedford）伯によるコベント・ガーデン（Covent Garden）の開発の際に採用されたことによるとのことであり、これを契機としてその後の普及が始まったとのことである[22]。コベント・ガーデンの開発は、ロンドンの中心部シティを超えて西部地区へと拡大していった最初の計画的な開発であったが、この開発は次のような手続きをもって進められた[23]。まず、ベッドフォード伯は、建築許可（license to build）を得るために国王の同意を得なければならなかった。1630年にその許可を得たが、その見返りとして、当時の金額で2,000ポンドの国王手元金（Royal Privy Purse）（王室費のうち国王の個人的用途に供する資金）が支払われた。そして、ベッドフォード伯は、投機的建築業者（speculative builder）[24]との間で、建築開始前の賃貸借契約（pre-lease）を締結し、その年の冬に建築が開始された。その契約内容は、投機的建築業者は建築に際し3,000ポンドの権利金をベッドフォード伯に支払うことを約し、一方、ベッドフォード伯は50ポンドの年地代（annual rent）で31年間の不動産賃借権を投機的建築業者に譲与することを約するというものであった。このような建築開始前の賃貸借契約交渉（pre-lease negotiation）は、当時のほぼ標準的な慣行であり、それによって譲与され

（21）Land Enquiry Committee, *supra* note 12, p.363.

（22）藤田・前掲論文（注2）25頁。

（23）Survey of London ⅩⅩⅩⅥ, 1970, pp.462-463.

（24）投機的建築業者とは、事前に購入者を確保することなく土地開発または建物建設を行った後、その不動産を売却または賃貸することにより収益を上げることを目的とする建築業者のことである。

87

る不動産賃借権の存続期間は、ほとんどの場合が31年であり、例外的に41年まで延長されることもあった。このように、17世紀前半から都市における地所開発のために建築用不動産賃貸借が採用され始めたのである。ただし、その全体的な位置づけは、17世紀後半から近代的様式を備える継承的財産設定が広大な農地を保有する大土地所有者の間で一般化しつつある中にあっては、未だ例外的な段階に留まるものであったといえる。

（2）継承的財産設定の展開と地所開発

　この当時においては、農地こそが富の重要な要素であったので、それゆえにそのような大土地所領地を保有する土地貴族は社会的に優越的な地位を保持することができたのであり、そのためには、自らの財産が分割されることなく、その財産を家族の長男のみに相続させようとする仕組みが大土地所有者の間で望まれていた。[25] このような目的のために考案されたのが継承的財産設定であり、それは共和政時代の1650年頃、オーランド・ブリッジマン（Orlando Bridgeman）卿とジェフリー・パーマー（Geoffrey Palmer）卿によって発明されたものであるといわれている。[26] これは、家産の永久的保全を目的としたものであるが、実際にはコモンロー上の永久的拘束禁止則（rule against perpetuity）の存在によって、継承的財産設定がなされたとしても「現に生存する1人または数人の者の生存中およびその死後の21年」までしか土地を拘束することができないとされていたので、初期の目的を十分に達成することができなかった。[27] そこで、この限界を止揚するために新たに工夫された方法として、長男の婚姻または成年（21歳）に達するごとに継

---

(25) 宮崎孝治郎『財産継承制度の比較法的研究—農業基本法の基調を求めて』（勁草書房・1961年）462-463頁。

(26) 宮崎・前掲書（注25）430頁、Ｃ・Ｈ・フィーフット（伊藤正己訳）『イギリス法—その背景』（東京大学出版会・1952年）149頁。

(27) 宮崎・前掲書（注25）411頁、フィーフット・前掲書（注26）147-148頁、A Underhill, Changes in the Law of Property, A Century of Law Reform, Classics in Legal History Vol.14, W. S. Hein, 1972, p.283.

第 2 章　イギリスの定期借地制度と住宅問題

承的財産設定を更新していくという再継承的財産設定（re-settlement）が
行われた。[28]こうして、古いイギリスの家産の大部分を永久的に保全するとい
う目的を達しえたのであるが、その反面、土地所有者は単なる生涯不動産権
者にすぎなくなり、次のような多くの制約が課されることとなった。すなわ
ち、第 1 に、その土地の譲渡権が原則として認められなくなり、第 2 に、土
地毀損（waste）の法理が適用されることになるため、土地に対して永久的
毀損を加えることはもとより、土地の用途を変更することも許されなくなり、
そして第 3 に、地所開発または鉱山開発のために（たとえそれがどれほど価
値を生み出すものであったとしても）長期の賃貸借契約を締結することがで
きなくなったのである。このように、土地の継承的財産設定がなされるとい
うことは、土地から市場性のある商品としての性格を完全に排除してしまう
ということをも意味したのであった。[29]とはいえ、農地が富の源泉であった時
代においては、これらの制約にもかかわらず、この制度は現在そして将来の
土地所有者の財産を保障するものとして安定した機能を果たしてきたのであ
った。[30]

　しかしながら、19世紀に入り社会構造が変化すると、継承的財産設定はむ
しろ大土地所有者にとっての桎梏となっていった。すなわち、土地囲い込み
による零細農民の没落と非農業人口の増大、農業生産力の増加に伴う生活水
準の上昇によってもたらされた人口増加、産業革命の進展による農業以外の
産業分野（機械工業の発達や鉱山の開発などの活発化）、都市への労働者の
流入による住宅需要の増大など、これまでの社会構造が急速に変化していっ
たことにより、土地所有者が住宅分野に投資する利点と必要性が以前よりも

──────────

(28)　宮崎・前掲書（注25）411頁、451頁。

(29)　宮崎・前掲書（注25）411頁、フィーフット・前掲書（注26）147-148頁、
　　　Underhill, *supra* note 27, pp.284-285.

(30)　1929年の物的財産委員会（Real Property Commissioner）の報告書では、
　　　「継承的財産設定は、土地の現在の保有者に所有権の恩恵を与え、その子孫に財
　　　産を保障するものである」と述べてられており、継承的財産設定の有用性が賞
　　　賛されている（Underhill, *supra* note 27, p.286）。

はるかに高まってきたのであった。そのため、都市部に多くの土地を所有する土地所有者は、地所開発を積極的に希望するようになるのであったが、このときすでに自らの地所に対してなされていた継承的財産設定が建築用不動産賃貸借による地所開発を不可能としていたのであった。

　もっとも、継承的財産設定がなされていても、地所開発を可能とする２つの例外的手段が存していた。１つは、継承的財産設定証書（deed of settlement）の作成の際に、生涯不動産権者に適当な処分権能を与える特別の規定を予め挿入しておくという方法である。しかし、実際にこの権能を生涯不動産権者に与えたならば、この者が家産を喪失させてしまうおそれがあるので、設定者が意図してかかる規定を置かない場合がほとんどであったし、またもし仮にかかる規定が置かれたとしても、その処分権能は土地の受益関係には全く関係のない受託者に付与されていたのであった。⁽³¹⁾もう１つは、生涯不動産権者が土地の売却ないし賃貸権能の付与を求めて議会に私法律（Private Act）の制定を求めるという方法である。私法律とは、特定個人のためにその者に関する個人的事項を定める制定法のことであるが、特定の生涯不動産権者は、このような私法律の制定によって21年を超える不動産賃借権を譲与することが可能となったのである。こうして、18世紀初めからこの種の私法律の制定による地所開発が行われる事例が多数現れてくるようになった（【表２】参照）。まず、1702年に61年の不動産賃借権の設定が認められたのを契機に、その後、有力な土地貴族の地所を中心に60年から80年の不動産賃借権が設定されるようになっていき、最終的には、1783年に99年の不動産賃借権を譲与する権限が付与されるに至ったのである。⁽³²⁾

　しかしながら、私法律の制定によって長期不動産賃借権を譲与することが可能となったとはいえ、私法律が制定されるまでには長い時間を要し、その手続きは複雑であり、さらには非常の多額の費用もかかったので、イギリス

---

(31) 宮崎・前掲書（注25）470-473頁。

(32) British Parliamentary Papers, Urban Areas, Planning, Vol.5, Town Holdings, 1887, pp.821-825.

第2章　イギリスの定期借地制度と住宅問題

【表2】18世紀の私法律による地所開発[33]

設定年	地　所	許可された存続期間
1702	セント・マーティンズ・インザフィールズ	61
1709	グローヴナー	60
1718	ニューキャッスル公	60
1718	パルトニー・エステート	61
1724	ベッドフォード・エステート	61
1727	ソーホー（ポートランド公）	70
1727	セント・アンドリュー、ホルボーン（ビーリングズ・エステート）	65
1750	セント・ジェームズ、ウェストミンスター（アーガイル公）	70
1753	ソーホー（チャドウィック）	61
1753	サザワク（スライゴ子爵）	80
1762	ラムズ・エステート、ウェストミンスター	*
1783	アランデル・エステート	60
1783	パルトニー	99

でも最も有力な土地貴族のみがこの制度を利用し得たにすぎず、したがって、大部分の土地所有者にとってはさらなる公法律（Public Acts）の制定が望まれたのであった。[34] この種の公法律については、まず、1856年に始まり1877年に至る継承設定土地法（Settled Estates Act）として現れた。1856年法は、継承的財産設定のなされた土地であっても、高等裁判所（High Court of Justice）の大法官部（Chancery Division）の認可（sanction）を条件に、99年の存続期間の不動産賃借権を譲与することを可能とした。さらに、1877年法は、21年を超えない定期賃借権であるならば裁判所の認可なしに譲与することを可能とした。このように、不動産賃借権の譲与に関する制約が徐々に緩和されていったが、依然として、21年以上の存続期間の不動産賃借権を譲与するには高等裁判所の認可が要求されているという点で煩わしさが残されていると一般に認識されており、かくしてJ・ケイ（Key）のような改革

---

(33) *Ibid.*

(34) 宮崎・前掲書（注25）474頁、Underhill, *supra* note 27, p.285.

論者による生涯不動産権の完全廃止を求める運動が起こったのであった。このような改革案が実際に採用されることはなかったが、その代わりに、生涯不動産権者に管理や売却の権能の拡張を認める改革案が採用され、1882年継承設定土地法が制定されることとなったのである。1882年法は、生涯不動産権者に裁判所や受託者の同意を要さずして（ただし、受託者への通知は必要とされるが）継承的財産設定のなされた土地につき定期賃借権の処分をなし得る権能を初めて認めた法律であり、同法の制定により、継承的財産設定によって拘束されていた土地は解放され、1つの商品として自由な取引の対象となったのである。[35]

　以上のように、住宅需要の大幅な増大という社会構造の変化を背景に、都市部の大土地所有者は、これまで形成してきた継承的財産設定の慣行を漸次廃棄していき、生涯不動産権者にすぎない者に自由な土地処分権能を与えようとしたのであり、そして19世紀後半にはこの目的をほぼ達成したのであった。こうして、19世紀のイギリスにおいては、建築用不動産賃貸借が広く利用されるだけの社会的状況と基盤が十分に備わるに至ったのであった。

3　建築用不動産賃貸借の展開—ロンドンの取引形態を中心に

（1）ロンドンにおける建築用不動産賃貸借の普及

　継承的財産設定から自由になった都市部の土地所有者は、膨大な住宅需要を背景に、自らの所領地を開発することにより莫大な利益を獲得することが可能となった。そして、そのような都市部の土地所有者による地所開発の手法として建築用不動産賃貸借が積極的に活用されていったのであった。実際に、建築用不動産賃貸借は、19世紀の地所開発の際に広く用いられ、主としてロンドンとその近郊、南部・西部の諸州およびウェールズの諸都市で普及し、20世紀初頭までにはイングランドとウェールズ全体の諸都市の3分の1

---

(35)　宮崎・前掲書（注25）474-477頁、内田・前掲論文（注10）57-58頁、山中康雄『英米財産法の特質（下）』（日本評論新社・1954年）22-23頁、Underhill, *supra* note 27, pp.288-291.

で建築用不動産賃貸借が利用されるまでになった。[36]

　また、建築用不動産賃貸借は、特にロンドンにおいて積極的に利用された。それは、土地の大部分が比較的少数のイギリス有数の貴族的大土地所有者によって所有されており、こうした主要な大土地所有者がシティの西側に広がるウエストエンド（West End）の地所開発に際して建築用不動産賃貸借を好んで利用してきたからであった。[37]ロンドンで建築用不動産賃貸借が普及した理由としては、第1に、上述のとおり、1630年にベッドフォード伯がコベント・ガーデンを開発する際に建築用不動産賃貸借を採用したことがきっかけとなって、その後のロンドンの地所開発の方向性を決定づけることになったこと、第2に、一般に土地を売却することは富と地位の源泉を手放すことを意味したが、建築用不動産賃貸借によるならば、土地を処分することなく大土地所有を維持することが可能であったこと、第3に、産業の中心地であったロンドンは、19世紀を通じて急激な人口増加により住宅需要も急速に高まり、地価の驚異的な高騰が生じたことから、住宅投資は土地所有者にとって最良かつ最も安全な投資手段であったこと、第4に、建築用不動産賃貸借によれば、19世紀においては未だ十分に発達していなかった住宅金融から土地所有者が建設資金を調達する必要がなかったことなどがあげられる。

　もっとも、19世紀末には、ロンドンの大土地所有者と小土地所有者の土地所有面積の比率が40.6％対59.4％となっていたことからすると、[38]この時期には、貴族的大土地所有者が開発した地所だけでなく、小土地所有者自らが開発した地所、あるいはすでに開発された地所を小土地所有者が投資目的で取

---

(36) British Parliamentary Papers, Urban Areas, Planning, Vol.7: Report from the Select Committee on Town Holdings, 1889, pp.6-9; Land Enquiry Committee, *supra* note 12, p.34; 島・前掲論文「大土地所有制と所領経営の特徴」（注2）39頁以下。

(37) E. A. Collins, Leasehold Enfranchisement-The Case For and Against and A Practical Scheme, P. S. King & Son, 1913, pp.13-14; 藤田・前掲論文（注2）24頁以下。

(38) 島・前掲論文「大土地所有制と所領経営の特徴」（注2）38頁。

得した地所も相当程度存在していたものと思われる。

（2）建築用不動産賃貸借の取引形態

　建築用不動産賃貸借は、一般に次のような取引形態をなしていた。[39]まず、土地所有者は建築業者との間で賃貸借契約を締結するが、実際には、その前段階として建築協定（building agreement）が締結されていることが多く、建築協定の段階では、建築業者は土地所有者の敷地上で建築を行うための立入権（licence）が付与されるにすぎなかった。[40]土地所有者は、地所開発に際して自己のイニシアティブを行使するために、建築業者が建築協定の内容に従って建物を完成させたことを確認した後に、正式な賃貸借契約を締結するものとしていた。賃貸借契約の具体的内容は、事前の建築協定の段階ですでに定められており、建築協定では主に、①建築業者が行うべき開発の内容、②建物は建築業者の費用によって建てられること、③設定料（fine）や年地代（annual ground rent）の金額、④賃貸借期間、⑤賃借人が建物の使用や修繕等において行うべき義務や禁止事項を定めた不作為約款（restrictive covenant）、⑥不動産の譲渡（assignment）または転貸（sub-lease）についての可否などについて定められた。このうち、③の年地代の算定にあたっては、建物は建築業者の費用をもって建てられたことから、実際の地代額は地所開発前の土地の価値（undeveloped value of the land）に相当する金額にすぎなかった。[41]また、④の賃貸借期間については、一般的には99年間と定

---

(39) 建築用不動産賃貸借の取引形態は実際には必ずしも一様ではなく、地域によって異なる取引形態が普及している場合もあった。例えば、ウェールズの産業都市では、建築業者を媒介させることなく、賃借人自身が建築金融組合（building society）から融資を得て建物を建築するという取引形態が採られており、こうした取引形態によって建てられた住宅が半数以上を占めているとのことである（H. Broadhurst, The Enfranchisement of Urban Leaseholders, Fortnightly Review, 35, 1884, pp.344-345)。

(40) R. E. Megarry and H. W. R. Wade, The Law of Real Property, 4 th ed., Stevens & Sons LTD, 1975, p.1147.

(41) Cheshire and Burn's, Modern Law of Real Property, 14th ed.,

第 2 章　イギリスの定期借地制度と住宅問題

められたが、この期間は地域や年代によって若干の相違が存した。[42]

　建築業者が建築協定に従って建物を完成させると、その建物は土地に附合し、コモンロー上、土地所有者が土地建物一体の不動産の所有者となる。その上で、土地建物の所有者と建築業者との間で賃貸借契約が正式に締結されると、建築業者は土地建物一体の不動産について不動産賃借権を取得することになる。その後、建築業者は、収益を上げるためにその不動産を第三者に売却することになるが、実際には、建物の多くが一棟の建物をそれぞれ垂直的（vertical）に分割したテラスハウス方式で建てられたため、建築業者は個々の区画を複数の第三者に分譲販売することになる。分譲販売に際し、建築業者は、個々の区画の購入者にその区画に対応した不動産賃借権を譲渡し、そしてそのすべてが譲渡された時点で自らは不動産賃貸借関係から離脱することになった。こうして、最終的に、土地建物の所有者と個々の不動産賃借権の譲受人との間で不動産賃貸借関係が成立することになったのである。

　このような建築用不動産賃貸借は、土地所有者をそのプロセスを通じて土地建物の賃貸人とすることで、その者に主として次の３つの利益を享受させることを可能とした。１つは、土地建物の長期不動産賃借権を譲与したことの対価として、賃借人から設定料と年地代という利益を取得することができたこと、２つは、その存続期間中は、賃貸人が不動産賃貸借契約上の付随条件を賃借人に行使することを通じて、地所全体の資産価値を維持することができたこと、３つは、その存続期間満了後は、土地建物の自由土地保有権が

　　Butterworths, 1988, p.468.

　（42）例えば、19世紀後半においては、ロンドンでは80年の不動産賃借権が一般的になりつつあったし、またウェールズでは60年の不動産賃借権が一般的であった（British Parliamentary Papers, Vol.7, *supra* note 36, pp.6-9）。なお、99年の賃貸借期間が一般化した理由として、99年が建築用の土地を最も有利に処分できる最短の期間であったという事情が存したこと（*Ibid.*, p.23）、また、100年を超える不動産賃借権を設定すると高率の印紙税（stamp duty）が課せられることになるという事情が存したこと（R. E. Megarry and H. W. R. Wade, *supra* note 40, p.1147; Cheshire and Burn's, *supra* note 41, p.465）などがあげられている。

95

賃貸人に復帰することになったことである。特に 3 つ目の利益については、その存続期間の満了により、土地所有者自らは建物に対して何らの支出もしていないにもかかわらず、建物という増加利益（increasing interest）を取得することができたということを意味した[43]。

　しかし、このような建築用不動産賃貸借という取引形態に基づいて開発された地所は、ロンドンの大地所（large estate）などではその後も維持され続けたものの、その多くがやがて解体されていくことにもなった。その理由としては、20世紀以降の地所税（estate tax）の負担から、賃貸人が自由土地保有権を賃借人に、あるいはより頻繁には保険会社や年金基金の受託会社に売却していったからであり、特に第二次世界大戦後においては、株式投資のための資金調達のために自由土地保有権を売却していったからでもあった[44]。また、戦後は、政府の持家政策の結果、一般市民にも自由土地保有権による持家取得が可能となっていったため、建築用不動産賃貸借に基づく新規開発はほとんど行われなくなっていったのであった。

（3）分譲用不動産賃貸借の展開とその取引形態

　これに対して、第二次世界大戦以降は、建築用不動産賃貸借の一種である分譲用不動産賃貸借（premium lease）が比較的多く利用されるようになった。これは、土地所有者から自由土地保有権を取得した建築業者がその土地上に建物を建築し、その土地建物の長期不動産賃借権をその購入者に譲渡し、その対価として購入者から権利金（premium）を受け取るというものである[45]。分譲用不動産賃貸借は、土地建物の自由土地保有権を有する建築業者が賃貸

---

(43) D. Spring, English Landowners and Nineteenth-Century Industrialism, in J. T. Ward and P. G. Wilson ed., Land and Industry, David & Charles, 1971, p.41.

(44) D. M. W. Barnes, The Leasehold Reform Act 1967, Butterworths, 1968, para.6.

(45) 権利金の金額は、主として建築費用と建築業者の利益に基づいて算定されるが、その他にも賃貸借期間、契約条件、不動産の状態等の要素も考慮される。

人となる点で建築用不動産賃貸借と異なるが、賃借人がその土地建物の長期不動産賃借権を取得することになるという点では建築用不動産賃貸借と同じであるので、両者を同一の類型として扱うことができる。

このような分譲用不動産賃貸借が利用され始めた理由は、①19世紀の頃のような大規模な地所開発が行われなくなるに伴い地所経営も小規模化・個別化したこと、②その後の住宅金融制度の発達により賃貸人としても比較的容易に開発資金を調達することができるようになったこと、そして③戦後に著しく発展してきた集合住宅（block of flats）の開発にこの方式が全般的に採用されてきたことなどがあげられる。これらの理由のうち、とりわけ③の理由が分譲用不動産賃貸借の拡大の大きな要因であるということができる。イギリスの集合住宅については、自由土地保有権に基づく集合住宅の開発に法的な欠陥が存したこと、またその欠陥を補うべき区分所有法が2002年まで立法されなかったことから、集合住宅の大部分がこの分譲用不動産賃貸借に基づいて開発されることとなったからである。もちろん、長期不動産賃借権に基づく戸建て住宅やテラスハウスがこの方式によって開発される事例もないわけではなかったが、戦後は自由土地保有権に基づく住宅の取得が一般市民においても可能となっていたことから、そのような事例はロンドン中心部など住宅取得が困難な一部の地域に限られていたといえる。この意味において、分譲用不動産賃貸借は、戸建て住宅やテラスハウスにおいては例外的な取引形態ではあるが、集合住宅においては現在のイギリスの都市における主要な取引形態となっているということができる。

それでは、集合住宅に用いられる分譲用不動産賃貸借は、一般にどのような取引形態をなしているのであろうか。[46] まず、建築業者は、土地所有者から

---

(46) 集合住宅の分譲用不動産賃貸借の取引形態については次の文献を参照した。D. N. Clarke, Commonhold – A Prospect of Promise, Modern Law Review, Vol.58, No.4, July, 1995, p.489; Susan Bright and Geoff Gilbert, Landlord and Tenant Law – The Nature of Tenancies, Oxford, 1995, p.7 and p.718; James Driscoll, Leasehold Reform – The New Law, Tolley, 1993, p.2; T. M. Aldridge, Law of Flats, 3rd ed., Longman, 1994, Precedent A: 3, p.175; E.G.

自由土地保有権を取得して、その上に集合住宅を開発する。これにより、建築業者は土地建物の自由土地保有権者となる。集合住宅は、戸建て住宅に準じて取り扱われる垂直的に分割されたテラスハウスとは異なり、それぞれ水平的（horizontal）に分割された区分（unit）から構成されており、また各購入者がそれぞれの区分を利用するための階段・通路・エレベーター等の共用部分（common parts）から構成されている。建築業者は、その集合住宅を各購入者に分譲するに際し、共用部分については売却を留保しつつ、専有部分を含む区分についてのみ長期不動産賃借権に基づいて各購入者に分譲販売するという方法を用いる。共用部分の売却が留保される理由は、不動産賃貸借契約の際に定められる作為約款（positive covenant）に基づく義務を共用部分の自由土地保有権を有する建築業者に履行させるためであり、これにより建築業者が共用部分を維持管理し、電気・ガス・水道・電話・空調等各種の生活設備を供給する義務を負うことになる。このように、建築業者をそのような義務の責任主体とすることによって、各購入者は建物全体を適切に利用できるように工夫されたのである。

　このようにして分譲販売される集合住宅の区分をイギリスではフラット（flat）と呼んでいるが、このような取引の結果、フラット購入者は専有部分を含む区分に対する長期不動産賃借権を取得することになり、建築業者は専有部分を含む区分に対する将来不動産権と共用部分に対する自由土地保有権とを有することになる。このときのフラットの賃貸借期間は、一般的には99年（場合によっては999年）であり、またその購入金額は、自由土地保有権の価値に相当する金額が支払われることになる（そのため、地代は、極めて低額であるか、名目的な額に留まることになる）。こうして、各フラット購入者は、水平的に分割された土地建物の一部の区分に対してではあるが、建築用不動産賃貸借における長期不動産賃借権と同じ性質の権利を取得することになるのである。

　ただし、分譲用不動産賃貸借に基づく集合住宅については、共用部分の自

George and A George, The Sale of Flats, 5th ed., Sweet & Maxwell, 1984, p.41.

由土地保有権を建築業者が留保することになるという点で、建築用不動産賃貸借に基づく戸建て住宅やテラスハウスとは異なっており、またその点に関連する特有の法律問題も存している。そこで、集合住宅特有の論点については第4章で別途検討することとし、まずは、建築用不動産賃貸借と分譲用不動産賃貸借に共通する長期不動産賃借権がもたらす法律問題について検討を進めることとする。

第3節　19世紀末ロンドンの住宅問題

1　住宅問題と不動産賃借権の関係

（1）住宅の権利形態の類型

　長期不動産賃借権に関わる法律問題が住宅問題として最も顕著に表れた都市がロンドンであった。その理由は、ロンドンでは、建築用不動産賃貸借による地所開発が積極的に進められたため、一部には自由土地保有権に基づく住宅も存したが、圧倒的多数は長期不動産賃借権に基づく住宅によって占められていたからである。[47]

　また、19世紀末のロンドンは、①ごく少数の大土地所有者（全戸主の0.001%）、②少数の比較的分散した小土地所有者（全戸主の2.4%）、③圧倒的多数の非土地所有者（全戸主の97.6%）といった三層構造が形成されていた。[48] そのため、ロンドンの住民の大部分は、不動産賃借権に基づいて住宅を賃借せざるを得ない状況にあったということができる。ただし、ここで注意すべき点は、不動産賃借権には、長期不動産賃借権と短期不動産賃借権の2種類が存するという点である。長期不動産賃借権は、上述のとおり、自由土地保有権に準ずるものであり、所有権の類型に含まれるものと理解されているが、短期不動産賃借権は、現実の居住のための不動産賃借権（occupation lease）であり、日本法における借家権に相当するものである。短期不動産賃借権の取引形態は、長期不動産賃借権のそれとは異なり、賃貸

---

(47) British Parliamentary Papers, Vol.7, *supra* note 36, p.8.

(48) 島・前掲論文「大土地所有制と所領経営の特徴」（注2）38頁。

人（landlord）が賃借人（tenant）に搾出賃料（敷地の価値とその上の建物の価値とを合わせた価値を基礎にして決定された賃料）で住宅を賃貸し、併せて賃借人に修繕義務を負わせる約款を課すのが一般的であった。また、賃貸借期間については事例ごとに様々であり、21年間、14年間あるいは7年間といった定期賃借権（term of years）もあれば、適切な告知によっていつでも終了させることができる1年間、3か月間、1か月間あるいは1週間といった周期賃借権（periodic tenancy）もあった。[49]

　これらのことから、19世紀末ロンドンの住民が実際にどのような権利に基づいて住宅に居住していたかについては、次のように類型化することができる。すなわち、1つは、自由土地保有権に基づく住宅に対して、①自由土地保有権者として自ら居住していた場合と、②自由土地保有権者からの賃借人として居住していた場合とである。もう1つは、長期不動産賃借権に基づく住宅に対して、③長期不動産賃借権者として自ら居住していた場合と、④長期不動産賃借権者からの賃借人として居住していた場合とである。これらの類型ごとの社会階層については、概して、①の居住者が地主階級（landlord class）、③の居住者が中産階級（middle class）、そして②④の居住者が労働者階級（working class）に相当するということができる。

　これらの類型のうち、②の類型では、地主階級が賃貸人、労働者階級が賃借人となる。この場面においては、後述するように19世紀末において、高額の賃料、不安定な居住権、劣悪な住環境といった賃借人の居住そのものの社会法的保護の必要性が課題となって表れてくる。他方、③の類型では、地主階級が賃貸人、中産階級が賃借人となる。この場面では、②の類型で生じる問題とは質的に異なり、賃借人が資本投下した建物や改良費等を喪失するという問題、賃貸借期間満了時の建物の荒廃・スラム化など公共的利益の阻害に関わる問題、契約更新や契約条件に関する不公平性の問題などが課題となって表れてくる。これに対して、④の類型は、②の類型と③の類型の複合型であり、地主階級が原賃貸人、中産階級が原賃借人であり転貸人、労働者階

(49) Leasehold Committee Final Report（Cmnd.7982), 1950, pp.13-14.

100

級が転借人となる。この場面では、両類型の問題が折り重なる形で課題となって表れてくるので、問題はより一層複雑な様相を呈することになる。

19世紀末のロンドンは、上述のように、長期不動産賃借権に基づく住宅が圧倒的多数を占めており、③と④の類型が実際の居住類型であったことから、この時期に社会問題化した住宅問題は、そのまま不動産賃借権に係る法や取引形態の欠陥であり、矛盾の顕在化であったとみることができる。そのことは、具体的な住宅問題として顕在化していくことによって、やがて政治的な議論へと発展していったのであった。

（2）建築用不動産賃貸借の社会問題化

19世紀後半にもなると大都市における労働者の住宅環境は極めて劣悪な事態に陥っていた。例えば、スラム街で生活せざるを得なかった多くのロンドンの労働者階級は、低賃金労働と法外な家賃のために非常に貧しく、その生活状況は過酷を極めていた。そのような地域の住民は、劣悪かつ不衛生な住環境の下に暮らしており、それゆえに住民の精神的・道徳的頽廃も甚だしいものがあった。このように都市における貧困層の住むような住宅は、その劣悪さと不衛生さにもかかわらず、彼らにしてみれば法外な家賃を要求されるという最悪の状況下にあったのであるが、そうした状況は、住宅需要の急増といった社会的・経済的な要因のみでは説明できない、労働者住宅のあり方そのものに関わる構造的な問題が存していたということができる。このような住宅問題については、労働者の住環境における窮状を訴えたA・ミーンズ（Mearns）の1883年の小冊子によってイギリスの世論も喚起され、これにより、1884年にC・ディルク（Dilke）を委員長とする「労働者住宅に関する王立委員会」（Royal Commission on the Housing of the Working Classes）が設置されることになった。同委員会報告書は、これまで議論さ

---

(50) Andrew Mearns, The Bitter City of Outcast London, 1970, pp.55-77.

(51) *Ibid.*

(52) British Parliamentary Papers, Urban Areas, Housing, Vol.2, Royal

れていた都市の住宅問題の所在を初めて明確な形で明らかにしたものとして、大きな意味を有することになった[53]。そして、同委員会の追加報告書において、「建築用不動産賃貸借制度は、人口の過密した不衛生な建物や高額な賃料という問題と関連した、多くの害悪の主たる原因である」として、厳しい批判がなされたのであった[54]。

　他方で、都市における土地所有制度に対する批判は、商人や知的職業人などからなる中産階級からも特に目立ってなされていた。彼らの地主階級への敵意は、労働者階級における生存そのものに関わる問題からというよりも、むしろ経済的な不公平感から生じたものであった[55]。これらの者は、この点に関して地主階級に強い不満を有しており、この不満は、彼らの利益を代表する当時の自由党の国会議員であるH・ブロードハースト（Broadhurst）によって、都市における土地問題として初めて政治の場で公にされていったのである。彼は、1883年に有権者を前に、「現在までのところ、土地問題は、ほとんど農業問題に限られるとかなりの程度考えられてきたが、われわれはこれまで、不動産賃貸借制度という、わが労働者の福祉だけでなく、わが商人の福祉にも極めて重大な影響を与える害悪と不正義とが都市およびその郊外に存在していたことを見過ごしてきていた」と演説したのであった[56]。

　こうして、このときから、地主階級に向けた政治的プロパガンダの大部分が不動産賃貸借制度に対する批判に関わるものとなり、その後に様々な運動が展開されていったのである。そして、この不動産賃貸借制度の問題は、中央政界においても議論されるようになり、その実態についての調査がなされ

　　　Commission on the Housing of the Working Classes, 1884-1885, 1st. Report.
(53) D. A. Reeder, The Politics of Urban Leaseholds in Late Victorian England, International Review of Social History, Vol.6, 1961, p.419.
(54) British Parliamentary Papers, Urban Areas, Housing, Vol.2, Royal Commission on the Housing of the Working Classes, 1884-1885, Supplementary Report, p.71.
(55) D. A. Reeder, *supra* note 53, p.413.
(56) *Ibid*, p.414.

ていった。その調査の中でも最も重要なものが、都市的土地保有庶民院特別委員会（Select Committee on Town Holdings）による1889年の報告書である。同委員会の会合では、不動産賃貸借制度の主要な維持派と反対派との主戦場となり、それぞれの立場に基づいた価値ある証言がなされることになった。さらに、その議論もその後いったんは沈静化したものの、1913年に再び不動産賃貸借制度の問題が顕在化したため、このときはロイド・ジョージ（Lloyd George）の主導によって、都市の地主階級に対する批判が繰り広げられた。その際、彼は、A・H・B・アクランド（Acland）を委員長とする土地調査委員会（Land Enquiry Committee）を設置し、同委員会は、1914年の報告書の中で、先の1889年報告書と独自の調査結果とに基づいて、不動産賃貸借制度に関する諸項目について検討をしている。

そこで、以下では、1889年報告書と1914年報告書とを参照することによって、この時期における不動産賃貸借制度の問題点を個別・具体的に検討していくこととする。

2　不動産賃貸借制度から生ずる住宅問題の個別的検討

（1）不動産賃貸借の取引上の問題

19世紀末のロンドンでは、先に紹介したように、階級ごとに異なる2種類の不動産賃借権が存在していたが、それでは、住宅の実際の居住者（actual occupier）は、具体的にどのような立場に置かれ、どのような法的権利を有していたのであろうか。そのことを一般化するならば、一部の高級な住宅の居住者は、賃貸借期間が99年間の賃借人（lessee）であったが、その他の労働者向け住宅の居住者は、かなりの割合において賃貸借期間が1週間ごとの

---

(57) British Parliamentary Papers, Vol.7, *supra* note 36. なお、この報告書については、島・前掲論文「リースホウルド制について」（注2）による詳細な検討がある。

(58) D. A. Reeder, *supra* note 53, p.422.

(59) *Ibid*, p.429.

(60) Land Enquiry Committee, *supra* note 12.

(61) British Parliamentary Papers, Vol.7, *supra* note 36, p.20 and p.36.

103

賃借人（weekly tenant）にすぎなかった、ということができる。不動産賃貸借における権利義務関係は、その大部分が建築用不動産賃貸借から生じているはずであるにもかかわらず、なぜこのような相違が生ずることになったのであろうか。その理由については、①賃貸人の管理能力、②建築業者の性質、③ブローカーの介入といった事情に大きく左右されたからであるといえ、これらの要因が不動産賃貸借の取引関係に影響を与え、このような相違を生ぜしめたものということができる。

　具体的には、高級な住宅の場合では、賃貸人は有数の大土地所有者であることが多く、地所管理能力も非常に高く、それゆえ建築業者も優良な業者が選定され、またそこにブローカーが介入することもなかった。このような場合の実際の取引形態は、次のように単純である。すなわち、土地所有者は、建築用不動産賃貸借に基づき、長期不動産賃借権を建築業者に譲与するが、このときの建築業者は、事前の建築協定に従って質の高い住宅を建築している。実際の居住者は、この建築業者から直接に当該土地建物の長期不動産賃借権をそのまま譲渡（assignment）されるので、長期不動産賃借権を包括的に承継することになる。これにより、従前の土地建物所有者と建築業者との間に存在していた不動産保有関係（privity of estate）は消滅し、それに代わって、土地建物所有者と実際の居住者との間で不動産保有関係が生ずることになる。実際の居住者は、こうして99年間の不動産賃借権の賃借人となることができたのである。

　これに対して、居住環境が劣悪になりがちな住宅の場合では、賃貸人の管理能力が劣っていたり（大地所においてもそのような賃貸人は存在していた）、あるいは地代収入のみを目的とした賃貸人の場合にはそもそも管理意

（62）*Ibid*, p.29. ただし、コーンワルやウェールズなどの採鉱・砕石地区の場合には、労働者向け住宅の居住者であっても、60年間程度の賃借権の賃借人であることが多く（*Ibid*, p.29 and p.35）、地域的な事情による相違はある程度存していたとのことである。

（63）*Ibid*, p.20 and p.36.

（64）例えば、セント・パンクラス地域にあるキャムデン（Camden）卿、サザン

第 2 章　イギリスの定期借地制度と住宅問題

欲がなかったりしたために、住宅の質は悪化することとなった。この場合、建築業者は安普請専門の建築業者（jerry builder）であることが多く、そのような建築業者は建物に永久的な利害関係を持たないことから、建物を耐久的にする動機が働かないので、質の低い建物を建てようとするのであった。[65]さらに、このような場合には、土地建物所有者と実際の居住者との間に中間商人（middleman）が介在して、住宅の悪化傾向に拍車をかけていた。

　このような場合の取引形態は、次のように複雑な構造が存在していた。すなわち、土地所有者が、建築用不動産賃貸借に基づき、長期不動産賃借権を建築業者に譲与するまでは先の場合と同様であるが、この種の悪質な建築業者の場合、質の低い住宅を建築している。そして、この建築業者は、短期不動産賃貸借に基づき、当該土地建物の長期不動産賃借権の賃貸借期間の一部のみを実際の居住者に転貸（sub-lease）して、その者から搾出賃料を取得するか、[66]あるいは質の低い建物の見栄えだけを良くし、当該土地建物の長期不動産賃借権を実際の居住者に譲渡して、その者から売却代金を取得するか[67]のいずれかのことをしたのであった。

　前者の転貸の場合、建築業者自身が土地建物所有者と実際の居住者との間に介在することになり、土地建物所有者（賃貸人）との関係では、建築用不動産賃貸借に基づく最初の賃借人（original lessee）であるが、実際の居住者との関係では、短期不動産賃貸借に基づく賃貸人（landlord）ということになり、[68]したがってこの場合は、建築業者自身が中間商人としての性質も有していたことになる。他方、後者の譲渡の場合、実際の居住者は建築用不動

　　プトン（Southampton）卿、ソマーズ（Somers）卿の地所や、パディントン、フィンズベリ、サザアクにある国教会の地所は、建物の質的水準の著しい低下が認められていた（藤田・前掲論文（注 2 ）27頁）。

（65）ポロック・前掲書（注17）157-158頁。

（66）ポロック・前掲書（注17）159頁。

（67）J. T. Emmett, Enfranchisement of Leaseholds, Transactions of the National Association for the Social Science, 1884, p.537.

（68）British Parliamentary Papers, Vol.7, *supra* note 36, p.35.

105

産賃貸借に基づく長期不動産賃借権を取得していたものの、時の経過とともに建物は著しく老朽化し、賃貸借期間が残り数年（fag ends）になると、通常は投資家（speculator）がこれを安値で買い取っては、中間商人として労働者に短期不動産賃貸借に基づいて転貸したのであった。[69] 結局、いずれの場合であれ、労働者が住めるような住宅は、このような中間商人によって占められており、大半の労働者は、このような中間商人から、ほとんどスラム化した住宅を、賃貸借期間が1週間ごとの不動産賃借権で、高額な搾出賃料で借りざるを得ない状況であったのである。

（2）賃料問題

以上の考察から、19世紀の不動産賃貸借制度における賃借人には、①建築業者、②中産階級、③労働者階級といった3つの階層があり、これらの賃借人がそれぞれの局面において存在していたことが明らかになった。そこで、次に、これらの賃借人がどのような性質の賃料を負担していたのかを確認し、それぞれにおいて賃料に関する問題が生じていたか否か、問題が生じているとしたら具体的にどのような問題が生じていたのか検討する。

（a）建築業者が負担する地代

かつて、土地所有者は、長期不動産賃借権を譲与する際に建築業者に法外に高額な地代を課すことによって不当な利益を上げることが可能であったという批判がなされたが、都市的土地保有庶民院特別委員会（以下「特別委員会」という）はこの批判を退けている。[70] その理由として特別委員会は、①建築業者は土地所有者と対等な契約を締結するだけの能力を有していたこと、

---

(69) *Ibid*, p.19; H. Broadhurst, *supra* note 39, p.346. 19世紀末まで民間賃貸住宅は手ごろな投資手段であり、「この上なく安全な資産」であったため、貸家所有は様々な社会層に広がり、わずか数戸を所有するだけの小規模かつ素人の家主が何十万人も誕生していた（スチュアート・ロー（祐成保志訳）『イギリスはいかにして持ち家社会となったか─住宅政策の社会学─』（ミネルヴァ書房・2017年）45頁）。

(70) British Parliamentary Papers, Vol.7, *supra* note 36, p.21.

②そのような建築業者は最初の賃借人でもあるが、ほとんどの場合、最初の賃借人は取引から十分な収益を上げることができたこと、そして③それぞれの地所において頻繁に地代の額をめぐっての競争があったため、建築業者は地代の安い場所を選ぶことができたことなどをあげている。[71]

このことから、建築業者については、賃料問題は特に存在していなかったということができる。

(b) 中産階級が負担する地代・賃料

商人や知的職業人などの中産階級は、管理の行き届いた地所に存在する質の高い住宅に居住していた。このような地所では、賃貸人の課す不動産約款（covenant）の存在によって、地所開発が計画され、住宅の水準も維持され、そして地域特有の性質も維持されていた。[72] また、このような地所は、ロンドンのウェストエンドにおいて形成され、ベッドフォード（Bedford）公、エア（Eyre）家、ポートマン（Portman）子爵、グローヴナー（Grosvenor）卿、ウェストミンスター（Westminster）公などの有力な土地貴族によって開発された大地所からそれぞれなっている。[73]

このような地所の住宅に居住する者は、賃借人としての地位を保持していることが通常であるので、賃料問題は長期不動産賃借権の存続期間が満了するまでは基本的には生じなかったものと思われる。しかし、その存続期間の満了するとき、賃料問題が顕在化することとなった。すなわち、不動産賃借権の存続期間が満了すると、その住宅は賃貸人の財産となってしまうため、賃借人としては住宅を賃貸人に明け渡さなければならなくなるが、そのときもし賃借人が居住を継続するため不動産賃貸借契約の更新（renewal）を希望するならば、賃借人は契約の更新について賃貸人と直接に交渉をしなければならなくなる。[74] 賃貸人が契約の更新に同意するかどうかは自由であ

---

(71) *Ibid.*

(72) D. A. Reeder, *supra* note 53, p.424.

(73) 藤田・前掲論文（注2）26頁。

(74) D. Spring, *supra* note 43, p.41; Land Enquiry Committee, *supra* note 12, p.347.

107

り、もし地所としての価値がほとんどない場合には、更新に同意しないで地所の再開発をすることができた。仮に更新に同意したとしても、今度は更新後の賃料について問題が生ずることになった。つまり、将来不動産権者でしかなかった賃貸人は、存続期間の満了による不動産賃借権の消滅によって土地建物の自由土地保有権者となり、これに伴って、更新後の賃料は、土地のみの価値に相当する地代（ground rent）から搾出賃料（rack rent）へと転化することになったのである。この場合の搾出賃料とは、土地それ自体の価値に建物の価値を考慮し、さらには賃貸借期間中に賃借人が付加した改良（improvement）による価値や、建物が事業用の用途で用いられていた場合において賃借人が高めたのれん（good will）の価値をも考慮した賃料であるとされている。[75] 更新後はこのような搾出賃料が課せられることになるということは、従前は建物の実質的な所有者であった賃借人にとって、また改良費やのれんなどの価値を付加してきた賃借人にとって、自己の費用で建物の経済的価値を維持し高めてきたにもかかわらず、更新後はそれらの価値を含めた賃料を賃貸人に支払わなければならなくなることに対して、不合理な状況にあると感じられたのであった。例えば、ウェストエンドの地所においてかつて長期不動産賃借権を取得した者が、その存続期間の満了に先立って賃貸人に対し契約の更新を求めたところ、賃貸人から提示された条件は、①賃料は年10ポンドから80ポンドに増額されるべきこと、②1,400ポンドの更新料が支払われるべきこと、③賃借人は住宅の修繕に500ポンドを支出すべきことというものであり、賃借人にとっては一方的ともいえる条件を強いられたのであった。[76]

　こうして、賃貸人は、これまでは低額であった（取引条件によっては名目的な金額でさえあった）地代を搾出賃料として増額させることになったのである。[77] その上で賃貸人はさらに、増額賃料を確実に確保するために、更新の

---

(75) Land Enquiry Committee, *supra* note 12, pp.347-348; British Parliamentary Papers, Vol.7, *supra* note 36, p.11.

(76) H. Broadhurst, *supra* note 39, p.347.

第2章　イギリスの定期借地制度と住宅問題

条件として増額賃料を更新料の中に含めて一括して支払うように賃借人に強制することもあったのであった[78]。

（c）労働者階級が負担する賃料

　賃貸人による管理が十分になされている地所はごく一部の区域に限られており、多くの労働者が居住するイーストエンドの住宅の質は劣悪な状況にあった。一般的に、荒廃した住宅は建物としての価値を喪失するため、労働者が負担する賃料は、通常ならば敷地の価値、すなわち最初の賃貸借契約（original-lease）の時点における地代の額にまで下落するはずである[79]。しかし、労働者が居住していた住宅は、その多くが中間商人によって保有されており、中間商人は、最大の利益を上げるために、住宅の維持や修繕にかかる費用はほとんど支出しないようにしつつ、労働者から得られるだけの賃料を搾取していたので、労働者は、高額の賃料を負担せざるを得なかったのである[80]。

　さらに、中間商人の多くは、自らは長期不動産賃借権を取得していても、その住宅を労働者に賃貸するに際しては、短期の周期賃貸借でしか契約をしなかったので、ほとんどの労働者は、賃貸借期間が1週間ごとの賃借権（weekly tenancy）しか有しておらず、不動産権（estate）を有するものではなかった。そのため、労働者の法的地位は、極めて不安定な状態にあったのである[81]。

　こうして、19世紀末ロンドンの労働者階級は、劣悪な住環境の下に、高額な賃料と不安定な法的地位でしか生活を享受することができなかったのであ

（77）例えば、ベッドフォード公の地所において、1880年代に不動産賃借権がまとめて終了することになったが、更新前の総地代収入は2,191ポンドにすぎなかったのに対して、更新後の総賃料収入は18,848ポンドと約9倍になったといわれている（D. Spring, *supra* note 43, p.41）。

（78）Land Enquiry Committee, *supra* note 12, pp.348.

（79）D. Spring, *supra* note 43, p.41.

（80）British Parliamentary Papers, Vol.7, *supra* note 36, p.19.

（81）J. T. Emmett, *supra* note 67, p.543.

109

（82）
った。

（3）劣悪な住環境と修繕の状況

　建築用不動産賃貸借は、安普請専門の建築業者を奨励することになり、そのため、それに基づく住宅は、自由土地保有権や長期不動産賃借権（特に999年間の不動産賃借権）に基づく住宅よりもはるかにランクの劣った粗末な造りとなっており、また衛生上の便宜もほとんど図られていないという批判が特別委員会において主張された。そして、住宅の修繕状況に関しても、自由土地保有権に基づく住宅に比べ、かなり劣悪な状態なまま放置されており、特に不動産賃借権の満了が近づく頃には住宅の荒廃は著しくなり、衛生上・道徳上の見地から極端に有害な状況になっているという批判も主張された。

　このような批判に対して、特別委員会では、真っ向から対立する反論もなされている。地所の開発と経営に従事する者や住宅の取引業者などからは、建築用不動産賃貸借に基づく住宅は、自由土地保有権に基づく住宅と同等、あるいはしばしばそれよりも高い水準で建てられており、また賃貸人側の管理人や代理人による適切な管理によって、堅固な建物と十分な修繕状況の維持が保証されていると主張されている。このような主張の根拠としては、次の3点があげられている。第1に、賃貸人は、不動産賃借権の存続期間満了時における土地建物の復帰と存続期間中の地代の確保とに関心があるので、建物が荒廃しないように賃借人を不作為約款によってコントロールしようとする。したがって、もし賃借人が住宅を毀損したような場合には、賃貸人の代理人が同約款に基づいて賃借人に修繕をなすように注意を促すことになる。それに対して、自由土地保有権に基づく住宅の所有者には何らの制約も存しないが、このことが却って、賃貸人によって適切に管理された地所よりも十分な修繕が継続されない要因となっているのである。このように、賃貸人の

（82）ポロック・前掲書（注17）158頁。
（83）British Parliamentary Papers, Vol.7, *supra* note 36, p.15.
（84）*Ibid*, p.17.

110

第2章　イギリスの定期借地制度と住宅問題

管理が存在することによって、賃借人の住宅の方が所有者の住宅よりも良好
に維持されることになるのであるとしている[85]。第2に、不動産賃貸借制度と
安普請専門の建築業者との関係について、そのような業者は住宅用の土地取
引関係があるところではどこでも現われるのであって、その土地上の権利が
不動産賃借権であろうと自由土地保有権であろうとそのことに変わりはない
のであるから、建築用不動産賃貸借が利用されたからといって、そのことが
必ずしも安普請専門の建築業者を奨励することにはならないとし、住宅の荒
廃の原因は、土地保有態様の相違にあるのではなく、建築業者の性質次第で
あるとしている[86]。そして、第3に、確かに不動産賃借権の満了時が近づく頃
には、労働者の居住地域は非常に悪化する傾向が認められたが、そのような
場合には、一般的に中間商人が住宅を買い占めて、これを労働者に高額の賃
料をもって転貸している場合がほとんどであった。中間商人はできるだけ最
大の利益を得ることを目的としており、住宅の維持や修繕にはほとんど費用
をかけることはなかったので、住宅の荒廃に拍車がかかっていた。このと
き、賃貸人は約款の規定に従って直接の賃借人（中間商人）に修繕を強制す
る法的権限を有してはいたが、実際には事態がこのような末期的な状況にま
で至ると、この手段を行使するには大きな困難を伴う場合がほとんどであっ
た。このようにして、建築用不動産賃貸借に基づく住宅がその存続期間の満
了時が近づくにつれて悪化していく傾向にあったことは事実であるが、しか
し、そもそも住宅は一般的に時の経過とともに消耗していくものであり、た
とえその住宅が自由土地保有権に基づくものであったとしても、不動産賃借
権に基づく住宅と同じように悪化していくこともまた事実である。以上のこ
とからすると、住宅が荒廃することの原因は、土地保有態様そのものにある
のではなく、住宅の消耗とともに出現する中間商人が原因であるとしている[87]。
　これらの不動産賃貸借制度を擁護する主張は、①住宅は賃貸人の管理によ

---

(85) *Ibid.*
(86) *Ibid*, pp.17-18.
(87) *Ibid*, pp.17-19.

111

って堅固な建物と十分な修繕が保証されていること、②スラム化した住宅の存在は、建築業者と中間商人にその原因があり、不動産賃貸借制度のためではないことの2点に要約することができるが、①については一部の高級な地所にしか当てはまらず、むしろ大部分の労働者向け住宅について十分な管理が及んでいなかったために、②のような建築業者と中間商人によってスラム化が進行したものと考えるのが相当である。したがって、住宅の劣悪化の主たる原因は、賃貸人の建物管理の不行届き、建築業者の質および中間商人の介在にあったということができる。そうすると、この問題は、契約当事者間の権利義務関係の問題というよりは、住宅に対する居住水準の確保とその強制の問題であり、公共政策的な観点からの解決が求められる領域の問題であるということができる。この当時の特別委員会では明確な解決策の提示には至らなかったが、このときからこのような観点からの検討の必要性が認識されだしてきたのであった。[89]

---

(88) 都市型スラムの原型ともいわれるイーストエンドのニコル地区を詳細に調査したサラ・ワイズ（栗原泉訳）『塗りつぶされた町―ヴィクトリア期英国のスラムに生きる』（紀伊國屋書店・2018年）は、スラム地区の利害関係者について次のように述べている。すなわち、土地所有者については、利益さえ出ればよく、自分の地所が長期不動産賃借権者によってどのように扱われようと無関心なことが多く（20頁、29頁）、そのような怠慢な土地所有者の中には、貴族的大土地所有者も含まれているとのことであった（76-78頁）。そして、長期不動産賃借権者については、一軒の住宅をいくつかに区切って複数の人に貸していき、ついには週単位で貸すようになることもあり、その借家人もまた又貸しを重ねることもあるとのことであった（20頁）。さらに、同書は、スラム地区での粗悪な建築工事の様子についても具体的に描写している（29-30頁）。

(89) 特別委員会は、住宅の品質については、主に不動産の状況、住宅の品質に対する需要、建築業者の性質や手法、地方当局（local authority）による監督の程度、土地保有態様以外のその他様々な状況という複数の条件次第であるとしている。また、住宅の維持や修繕が適切になされる否かは、ほとんどの場合、土地保有態様によるのではなく、賃貸人、賃借人または居住者のそれぞれの属性や置かれた立場によるとしている（British Parliamentary Papers, Vol.7, *supra* note 36, pp.17-18）。

第2章　イギリスの定期借地制度と住宅問題

（4）賃貸人の復帰権の問題

（a）建物の没収

　賃貸人は、不動産賃借権の満了時には、土地建物の占有を回復できるコモンロー上の権利を有しているという点については、法原則からすれば議論の余地のないところである。しかしながら、賃借人の間では、不動産賃借権の満了時には、自らの費用で建築した（あるいは購入した）建物が何らの補償（compensation）も受けることなくして没収（forfeiture）されることに対して、あるいは更新後の建物は賃貸人の所有物であるという前提に基づいて計算された賃料を支払わなければならなくなることに対して、不公平感が広く存在していたのであった。[90] これに対して、特別委員会は、賃借人は住宅を取得する際に契約の内容について十分な知識を有していたのであり、そしてまた、賃借人は契約から生ずるすべての利益を享受することができたのであるから、賃借人は契約のとおりに住宅をあきらめなければならなくなったとしても、そこに不公平性を見出すことはできないとして、コモンロー上の原則を堅持したのであった。[91] この問題は、結局のところ、賃借人によって建物のために投下された資本が、最終的に賃貸人と賃借人のいずれに帰属するのかという点に帰着することになる。

　なお、ここで注意しなければならないことは、このような不公平感を抱く賃借人は、建築用不動産賃貸借に基づいて建築された住宅を取得できるだけの資力を有する賃借人に限られるということである。つまり、一定の資本を投下した者がその資本の帰属をめぐって争うのであるから、この問題は、資本を持たない労働者階級の賃借人の問題とは区別された中産階級の賃借人に固有の問題であるということができる。

（b）改良費およびのれんの没収

　賃借人は、不動産賃借権の存続期間が満了すると、自らが付加した改良による価値を賃貸人から何らの補償も受けることなしに没収されるか、[92] あるい

---

(90) *Ibid*, p.21.

(91) *Ibid*.

113

は契約を更新して、自己の費用で不動産に加えた改良によって高められた価値までの賃料を支払うかという状況におかれた。また、商人の場合は、不動産賃借権の存続期間の満了をもってのれんを喪失することになるという賃借人の恐れを奇貨として、法外な更新料や増額賃料が賃貸人から要求されたのであった。こうした事実から、不動産賃貸借制度は、賃借人に対して不当な行為を加える制度であるとして批判されたのであった。⁽⁹⁴⁾

しかし、法原則上は、賃借人が不動産に加えたあらゆる改良は不動産に付加してこれと一体物となり、不動産賃借権の存続期間の満了時には賃貸人の適法な所有物とみなされることになるものである。そのような場合、賃借人が占有期間中に不動産に加えた改良に対して賃貸人に補償を要求できる権利は、コモンローにおいてはそもそも賃借人に認められていなかったのである（ただし、当事者間に別段の合意がある場合はこの限りでない）。したがって、賃借人は、このことを認識しながら改良を施したのであるから、賃借人が自ら不利益を負うことになったとしても、そのことは当然のこととされたのであった。⁽⁹⁵⁾

特別委員会は、ここでもコモンロー上の法原則を堅持する観点から、賃借人からの要求に対して否定的な評価を下した。その理由としては、第1に、改良費やのれんの問題は、何も建築用不動産賃貸借に固有の問題ではなく、占有のための不動産賃借権が存するところでは、その期間や保有態様にかかわらずどこでも生ずるのであり、したがって、賃借人の要求はすべての住宅、店舗その他の建物の賃貸人との関係を根本的に変えてしまうことになることから、賃借人の要求は法制度に与える影響が大きすぎると考えたからである。⁽⁹⁶⁾第2には、改良費の補償を立法化した先例として、1883年農地法

---

(92) H. Broadhurst, *supra* note 39, p.348.

(93) J. S. Rubinstein, Enfranchisement of Leaseholders, Transactions of the National Association for the Promotion of the Social Science, 1884, p.555.

(94) British Parliamentary Papers, Vol.7, *supra* note 36, p.11 and p.20.

(95) *Ibid*, p.11.

(96) *Ibid*, p.12.

第2章　イギリスの定期借地制度と住宅問題

（Agricultural Holding Act 1883）が存在するが、住宅や店舗の場合は、農地でなされる土地改良の場合とは異なり、改良の種類が多様であるばかりか、その有用性も限られた特殊な目的のためになされることが多く、1883年農地法での議論はこの場合にはそのまま当てはまらないと考えたからである。第[97]3には、もし賃借人の要求が実現されるのなら、所有者の財産権に対して有する支配権が大きく干渉されることになると考えたからである。そして第4[98]には、改良費償還請求権を現在継続中の契約に適用することは不当であるが、将来なされるべき契約についてかかる権利を賃借人に付与することは妥当な解決を図る上で有効であると判断しつつも、このような措置は事業用の不動産に限定されるべきであって、居住用の不動産についてはその価値が改良によって実際にどの程度増加したかを確定するのが困難であるし、また事業用の不動産のように建物を改良したり拡張したりする緊急性も存在しないことから、居住用の不動産には改良費償還請求権は適用されるべきではないと判断したからである。[99]

　以上のような理由から、特別委員会は賃借人の要求に対して否定的な態度をとったのであるが、実際には建築用不動産賃貸借に基づく住宅の実質的な所有者や商人層の間からかなりの不満が叫ばれていた。その意味で、特別委[100]員会は、こうした不満に対して何らの具体的な解決策を示すものではなかったということができる。結局、この問題もまた、先の建物の没収の場合とその根底を同じくする問題であり、賃借人によって不動産に付加された改良やのれんの価値が、最終的に賃貸人と賃借人のいずれに帰属するのかという点に帰着することになる。

---

(97) *Ibid.*

(98) *Ibid.*

(99) *Ibid*, pp.12-13.

(100) D. A. Reeder, *supra* note 53, p.417.

115

（5）不作為約款の問題

　土地所有者は、コモンロー上の毀損（waste）の法理とは別に、不動産賃貸借契約において不作為約款を設けることによって、不動産に対するあらゆる点において支配権を保持することができた。土地所有者は、この約款によって建築される建物の種類や用途を細かく指示して、種々の制限を加えることができたし[101]、さらに、約款に建物の用途変更や増改築に賃貸人の同意を要すると規定し、また不動産賃借権の譲渡または転貸にも賃貸人の同意を要すると規定することによって、賃貸借期間中にも種々の制限を加えることができたのである[102]。このようにして、賃貸人が約款によって不動産に制限を加える理由は、不動産賃借権の存続期間の満了後、賃貸人に不動産に対する復帰的利益が存しているからであり、賃貸人として不動産の価値が下がらないように十分な管理を施す必要があるからである[103]。不作為約款は、そのような必要性から、地所全体を含む近隣地域のアメニティを保全する目的のために設けられたものであり、それゆえに十分な正当性を有するものであったのである[104]。

　しかしながら、実際には賃借人の間で不作為約款に対する不満が多く存在していたことも疑いのない事実であった[105]。この点につき実際にどのような問題が生じていたのかについて、建物の用途変更や増改築の場合と不動産賃借権の譲渡または転貸の場合とに分けて考察することとする。

（a）建物の用途変更や増改築に関する問題点

　ロンドンなどの大都市においては、人口の増加に伴って近隣地域の性質は急速に変化することとなった。そのため、かつては居住に適した地域であったとしても、むしろ事業に適した地域へと変化していくこともあった。そのような場合、賃借人は、建物が最も適した目的のために利用されるように建

---

(101) Land Enquiry Committee, *supra* note 12, pp.345-346.

(102) *Ibid*, p.378 and p.384.

(103) British Parliamentary Papers, Vol.7, *supra* note 36, p.19.

(104) Land Enquiry Committee, *supra* note 12, p.378.

(105) British Parliamentary Papers, Vol.7, *supra* note 36, p.22.

第 2 章　イギリスの定期借地制度と住宅問題

物の用途変更や増改築を希望することもあったが、そのためには、不作為約款の規定に従って賃貸人からその旨の同意を得ることが必要であった[106]。そして、賃借人は、その同意を得るために、賃貸人に対し相当の金銭的な対価（consideration）として許可料（fine）とその代理人への報酬を支払わなければならなかったのである[107]。

　このような取引慣行の成立により、不作為約款の役割は、近隣地域のアメニティを保全するという機能から、制限の解除を求める者から許可料を徴収する機能へと転じることとなり、このことはまた、近隣地域の適切な発展という初期の目的にも反する新たな障害ともなったのである[108]。さらに、このような約款の役割の変化は、近隣地域のアメニティを破壊するような行為により近隣の住宅が実際に損害を受けるようなことがあったとしても、賃貸人は、約款の違反者から金銭的な対価が得られさえすれば、そのような行為も許容してしまうという約款本来の役割が果たされなくなる弊害をも生み出すことになったのである[109]。このように、不作為約款は、近隣地域の性質の変化などにより、もはやその正当性を保持し得なくなるという事態が生じたのであった。

(b) 不動産賃借権の譲渡または転貸に関する問題点

　不動産賃借権を譲渡または転貸するに際しても、賃貸人の同意が必要である旨が不作為約款に規定されている。このとき、もし賃借人が賃貸人の同意なしに不動産賃借権を譲渡または転貸した場合、賃貸人に不動産占有回復（re-entry）の権限が付与されることになるので、賃借人はその住宅を賃貸人に没収されることになった[110]。

　このような事態に対して、賃借人を保護する試みが高等法院の大法官部

---

(106) J. S. Rubinstein, *supra* note 92, p.555.

(107) J. T. Emmett, *supra* note 67, p.540.

(108) British Parliamentary Papers, Vol.7, *supra* note 36, p.22; Land Enquiry Committee, *supra* note 12, pp.378-379.

(109) Land Enquiry Committee, *supra* note 12, p.380.

(110) *Ibid*, pp.384-385.

117

（Chancery Division）によってなされたが、実際的な救済を与えるまでには至らなかった。そこで、1892年不動産権譲渡法（Conveyancing Act 1892）によって、不動産賃借権を譲渡するに際して賃貸人の同意を要する旨が約款に規定されていたとしても、その同意に対して支払われるべき許可料等は効力を生じないものと推定された。しかし、この規定は強行規定でなかったため、約款にそれに反する規定を明示的に定めておきさえすれば、賃貸人はその推定から容易に免れることができた。こうして、現実には、賃借人が許可料の支払いに合意するまで、あるいは不動産賃借権の譲受人が増額賃料の支払いに合意するまで、賃貸人はその同意を留保することができたのであった。[111]ただし、賃貸人と賃借人とが契約締結時にほぼ対等な立場にあり、賃貸人としても契約が公平になされることを希望しているような場合には、約款に「賃借人が問題のない信用できる人物である場合には、その同意を不合理に、またいたずらに留保しない」という規定を挿入することが一般的であったことが指摘されている。[112]

　不作為約款の違反によって住宅が実際に没収された事例はほとんど存在しなかったようであるが、賃貸人が同意を留保することにより、許可料または増額賃料を得ることは可能であった。このように、許可料または増額賃料という形で相当の金銭的な対価を賃貸人に支払わなければならないということは、賃借人がそれまで建物に付加してきた改良やのれんといった価値を賃貸人が没収するということを実質的に意味したので、賃借人として大きな苛立ちを覚える要因となっていたのであった。[113]

（c）不作為約款と交渉力の不均衡

　不作為約款の初期の目的は、不動産に対して種々の制限を加え、賃貸人がその不動産に対する管理権を行使することによって、近隣地域のアメニティを保全し、もって不動産の価値を維持することにあった。しかし、不作為約

　（111）　*Ibid*, p.385.
　（112）　*Ibid*.
　（113）　*Ibid*, p.386.

款の規定は同時に、その制限の解除を求める賃借人に対する関係で、賃貸人に絶対的な同意権を付与することにもなり、賃貸人がその同意を留保することで、賃借人から許可料または増額賃料といった金銭的な対価を要求できる根拠ともなったのである。このように、不作為約款の規定は、賃貸人に一方的に有利に機能することになるという点に問題があるのであり、その問題は、結局のところ、契約締結時における賃貸人と賃借人との間の交渉力（bargaining power）の不均衡から生ずるものであるということができる。

　なお、ここでも注意しなければならないことは、不作為約款の問題は、建築用不動産賃貸借に基づいて建築された住宅を取得した賃借人との関係でのみ生ずるということである。その意味で、この問題は、短期の周期賃借権しか有しない労働者階級の賃借人の問題とは区別された、長期不動産賃借権を有する中産階級の賃借人に固有の問題であるということができる。

3　小括—19世紀末の住宅問題と不動産賃借権解放論

（1）住宅問題の基本構造

　これまでの考察から、19世紀末ロンドンの住宅問題において顕在化した不動産賃貸借制度の問題とは、①不安定な居住権、②高額の賃料、③劣悪な住環境、④契約更新の問題、⑤建物や改良費等の没収、⑥不作為約款の問題であったと要約するができる。そして、これらの問題は、不動産賃貸借制度という１つの枠組みの中から生じたものでありながら、次元を異にする２種類の問題に分類することができる。すなわち、①ないし③は労働者階級の賃借人に生じた問題であり、それらは人としての生存そのものに関わる問題であったのであり、その主たる原因は悪質な建築業者の存在や中間商人の介在にあったということができる。他方、④ないし⑥は中産階級の賃借人に生じた（そして、不動産賃借権の存続期間の満了時には、③も中産階級の賃借人にも生じた）問題であり、それらは主として賃貸人との間の経済的不公平性に起因する問題であったということができる。

　このように、労働者階級の賃借人は、短期不動産賃貸借を媒介とした建築

業者や中間商人と対立し、中産階級の賃借人は、長期不動産賃貸借を媒介とした地主階級と対立するという構図がこの問題の核心に存していたのである。したがって、これらの問題を解決するためには、労働者階級の賃借人に対しては、悪質な建築業者や中間商人の利益を抑制しつつ、いかにして良質な住宅を供給していくかということが課題となり、中産階級の賃借人に対しては、賃貸人と対等な法的地位となるようにいかなる権利を賃借人に付与していくかということが課題となってくる。そうすると、前者は、民間借家に対する家賃制限や居住権保障を目的とした借家法、公営住宅の供給や最低居住水準の確保を目的とした住宅法によって解決されるべき領域であり、後者は、私法的・社会法的な不動産賃貸借法によって解決されるべき領域であると位置づけることができる。

（2）建築用不動産賃貸借固有の問題と不動産賃借権解放論

　以上の次元を異にする2種類の問題のうち、本書の検討対象である建築用不動産賃貸借に関する上記③ないし⑥の問題を解決するには、不動産賃借権解放権の立法化が必要であるという主張がなされた。不動産賃借権解放論の提唱者は、建築用不動産賃貸借に基づく長期不動産賃借権は、第1にその存続期間の満了時に賃借人から経済的価値を奪うものであるばかりか、第2に住宅の荒廃・スラム化を助長するなど公共的利益を害するものであり、さらには第3に契約締結時の交渉力の不均衡を利用して賃貸人が不当な利益を得ることを可能とするものであると批判し、これらの不正義は、賃借人に自由土地保有権の購入権が付与されることによって除去することが可能となると主張したのであった。この主張を敷衍するならば、次のようにいうことができよう。

　まず、第1の経済的価値の喪失に対する批判とは、不動産賃借権の存続期間の満了時に、賃借人自らが建築あるいは購入した建物が何らの補償なしに賃貸人に没収されることになるというものである。すなわち、不動産賃借権の存続期間の満了に際して、賃借人は、契約の更新を希望したとしても、そのためには賃貸人の同意を得ることが必要となること、仮にこのとき同意

120

第2章　イギリスの定期借地制度と住宅問題

が得られたとしても、更新後の賃料は、土地の価値に限られていた地代から、土地と建物を合わせた価値に基づいて算定される搾出賃料へと転化することになること（上記④の問題）が批判され、また、賃貸借期間中に賃借人が建物に改良を加えた場合、法律的にはその改良は建物に附合するため、不動産賃借権の存続期間の満了時には建物とともに何らの補償なしに賃貸人に復帰することになること（上記⑤の問題）が批判されたのであった。このような賃貸人との間の経済的不公平性に関する問題に対して、賃借人の側から、「不動産賃借権の設定された土地上に住宅を建築した者は、あるいはその住宅を購入した者には、住宅の建築されたときの状況に関わりなく、同一の地代のまま永久的に住宅を保有することができるエクイティ上の権利が与えられている」という考え方が主張され、このような考え方が不動産賃借権解放論の理論的な根拠とされたのであった。[(114)]

　次に、第2の公共的利益の阻害に対する批判とは、特に不動産賃借権の存続期間の満了時が近づくにつれて住宅の荒廃が著しくなり、衛生上・道徳上の見地から極端に有害な状況に陥ることがあるというものである（上記③の問題）。もっとも、住宅の荒廃・スラム化の問題は、あらゆる地所において生じたというわけではなく、賃貸人の管理能力、建築業者の性質、ブローカーの介入などの要因によって大きく異なっていたが、一般的には、不動産賃借権の存続期間の満了時が近づくにつれ、何らの修繕、改良、増改築もなされないまま住宅が荒廃していく傾向は存していた。また、事業用不動産の場合、不動産賃借権の消滅とともに事業も廃業せざるを得なくなり、大量の従業員を解雇せざるを得なくなったのでもあった。このように、不動産賃借権の存続期間の満了により、地域の発展と雇用の促進が阻害されるという公共的利益に関する問題も発生させることになったのであり、こうした問題を解決するための方法としても不動産賃借権解放論が提唱されたのであった。[(115)]

　最後に、第3の交渉力の不均衡に対する批判とは、賃貸人と賃借人との間の交渉力の格差から、賃貸人に一方的に有利な不作為約款が締結されたとい

(114) British Parliamentary Papers, Vol.7, *supra* note 36, p.21.

(115) E. A. Collins, *supra* note 37, pp.30-34.

うものである（上記⑥の問題）。すなわち、賃貸人は、建物の用途変更や増改築あるいは不動産賃借権の譲渡または転貸について賃貸人の同意を要する旨を不作為約款に規定することができ、賃貸借期間中に賃借人からその同意が求められたとしても、その同意を留保することによって、賃借人から相当の許可料または増額賃料を得ることができたのであった。このように、不動産賃借権解放論は、交渉力の不均衡から生ずる問題を是正するための方法としても主張されたのであった。

　このように、不動産賃借権解放論は、経済的価値の喪失の問題、公共的利益の阻害の問題および交渉力の不均衡の問題を是正するための方法として提唱されたのであり、そのような問題解決にとっての有効性がその正当性の根拠とされたのであった。しかし、それにもかかわらず、不動産賃借権解放権が立法化されるまでには、その後相当な期間を要することとなる。それでは、不動産賃借権解放論がなぜこの当時において支持を得ることができなかったのであろうか、それに対して、不動産賃借権解放権が第二次世界大戦後になるとなぜ立法化されることになったのであろうか。また、実際に立法化された不動産賃借権解放権は具体的にどのように規定され、その後どのような変遷をたどっていったのであろうか。このような不動産賃借権解放論の各論点については、次章において検討することとする。

第3章
不動産賃借権解放権による賃借人保護制度の確立

第1節　不動産賃借権解放論の展開

1　不動産賃借権解放論の萌芽

（1）1880年代の不動産賃借権解放論

　不動産賃借権解放論は、19世紀末の住宅問題を契機に、当時の政治思想と結びつきながら登場し、その後においても不動産賃貸借制度の改革要求が高まるたびに常に議論されていくことなる。そこでまず、そのような不動産賃借権解放論がどのようにして登場してきたのかを確認することから始めることとする。

　不動産案賃借権の解放を求める運動が沸き起こることになった直接の原因は、ロンドンのウエストエンドおよびノースエンドのいくつかの大地所において不動産賃借権の存続期間がまとまって終了した際に、契約の更新をめぐる問題が顕在化したということにあった。このとき、賃貸人は一方的に、更新の際に賃料を増額するか、あるいは更新を拒絶して不動産の占有回復（eviction）を図るかをしたので、賃借人の間でこのような賃貸人の対応に対する憤りが広がったのである。[1]このような社会問題の発生を契機に、1883年に庶民院（House of Commons）に不動産賃貸借制度に関する3つの法案が提出されたが、その中でも自由党のH・ブロードハーストによって提出された、不動産賃借権者（単純不動産権購入促進）法案（Leaseholders（Facilities for Purchase of Fee Simple）Bill）は特に大きな重要性を持つものであった。[2]ブロードハーストは、建築用不動産賃貸借の制度上の問題点を最初に公にした政治家の1人として知られており、これを機に、不動産賃借権解放協会（Leaseholds Enfranchisement Association）を設立して、

（1）D. A. Reeder, The Politics of Urban Leaseholds in Late Victorian England, International Review of Social History, Vol.6, 1961, pp.417-418.

（2）*Ibid*; この法案は第二読会（second reading）まで通過したが、採決では64対104で否決された（J. S. Rubinstein, Enfranchisement of Leaseholders, Transactions of the National Association for the Promotion of the Social Science, 1884, p.557）。

第3章　不動産賃借権解放権による賃借人保護制度の確立

この運動を拡大していったのである。[3]

　19世紀末における不動産賃借権解放権の提唱者は、ロンドンのように土地が少数の貴族的大土地所有者によって独占され、それによって不動産賃貸借制度が普及したような地域においては、土地の独占的支配によって都市市民が住宅を所有する自由が制限されてきたと認識し[4]、その上で、都市市民は建築用不動産賃貸借に基づく住宅しか取得できず、これにより必然的に住宅のスラム化あるいは経済的な不公平という問題が生ずることになったとして、不動産賃貸借制度を批判したのであった。それゆえ、彼らは、大別すると、住宅のスラム化の防止と賃借人の経済的不公平感の解消という2つの観点から、自己所有の住宅の必要性を積極的に説き、そのための手段として不動産賃借権解放論を提唱したのであった。[5] そのため、この当時の不動産賃借権解放論の提唱者は、先の法案が可決されれば、労働者階級の問題だけでなく中産階級の問題もすべて解決されるだろうと考えていたのである。

　これと同様の認識は、政府の委員会においても窺うことができる。すなわち、労働者住宅に関する王立委員会（Royal Commission on the Housing of the Working Classes）は、1884年の追加報告書において、「建築用不動産賃貸借制度は、人口の過密した不衛生な建物や高額の賃料という問題と関連した多くの害悪の主たる原因である」とし、さらに「建築用不動産賃貸借という一般に普及している制度は、粗悪な建物を招き、不動産賃借権の存続期間の満了が近づくと不動産を悪化させ、そして自ら居住する住宅の居住者に十分な利益を享受させなくなるものである。それゆえ、もし賃借人に衡平

（3）同協会の具体的な活動内容については以下の文献に詳細に記されている。British Parliamentary Papers, Urban Areas, Planning, Vol.5, Town Holdings, 1887, pp.660-661.

（4）D. A. Reeder, *supra* note 1, pp.414-415.

（5）H. Broadhurst, The Enfranchisement of Urban Leaseholders, Fortnightly Review, 35, 1884, pp.345-350; J. T. Emmett, Enfranchisement of Leaseholds, Transactions of the National Association for the Social Science, 1884, pp.536-547; . J. S. Rubinstein, *supra* note 2, pp.555-558.

125

な条件に基づいて自由土地保有権を取得させる立法が認められるならば、イギリス国民の住宅の改善に大きく資することになるだろう」という見解を表明したのであった。[6]

このように、当初の認識においては、不動産賃借権解放論が実現されさえすれば、すべての住宅問題が解決されることになるだろうと考えられていたのであった。本来、労働者階級の問題と中産階級の問題とは別次元の問題であるにもかかわらず、このような主張がなされたのは、この運動の担い手であるブロードハーストなど自由党急進派を中心とするメンバーが、うわべは都市の賃借人の法的地位の改善を意図しているとしながら、その真意は不動産賃貸借制度を完全に廃止することを意図していることにあったからである。[7] 彼らは、少数の貴族的大土地所有者による都市の土地の独占的支配から生じる問題の解決のためには、大土地所有制を解体し、一般の人々に自由土地保有権を再分配することができればそれでよいと考えていたのであった。[8] しかし、この主張は、その後の議論のプロセスにおいてその問題点が明らかになり、この運動は挫折していくことになるのである。

（2）1889年都市的土地保有庶民院特別委員会報告書

1887年に不動産賃借権解放権の立法化に関する2つの法案、すなわちローソン（Lawson）らによる不動産賃借権者（単純不動産権購入促進）法案（Leaseholders（Facilities for Purchase of Fee Simple）Bill）とヒューズ（Hughes）らによる不動産賃借権解放（地代負担購入）法案（Leasehold Enfranchisement（by Purchase of Rent Charge）Bill）とが議会に上程された。これらの法案は、少なくとも20年間継続して不動産を保有している賃借人に、当事者が合意した価格で（ローソン法案の場合）、あるいは合意が

（6）British Parliamentary Papers, Urban Areas, Housing, Vol.2, Royal Commission on the Housing of the Working Classes, 1884-1885, Supplementary Report, p.71.

（7）D. A. Reeder, *supra* note 1, p.420.

（8）H. Broadhurst, *supra* note 5, p.353.

第3章　不動産賃借権解放権による賃借人保護制度の確立

形成されなかった場合には何らかの法的な審判所によって決定された価格で（ヒューズ法案の場合）、強制的に自由土地保有権を取得することを可能とさせるものであった[9]。これらの法案を受けて、都市的土地保有庶民特別委員会（Select Committee on Town Holdings）は、不動産賃借権解放論の是非を審理し、その結果を1889年の報告書にまとめている。

　同報告書では、まず不動産賃貸借制度自体に対する評価を行っている。都市的土地保有庶民院特別委員会（以下「特別委員会」という）は、住宅の劣悪化の原因については、不動産の状況、住宅の質を求める需要、建築業者の性質や手法、地方当局による監督の程度その他諸般の状況によるとし、また住宅の維持や修繕が行われない原因については、賃貸人、賃借人、居住者それぞれの置かれた立場によるとして、不動産賃貸借制度自体に問題はないと判断した[10]。その上で、特別委員会は、都市の労働者の住宅問題の原因は、不動産賃貸借制度にあるのではなく、悪質な中間商人の横行にあると判断したのであった[11]。むしろ特別委員会は、不動産賃貸借制度を積極的に評価しており、土地上の権利が定期賃借権である場合、建築業者が自由土地保有権を購入したならば必要とされる資本よりも少ない資本で地所開発を行うことができるので、不動産賃貸借制度は建築のための地所開発を促進し、住宅の供給を増大させることになるとしている[12]。そして、不動産賃貸借制度によるならば、一度に広大な地域が１人の賃貸人に復帰することになるので、そのときその地所の再開発が可能となり、これによって老朽化した住宅をまとめて建て替えることができるようになり、私的に行われるスラム・クリアランス事業も実施することができるようになるともしている[13]。

　以上のように、特別委員会は、不動産賃貸借制度を肯定的に評価していた

（9）British Parliamentary Papers, Urban Areas, Planning, Vol.7: Report from the Select Committee on Town Holdings, 1889, p.24.

（10）*Ibid*, pp.18-19.

（11）*Ibid*, p.35.

（12）*Ibid*, pp.14-15 and p.24.

（13）*Ibid*, p.26.

ので、一連の不動産賃借権解放法案については原則として否定的に評価していた。その理由としては、第1に、不動産賃借権を解放することによって確かに自由土地保有権者の数を増やすことにはなるが、現実は、大部分の都市においては、ほとんどの不動産賃借権を中間商人が取得していたので、結局は中間商人を不動産賃借権者から自由土地保有権者に転換させることにしかならないからであるとしている。つまり、ほとんどの労働者は中間商人から住宅を転借して実際に居住していたのであり、この実際の居住者は、賃貸借期間が1週間ごと（あるいはその他の短期の期間ごと）の保有態様しか有していなかったので、不動産賃借権解放権の取得要件（20年間継続して不動産を保有すること）を具備するにはあまりに期間が短すぎたのであった。したがって、不動産賃借権の解放の結果は、中間商人を自由土地保有権者に転換することになるにすぎず、都市の労働者の住宅問題は解決されるどころか、却って一層ひどい状況を導くことになるとしている。第2に、ロンドンやその他の大都市における労働者は、住宅を購入するそもそもの動機を持っていないからであるとしている。通常、労働者は仕事場の近くで生活する必要があるが、彼らは頻繁に仕事場を変えることがあったので、多くの者は1つの場所に定着することがなかったからである。そして第3に、商人や製造業者が自由土地保有権の購入権を行使するかどうかも疑わしいからであるとしている。なぜなら、自由土地保有権を購入したとしてもそれによって直ちに大きな利益が見込めるわけではないからであり、それよりもむしろ他の利益率の高い事業に投資するはずだからである。

　こうして、特別委員会は、不動産賃貸借制度の社会的有用性を強調する一

---

(14) *Ibid*, p.19, p.35 and p.39. ただし、コーンワルやウェールズなどの都市の場合には、労働者の多くが実際に住宅に居住する賃借人（occupying lessee）であるので、このような場合には、中間商人が介在していないため、実際の居住者である賃借人が積極的に自由土地保有権を購入することになるだろうとしている（*Ibid*, p.35）。

(15) *Ibid*, p.35.

(16) *Ibid*, p.29.

第3章　不動産賃借権解放権による賃借人保護制度の確立

方で、不動産賃借権の解放が現実にもたらす悪影響などを考慮して、一連の
不動産賃借権解放法案に対して否定的な評価を下したのであった。しかし、
特別委員会のこのような評価は、大土地所有制に基づく建築用不動産賃貸借
を所与のものとし、中間商人の問題が顕在化していた当時の社会状況を前提
とするものであり、その限りにおいて妥当なものであるといえるにすぎない。
この時期においては、不動産賃貸借制度が労働者階級に対する問題と中産階
級に対する問題とを同時に生じさせていたという問題認識が未だ明確に形成
されていなかったため、特別委員会の結論もやむを得ないものであったとい
えなくもないが、結果的に、特別委員会は、問題認識の不十分さから、当時
の住宅問題を解決できるような有益な提言を実際にはほとんど行うことがで
きなかったのである。

（3）不動産賃借権解放論の衰退

　不動産賃借権解放協会（以下「解放協会」という）は、解放運動を展開す
ることによって確かに中産階級および労働者階級の住宅保有者から強い支持
を獲得することができた。[17]これに対して、地主階級からの反発は解放協会に
も当然に予想されたことであったが、解放協会にとって打撃となったのは、
ロンドンの富裕な商人層から支持を得ることができなかったことにあった。[18]
商人は、改良費やのれんの補償、建物の用途変更や増改築および不動産賃借
権の譲渡または転貸の自由化といった不動産賃貸借制度の改革を要求してい
たのであり、不動産賃貸借制度の廃止を望んでいたわけではなかったからで
ある。こうして、ロンドンの商人層は、これらの要求を実現するために、独
自に都市的賃借人同盟（Town Tenant League）を設立して、解放協会とは
一線を画する運動を展開していったのであった。

　また、19世紀後半においては、弁護士、建築家、不動産鑑定士など知的専
門家からも不動産賃貸借制度の改革の必要性が叫ばれていたが、これらの専

---

(17) D. A. Reeder, *supra* note 1, p.426.

(18) *Ibid*, p.423.

門家も解放協会の見解に与することはなかった。むしろ、不動産賃借権の解放が労働者に住宅の所有権をもたらすことになるという見解は誤りであるということが、不動産鑑定士によって明らかにされたのであった。つまり、一連の不動産賃借権解放法案によって、富裕な賃借人であれば恩恵を受けることにはなるが、大多数の労働者は実際には不動産賃借権解放権の取得要件を具備する賃借人ではなかったので、労働者の住宅問題を解決することにはならないだろうと指摘したのであった。[19]

　これと同様に、フェビアン協会も一連の不動産賃借権解放法案に反対の立場に立っていた。フェビアン協会は、都市の何百万人といる実際の居住者は、賃貸借期間が1週間ごとの賃借人にすぎなかったので、不動産賃借権解放権の取得要件を充たすことができず、この法案によって何らのものも得ることができないと主張した。そして、実際にこの法案によって恩恵を受けるのは、富裕な者か中産階級に限られるのであって、不動産賃借権の解放の効果は、結果として、1人のベッドフォード公が何百人かの小さなベッドフォード公に分割されることにしかならず、この法案は労働者の住宅問題を何も解決するものではないと批判したのであった。[20]

　さらに、解放協会は、左翼主義者や右翼主義者からも激しい批判を浴びせられた。左翼主義者は、土地国有化（land nationalisation）を唱え、一連の不動産賃借権解放法案は彼らが意図していた大規模な社会変革に対する粗悪な代用品にしかすぎないとして批判したのであった。また、右翼主義者は、一連の不動産賃借権解放法案は私有財産制度を全面的に破壊するものであるとして一斉攻撃をしたのであった。[21]

　こうして、以上のような各所からの激しい批判と一般大衆の無関心とによって、解放協会の主張は顧みられなくなっていったのであった。それでもな

---

(19) *Ibid*, pp.423-424.

(20) S. Webb, The Truth about Leasehold Enfranchisement, Fabian Tracts, Vol.1, 1884-1893, pp.274-275.

(21) D. A. Reeder, *supra* note 1, p.425.

第 3 章　不動産賃借権解放権による賃借人保護制度の確立

お、彼らはこの問題を世間に広めるために、その名称を不動産賃借権改革協会（Leasehold Reform Association）に変更することによって組織の再活性化を図ろうとしたが、この動きも功を奏さず、協会は黄昏時を迎えることになったのである。[22]

　以上のように、19世紀末の時点においては、不動産賃借権解放論は積極的な支持を得ることはできなかったのである。その主な理由は、多くの都市において不動産賃貸借制度が一般化していた当時の社会構造の中にあって、不動産賃借権解放論はその社会構造の根本的な変革を迫るものであり、またそれゆえに現実の必要性から大きくかけ離れていたことにあるということができる。すなわち、この当時は、多くの地域において少数の貴族的大土地所有者が依然として土地を寡占的に支配しており、そのような地域の住民は、不動産取引において自由土地保有権が譲渡されることはほとんどなく、その結果として、長期不動産賃借権に基づく住宅しか取得できなかったという状況にあった。[23]そのため、そのような状況下における不動産賃借権解放論は、まさに大土地所有制を解体し、自由土地保有権を再分配するという社会構造の根本的な変革を意味するものであったのである。[24]そのような急進的な変革は、この時期においては、結果として一部の階層にのみ利益をもたらすことにしかならなかったことから、不動産賃借権解放権はその支持を得ることができなかったのである。しかし、こうした状況は第二次世界大戦後には一変することになる。不動産賃貸借制度が衰退し、その代わりに自由土地保有権に基づく住宅所有が発展するという社会構造の大幅な転換により、不動産賃借権解放論は現実の社会的要求に適合していくことになるのである。このことについては次節において詳細に検討することとし、まずは戦前の不動産賃貸借制度の漸次的改革のプロセスについて確認しておくこととする。

---

(22) *Ibid*, p.427.

(23) *Ibid*, pp.414-415; E. A. Collins, Leasehold Enfranchisement – The Case For and Against and A Practical Scheme, P. S. King & Son, 1913, pp.13-14.

(24) H. Broadhurst, *supra* note 5, p.353.

131

2 不動産賃貸借制度の漸次的改革

（1）不動産賃貸借制度改革の契機

　不動産賃貸借制度の問題は、1889年の特別委員会の報告書以後も基本的には何ら解決されず、労働者住宅に関する住宅立法によって若干の進展を見たにすぎなかった。そのため、1913年頃に再びその問題が顕在化することになり、こうしてロイド・ジョージの主導により土地調査委員会（Land Enquiry Committee）が設立されることになったのである。1914年の土地調査委員会報告書では、不動産賃貸借制度に対する利点もある程度は認めつつも、そのような利点も次のような賃借人の不満や公共的理由に基づく批判によって相殺されるとしている。すなわち、まず、賃借人の不満としては、①建物や改良その他が賃貸人に没収されること、②更新の請求に対する賃貸人の拒絶、また賃貸人がその請求に同意した場合における法外な更新料の請求、③建物の用途変更や増改築あるいは不動産賃借権の譲渡または転貸に対する賃貸人の拒絶、また賃貸人がその請求に同意した場合における法外な許可料の請求、④②および③の同意の際に生ずる弁護士など代理人への報酬支払いが賃借人負担とされていることなどがあげられている。次に、公共的理由に基づく批判としては、①不動産賃借権の存続期間の満了時が近づいてくると建物の構造上の悪化が著しくなること、②その建物の構造上の悪化が公的・私的改良の大きな障害となっていること、③中間商人（賃借人）は、実際の居住者（転借人）から受け取る賃料の一部をもって賃貸人に地代を支払

---

(25) この時期に制定された労働者住宅に関する住宅立法としては、①1848年から1875年までの公衆衛生法（Public Health Act）、②1880年労働者住宅法（Housing of Working Classes Act 1880）、③1909年住宅・都市計画法（Housing, Town Planning Act 1909）、④1919年住宅・都市農村計画法（Housing, Town and County Planning Act 1919）などがあげられる（戒能通厚「イングランドにおける土地所有思想と公共観念」土地と農業24号47-53頁）。

(26) Land Enquiry Committee, The Land: the Report of the Land Enquiry Committee, Vol.2, Urban, 1914, pp.407-408.

132

第3章　不動産賃借権解放権による賃借人保護制度の確立

っていたので、実際の居住者に対して厳しい賃料の取立てを行っていたことなどがあげられている。[27]

　この段階に至って、不動産賃貸借制度の問題が賃借人の不満と公共的理由に基づく批判とに分けて検討されるようになっているが、前者が中産階級の賃借人の問題に対応し、後者が労働者階級の賃借人の問題に対応しているということができる。このうち、労働者階級の賃借人の問題については、不動産賃貸借契約の当事者間だけに留まらない公共的な問題であると理解されるようになっており、この問題は、この後、一連の住宅立法によって担われるべき課題であるとされていくことになるのである。こうして、中産階級の賃借人の問題は、労働者階級の賃借人の問題とは区別されて、不動産賃貸借制度の改革が独自に展開されていくことになるのである。

　そして、土地調査委員会は、不動産賃貸借制度の問題は、基本的には中産階級の賃借人の問題であると捉えた上で、その解決のためにいかなる措置が講じられるべきであるかを検討する。このとき、土地調査委員会は、これまで解決策の1つとして常に議論されてきた不動産賃借権解放論については、1889年の特別委員会と同様に拒絶し、それに代わる新たな解決策として存続保障（security of tenure）を勧告したのであった。存続保障とは、賃貸借期間が21年を超える不動産賃借権を有する賃借人に、不動産賃借権の延長権（right of extension）を付与するというものである。土地調査委員会は、賃借人に延長権が認められることによって、賃借人の居住が確保されることになるばかりか、住環境も改善されることになると判断したのであった。しかし、賃貸人や地方自治体に延長権を排除できる相当な理由がある場合、すなわち賃貸人が地所の改良や再開発を行う場合、または地方自治体が改良や収用を行う場合には、この延長権は認められるべきではないとされた（ただし、その場合には、賃借人に建物その他の未償却資産が存するとき、その価値が補償されなければならないとも勧告している）。さらに、土地調査委員会は、賃借人による建物の用途変更や増改築あるいは不動産賃借権の譲渡または転

(27) *Ibid*, pp.408-411.

133

貸について賃貸人に拒絶権を認める不作為約款による制限は、賃貸人の絶対的な意思や無制約な裁量によって行使されるべきではなく、衡平な審判所（tribunal）によってまず審理されるべきであるとも勧告した。[28]

　土地調査委員会がこれらの勧告によって意図していたことは、①地域社会の公的・私的改良を促進すること、②賃借人の法的地位の向上を図ること、③それによって賃貸人の既存の権利が侵害されることのないように配慮することであったと理解することができる。つまり、①の意味は、まず賃借人による改良等が促されるように配慮し、また公共的な利益の存する場合には、賃貸人や地方自治体による改良等をも保障することによって、地域社会の改良が促進されることになるということである。また②の意味は、これらの勧告が実現されれば賃借人は賃貸人と同等の交渉力を獲得することになり、これによって当事者双方は公平な合意に達することが他の助力なしに可能となるということである。そして③の意味は、そもそも賃貸人は投資目的で地所経営を行っている場合も多く、その場合における不動産賃借権の延長は地所経営の存続に他ならないし、また賃貸人は地所の改良権や開発権も保障されていることなどから判断しても、賃貸人はこれらの勧告によったとしても自己の復帰権はほとんど侵害されることはないということである。[29]さらに、延長後の賃料の算定にあたっては、不動産賃借権の存続期間満了後の建物や改良等の価値は賃貸人の財産となるという賃貸人のコモンロー上の権利を尊重されるものとし、延長後の賃料はこのような復帰権に基づく価値を考慮して定めなければならないとされたのである。[30]

　以上のように、土地調査委員会の勧告は、それぞれの利益に配慮したいわば折衷的な内容を有するものであったが、この勧告を契機に、不動産賃貸借制度の改革立法がようやく展開されていくことになるのである。もっとも、不動産賃貸借制度の全面的な改革が行われるのは第二次世界大戦後のことで

---

(28) *Ibid*, pp.416-418.

(29) *Ibid*.

(30) *Ibid*, pp.424-427.

あり、その間における一連の改革立法は非常に微温的な内容にすぎないものであったということができる。とはいえ、不動産賃貸借制度の改革は、この勧告を契機にようやく具体化し始めたといってよく、戦前における一連の改革立法は、本格的な改革へのいわば前史をなすものとして位置づけることができる。

（2）制定法による不動産賃貸借制度の諸改革

　土地調査委員会の勧告以後、賃借人保護のためのいくつかの法律が制定された。[31]　もっとも、これらの制定法は、いずれも極めて部分的な内容に留まっていたので、賃貸人と賃借人との関係は依然としてコモンロー上の原則によって支配されたままであった。とはいえ、これらの制定法が改革への動きを一応は進展させることになった。

　まず、以下の2つの制定法において、非常に特殊な事情の下で不動産賃借権の解放を認める例外的な規定が設けられた。

　1920年礼拝所（解放）法（Places of Worship（Enfranchisement）Act 1920）は、少なくとも21年を超える期間の不動産賃借権の譲与を受けた教会、礼拝堂その他の礼拝所の責任者に自由土地保有権を購入する権利を付与した。

　1925年財産権法は、第153条において、譲渡抵当権設定者が受戻権を喪失している場合に、譲渡抵当権者が土地等の担保としての定期賃借権を単純不動産権に拡大（enlargement）することができるように規定した。

　これらの制定法は、これまでの不動産賃貸借制度の問題を念頭に置いたものではなかったため、不動産賃借権解放論に影響を及ぼすものではなかった。

　次に、以下の4つの制定法において、賃借人を保護する規定が設けられた。

　1925年財産権法は、第146条において、賃借人の不作為約款違反に対する賃貸人による不動産賃借権の没収に制限を課し、そのような没収に対して、賃借人が裁判所に救済の申立てができるように規定した。

　1927年不動産賃貸借法（Landlord and Tenant Act 1927）は、第1部に

---

(31) Leasehold Committee, Final Report, Cmd.7982, 1950, paras.26-35.

おいて、事業用不動産の賃借人に、不動産賃借権の存続期間の満了時に、改良費やのれんの補償を請求する権利を認め、また一定の条件の下、不動産賃借権の更新を請求する権利も認めた。さらに、第2部において、賃借人の修繕約款違反により賃貸人の復帰権に損害を与えた場合における損害賠償責任について規制をし（18条）、また、賃貸人の同意なしに建物の修繕や変更をしたり、不動産賃借権の譲渡または転貸をしたりすることを禁止する不作為約款について、賃借人を保護するため、賃貸人はそのような約款の規定があったとしても不当にその同意を留保してはならないと規定した（19条）。

1938年住宅法（Housing Act 1938）は、第2条において、小規模な住宅の賃貸人に、その住宅が人間の居住に適した状態にさせるための義務を課し、また、第163条において、住宅をフラットに転換することを禁止する不作為約款を賃借人のために免除できるように規定した。

1938年不動産賃借権（修繕）法（Leasehold Property（Repairs）Act 1938）は、課税評価額（rateable value）が100ポンド以下の住宅に21年を超える期間で賃借し、かつその住宅に5年以上継続して居住している賃借人に、賃貸人によって課された修繕約款の不当な強制に対して一定の保護を与えた。

これらの制定法のうち、1927年不動産賃貸借法が、改良費やのれんの償還請求権と不動産賃借権の更新権をもって、都市の事業用不動産の賃借人の地位を保護しようとした点において重要な意義を見出すことができる。というのも、商人にとっての不動産賃貸借制度の改革とは、商人層が不動産賃借権解放協会から離反して以来、まさにこれらの権利を賃借人に付与することに他ならなかったからである。ただし、この規定は、建築用不動産賃貸借に対しては適用対象外とされていたため、その内容を建築用不動産賃貸借にも拡張させることが残された課題となったのであった。[32]

―――――――――――――

（32）第二次世界大戦後、最初にこの問題に取り組んだのが不動産賃借権委員会（Leasehold Commitee）であり、そのときの報告書が事業用不動産の保有態様と賃料に関する中間報告書（Interim Report on Tenure and Rents of Business Premises, Cmd.7706, 1949）であった。同報告書では、事業用不動産の賃貸人と賃借人との間の交渉力の不均衡を解消するためには、賃借人に存続保障が認め

第 3 章　不動産賃借権解放権による賃借人保護制度の確立

第 2 節　不動産賃借権解放権の立法過程

1　第二次世界大戦後の不動産賃借権解放論

（1）住宅所有態様の構造変化

　第一次世界大戦後のイギリスにおいては、それまでの不動産賃借権解放論が前提としてきた社会構造が大きく変化していった。そして、そのような変化が第二次世界大戦後には不動産賃借権解放権の立法化を求める新たな社会的基盤を形成させていく契機となった。すなわち、19世紀末において不動産賃借権解放論が支持を得られなかった根本的理由は、それが大土地所有制の解体をもたらすことになるということにあったが、第一次世界大戦後から始まる住宅保有態様の変容によって、大土地所有制はいわば自然発生的に解体していくことになったのであり、これにより不動産賃借権解放論の最大の障害が自然消滅していったのである。そのような構造変化は、具体的には、民間賃貸住宅部門が衰退し、それに代わって公営住宅部門と持家部門とが拡大していくプロセスにおいて見ることができる。

　まず、民間賃貸住宅部門の長期にわたる衰退のプロセスは1900年頃から始まる。この当時、階級にかかわりなく、約90％の世帯が民間賃貸住宅に居住しており、この状況は1920年まで変わらなかったものの、この間、地方自治体の条例、公衆衛生規制、スラムクリアランスによって、市場の底辺部は

　　られる必要があり、不動産賃借権の存続期間満了後も基本的に従前の不動産賃
　　借権がそのまま更新されるべきであると勧告した（*Ibid*, para.36, para.39 and
　　para.74）。
（33）民間賃貸住宅の衰退の原因を考察した文献として、内田勝一「イギリスの借
　　地・借家制度」稲本洋之助＝広渡清吾＝内田勝一＝望月礼二郎『欧米諸国の借
　　地・借家制度』（日本住宅総合センター・1985年）150頁以下、同「戦後イギリ
　　スにおける住宅法制の展開と政策」比較法学17巻 1 号14頁以下、島田良一＝倉
　　橋透＝西岡敏郎＝大野武『イギリスの民間賃貸住宅』（日本住宅総合センター・
　　1998年） 1 頁以下〔大野武〕、スチュアート・ロー（祐成保志訳）『イギリスは
　　いかにして持ち家社会となったか―住宅政策の社会学―』（ミネルヴァ書房・
　　2017年）41頁以下などがある。

137

徐々に解体されつつあった。また、地方税の引き上げなど様々な手段で貸家所有者の利潤が地方自治体に吸い上げられるようになったこと、共同投資会社の創出と銀行システムの成熟により新しい投資機会が広がりつつあったこと、第一次世界大戦の勃発まで空前の長期不況が続いたことなどにより、民間の不動産投資家は資金を引き揚げ、より安全で扱いやすい金融投資に切り換えつつあった。そして、このような社会状況の変化は、貴族的大土地所有者にも影響を与えた。1919年に相続税の最高税率が40%にまで増税されたことからその相続税を支払うために、あるいは資産の保有形態の一部を株式に転換するために、地所の所有者はその一部を賃借人、保険会社、年金基金の受託会社などに売却したので、長期不動産賃借権に基づく住宅は任意に自由土地保有権に基づく住宅へと転換されていったのである。

このような不動産投資環境の悪化という状況が存在していたところ、第一次世界大戦以降の公営住宅部門と持家部門の拡大が民間賃貸住宅部門の衰退を決定づけていく。公営住宅部門について、第一次世界大戦後においては、公的に供給された住宅数では既存の住宅不足に対処するには力不足であったし、また高規格の設計思想に基づいて建設された公営住宅に入居できる者は相対的に高い家賃を支払える階層に限られていた。しかし、第二次世界大戦後においては、公的住宅供給は全社会階層が対象とされ、大がかりな積極的な投資が行われた。そして、1937年から1970年代中盤まで続いたスラムクリアランス運動によって、大量の民間賃貸住宅が地方自治体によって除却され、結果的に、ほぼ同数の公営住宅が純増することになった。

他方、持家部門については、1914年から1939年にかけての戦間期において持家の取得が普及し始めた。この時期は、一部の熟練労働者を除き、平均的な労働者には住宅を所有することは依然として金銭的に困難であったため、

---

(34) ロー・前掲書（注33）45-46頁、50-51頁。

(35) Madeleine Beard, English Landed Society in the Twentieth Century, Rountledge, pp.49-51; D. M. W. Barnes, The Leasehold Reform Act 1967, Butterworths, 1968, para.6.

(36) ロー・前掲書（注33）68-69頁、101頁、110頁。

第3章　不動産賃借権解放権による賃借人保護制度の確立

ホワイトカラー労働者という新しい階級（金融サービス業、安定した専門的職業、公的部門など）の持家取得が増大した。この時期の持家取得者は比較的裕福な者に限られていたが、それでも持家の割合は1939年までにはすべての住宅保有態様の３分の１にまで拡大した。このような持家部門の拡大の背景には、第１に、ロンドンの地下鉄をはじめとする交通網の拡大にともなって、都市周辺の農地が郊外住宅地として開発されるようになったことがあげられる。第２に、民間賃貸住宅が持家に転換されていったことがあげられる。民間賃貸住宅は、借家法による家賃規制、補助金のある公営住宅との競合、その他諸般の要因によって、市場における競争力を失い、家賃から十分な収益を上げることができなくなっていた。その一方で、住宅ローンの利用可能性と勤労者の実質所得の伸びにより、賃借人は貸家所有者に売却の意向がある場合には現住の民間賃貸住宅を購入することが可能となっていた。この結果、戦間期において、100万人以上の賃借人が現住の民間賃貸住宅を購入したのであった（この時期の持家の拡大の40％がこれによる）[37]。

　次に、持家の取得がさらに普及することになったのが1950年代以降においてであった。とりわけ、民間賃貸住宅の賃借人への売却はいっそう加速し、そのことがこれまで住宅を所有することのできなかった労働者階級に持家を取得させる機会を増大させる大きな要因となった。また、このような供給サイドの変化に対して、需要サイドにおいても、持家取得に有利な条件が現れてきた。例えば、①賃借人の所得の上昇により持家を取得することが可能となってきたこと、②建築金融組合（building society）による抵当融資が積極的に行われるようになってきたこと、③抵当融資に対する支払利息が軽減される抵当利子課税控除（Mortgage Interest Tax Relief）や選択抵当スキーム（Option Mortgage Scheme）、帰属所得（imputed income）の免税、キャピタルゲインの原則非課税などの税制優遇措置が取られたこと、④持家取得は急激に進行中であったインフレ対策としても極めて有効であった

---

(37) Peter Saunders, A Nation of Home Owners, Unwin Hyman, 1989, p.15 and p.23. ロー・前掲書（注33）62頁、74-77頁、81頁、87頁。

139

ことなどの条件が備わったことによって、一般の労働者階級による持家取得も可能となったのである。(38) こうして、戦間期から戦後にかけて持家取得が急速に拡大していったのであり、持家の割合は、1961年には43%へ、1971年には52%へと上昇することになったのであった。(39) このような持家の割合の拡大は、一部の富裕な階層のみによる住宅所有から一般大衆による住宅所有へと大きく移り変わってきたことを意味している。

　以上のように、第二次世界大戦後のイギリスにおいては、大土地所有制を基盤とする民間賃貸住宅優位の社会から持家優位の社会へとその社会構造を大きく変容させていったのであり、そこから持家こそが最も望ましい住宅保有態様であるというコンセンサスも形成されていったのである。このような持家の一般化・大衆化は、不動産賃借権解放論に対する認識も大きく変えることになり、不動産賃借権解放権の立法化を求める議論は新たな局面を迎えることになるのであった。

（2）不動産賃借権解放論に対するパラダイム転換

　持家中心の社会構造へと転換していく中で、不動産賃借権解放論をめぐるかつての環境も大きく様変わりしてきた。とりわけ、不動産賃借権解放権の影響の及ぶ範囲、賃借人の住宅に対する意識および不動産賃借権解放論の正当性を裏づける諸要素といった点において大きな変化が現れてきた。

　変化の第1点として、不動産賃借権解放権の影響の及ぶ範囲が居住用の長期不動産賃貸借に限定されてきたことがあげられる。かつての不動産賃借権解放論は、不動産賃貸借制度が普及していた都市における住宅問題を解決する手段として提唱されたものであり、そのため不動産賃借権解放権の影響は

---

(38) 内田・前掲論文「イギリスの借地・借家制度」（注33）160頁以下。

(39) Susan Bright and Geoff Gilbert, Landlord and Tenant Law – The Nature of Tenancies, Oxford, 1995, p.30. なお、持家の割合はその後もさらに拡大し、イングランドとウェールズにおける2007年時点における持家の割合は69.8%となっている（Office for National Statistics, Annual Abstract of Statistics, No.146, 2010.ed.）。

第3章　不動産賃借権解放権による賃借人保護制度の確立

あまりに多方面に及んでしまい、必ずしも社会の要求に適合するものではなかった。しかしながら、民間賃貸住宅に居住する一般的に貧しい労働者階級の賃借人に対しては、20世紀初頭から戦後にかけて存続保障と家賃制限を骨子とする借家法が発展し、社会法的な保護が図られてきたし、また、特に戦後においては公営住宅が大量に供給されたことで、こうした階層の居住がいっそう安定的に確保されていった。そして、都市の比較的裕福な商人層に対しては、1927年不動産賃貸借法および1954年不動産賃貸借法（Landlord and Tenant Act 1954）第2部によって、事業用不動産の賃借人に不動産賃借権の更新権および改良やのれんに対する補償等が認められて、この階層に対しても必要な保護が与えられてきた。このように、居住用の短期賃貸借や事業用不動産賃貸借については、20世紀初頭から戦後にかけて個別的に必要な保護が付与されていったので、不動産賃借権解放論は居住用の長期不動産賃貸借にその範囲が限定されていったのである。

　変化の第2点として、長期不動産賃借権に基づく住宅の賃借人にその住宅に対する所有意識が形成されてきたことがあげられる。19世紀後半に99年間の不動産賃借権に基づく住宅を取得した者にとって、不動産賃借権の設定時においては、復帰権の価値が土地のみの価値であるのか、それとも土地と建物の価値であるのかという問題は、あまりに遠い将来の問題であったので、全くの学問の上での議論でしかなかった。しかし、不動産賃借権の存続期間の満了時までの間、賃借人の多くは、その住宅を先代あるいは先々代から相続して、何十年も住み続けてきたのであった。そして、その住宅に賃借人が実際に支払っていた地代は、インフレの影響もあり、年間数ポンド程度の名目的な金額でしかなかった。こうした状況から、賃借人の住宅に対する意識は、住宅は実質上自己の所有物であるとみなすように変化していったのであ

（40）内田・前掲論文「イギリスの借地・借家制度」（注33）135頁以下。

（41）内田勝一「営業用建物賃貸借に関する比較法的研究―イギリス―」NBL362号・364号（同『現代借地借家法学の課題』（成文堂・1997年）161頁以下所収）、大野武「営業用建物賃貸借における法的課題」丸山英氣先生古稀記念論文集『マンション学の構築と都市法の新展開』（プログレス・2009年）347-354頁。

141

り、そのため、不動産賃借権の存続期間の満了により土地と建物が自由土地保有権者に復帰することに対して、賃借人は大きな不満を抱くようになっていったのであった。⁽⁴²⁾

変化の第3点として、不動産賃借権解放論の正当化の根拠が変化してきたことがあげられる。すなわち、従前の正当化の根拠は、経済的価値の喪失の是正、公共的利益の阻害の是正および交渉力の不均衡の是正であったが、20世紀以降の都市農村計画法の発展、公衆保健法の強化、公営住宅の大量供給などにより、居住状態に関する問題はかなりの程度改善されたし、また事業用不動産賃貸借の問題も、特別法によって必要な保護が賃借人に付与されたことによりほとんど解消されたため、不動産賃借権解放論における公共的利益の阻害の是正という根拠づけはほとんど意味をなさなくなったのであった。⁽⁴³⁾こうして、戦後の不動産賃借権解放論の論点は、経済的価値の喪失の是正と交渉力の不均衡の是正の2点に絞られるようになり、その位置づけが見直されていくことになるのであった。

以上のような第一次世界大戦以降の社会的諸環境の劇的な変化によって、住宅所有を求める多数の要求と不動産賃借権解放論とが結びつくようになったのであり、こうして、不動産賃借権解放権の立法化に向けた社会的土壌が形成されていくことになったのであった。

2　法定賃借権の立法化

（1）法定賃借権の立法化の背景

ここで終戦直後の長期不動産賃貸借をめぐる実際の状況に目を向けるならば、1850年代に設定された99年間の不動産賃借権がこの時期にまとめて終了することになるという問題が当時の喫緊の課題となっていた。不動産賃借権の存続期間が満了すると、賃借人は、その土地と建物を賃貸人に無償で返還し

---

(42) Cheshire and Burn's, Modern Law of Real Property, 14th ed., Butterworths, 1988, p.470; D. M. W. Barnes, *supra* note 35, para.5.

(43) Susan Bright and Geoff Gilbert, *supra* note 39, p.645.

142

第3章　不動産賃借権解放権による賃借人保護制度の確立

なければならず、これによりこれまで住んでいた住宅を喪失することになった。したがって、賃借人がなおその住宅に住み続けようと欲するならば、賃借人は、賃貸人から任意にその住宅を売却してもらうか、あるいは不動産賃借権を更新してもらうかといういずれかの選択肢しかなかった。このとき、仮に賃借人がその住宅を購入することができたとしても、土地と建物は賃貸人に復帰することが前提とされるので、その売買価格は土地と建物の完全な市場価値に基づく金額とされた。また、仮に賃借人が不動産賃借権を更新することができたとしても、更新前の不動産賃借権の地代が課税評価額の3分の2未満の低賃料であったため、更新後は常に家賃法による家賃制限の規定が排除されたため、土地と建物の完全な市場価値に基づく賃料を支払わなければならなかったのである。[44]

　終戦直後の以上のような問題の発生を契機に、不動産賃借権委員会（Leasehold Committee）が設立され、同委員会において長期不動産賃借権の存続期間満了時の法律問題が議論されたのであった。[45]そして、1950年の同委員会報告書において、居住用不動産の賃借人に不動産賃借権解放権が付与されるべきか否かをめぐって、見解の相違が明確に浮き彫りにされたのであった。[46]不動産賃借権委員会の多数意見は、長期不動産賃貸借制度は社会的必要性から普及してきた制度であり、また賃借人に一方的な不公平が存在していたとも考えられないとして、不動産賃借権解放権の立法化に反対したのである。そして、その代替案として、賃借人に不動産賃借権の更新権を付与することを勧告し、それによれば更新後は家賃法上の保護が拡張されるので、十分な保護が与えられることになると判断したのであった。[47]これに対して、

---

(44) R. E. Megarry and H. W. R. Wade, The Law of Real Property, 4th ed., Stevens & Sons LTD, 1975, p.1147.

(45) A. Skeffington, Leasehold Enfranchisement, Fabian Research Series, No.180, 1968, pp.14-15.

(46) D. Macintyre, The Leasehold Reform Act 1967, Cambridge Law Journal, 1968, p.38.

(47) Leasehold Committee, *supra* note 31, paras.85-92 and paras.104-112.

143

不動産賃借権委員会の少数意見は、賃貸人の利益は不動産からの金銭的収入であるにすぎないのに対して、賃借人の利益は不動産そのものの使用や占有であるという認識から、賃借人の利益は賃貸人の利益よりもはるかに重要であると捉え、かかる賃借人の利益を保護するためには賃借人に不動産賃借権解放権を付与する必要があると勧告したのであった。[48] このように、不動産賃借権委員会においては、多数意見と少数意見とが勧告され、そのいずれかの立法化が期待されたのであった。

このため、1951年の総選挙においては、長期不動産賃借権の改革案が1つの政治的争点となり、保守党は不動産賃借権委員会の多数意見を支持し、労働党は同委員会の少数意見を支持するという対立が生じた。このときの総選挙においては保守党が勝利したため、長期不動産賃借権の存続期間満了時の法律問題については保守党の改革案の下で実行されることとなった。そして、1953年には保守党政府によって不動産賃貸借制度の改革に関する白書が出版され、そのプランが示された。ここで示された政府の見解は、結論からいえば、不動産賃借権解放論を拒絶し、存続保障のみを認めようとするものであったが、その拒絶の理由づけについては以前のそれと比較するとかなり異なってきている。すなわち、従来のように、財産権の絶対性と契約の自由性、不動産賃貸借制度の社会的有用性、不動産賃借権解放権がもたらす悪影響などの議論を引用することで不動産賃借権解放権の立法化を否定するのではなく、単に不動産賃借権の解放を実行することが実際上困難であるために否定せざるを得ないという理由づけにすぎなくなってきたのであった。[49]

こうして、長期不動産賃借権の存続期間満了時の法律問題に対する解決策として、法定賃借権（statutory tenancy）が1954年不動産賃貸借法第1部において立法化されることになったのである。

---

(48) *Ibid*, para.42 and para.88（Minority Report）.

(49) Government Policy on Leasehold Property in England and Wales, 1952, Cmd.8713, para.16.

第3章　不動産賃借権解放権による賃借人保護制度の確立

（2）法定賃借権の成立要件と効果

　法定賃借権が成立するためには、①賃貸借期間が21年以上の長期不動産賃借権であること（2条4項）、②当該賃借権の賃料が課税評価額の3分の2未満の低賃料の賃貸借（tenancy at low rent）であること（2条5項）、そして③当該賃借権は賃借人によって自己の住居として占有された独立の住居に対して設定されるものであること（2条1項）という少なくとも3つの資格要件（qualifying condition）を賃借人が具備していなければならないとされた。以上のような資格要件が設けられたことの理由は、1954年法第1部によって規定された保護が、居住用の長期不動産賃貸借にしか適用されないことを明らかにするためであり、借家法によって保護される短期の居住用不動産賃貸借や1954年法第2部によって保護される事業用不動産賃貸借には適用されないことを明らかにするためである。こうして、これらの資格要件を具備した賃借人には、たとえ当該賃借権の存続期間の満了後であったとしても、家賃法の規定が適用される法定賃借権を取得することができるとされたのである（3条）。

　なお、家賃法の規定が適用される賃借権とは、1954年法制定当時においては、1954年住宅・修繕・家賃法（Housing, Repairs and Rent Act 1954）によって規定された家賃統制と賃借人の立退強制からの保護とを主要な内容とする統制賃貸借（controlled tenancy）を指していたが、この家賃法上の統制賃貸借はその後の借家法の数度の改正によって別の種類の賃貸借へと変更されている。つまり、賃借人が1954年法上の法定賃借権を取得する時期に応じて、法定賃借権の実際の権利内容は異なったものとなることになる。

　そして、賃借人が以上の資格要件を具備し、法定賃借権を取得した場合、旧賃貸借における契約条項は原則として消滅し（10条）、賃料以外の契約条項は改めて当事者双方によって合意されるか、裁判所によって決定されるものとされた（7条）。ただし、賃貸人が、①再開発の目的で不動産の全部または大部分の取壊しまたは再建築をする場合、あるいは②家賃法によって定められた一定の占有回復事由を具備する場合には、賃貸人は、不動産の占有

145

回復を裁判所に請求することができるとされている（ただし、①を理由とする占有回復請求は、その主体が一定の公的団体である場合に限られている）（12条）。

（3）法定賃借権の問題点

　以上の1954年法の規定によって、ほとんどの長期不動産賃借権に基づく賃借人は法定賃借権を取得することになり、居住の継続が確保されることとなった。これにより、長期不動産賃借権の存続期間満了時の法律問題はかなりの程度解決されることになったが、この立法には根本的な課題が存していた。つまり、1954年法による解決策の本質は、不動産賃借権の存続期間の満了により土地と建物は賃貸人にいったん復帰したという前提に立って、改めて賃借人に不動産賃借権を譲与するという点にあり、この点は、賃借人の側からすれば、自らが建築あるいは購入した住宅やそれに加えた改良が、これまで何らの貢献もしてこなかった賃貸人に無償で没収されることになるということを意味した。その結果、新たに譲与される不動産賃借権の賃料は、借家法による家賃制限を別にすれば、従前のような土地の価値のみの地代とは異なり、土地と建物の価値を合わせた賃料へと上昇することになったのである。

　このように、賃借人の建物等に対する経済的価値の喪失という問題が手つかずのままとされたことに加えて、1954年住宅・修繕・家賃法によって不動産は十分に修繕された状態に置かれていなければなければならないと規定されたことから、賃借人は、不動産賃借権の存続期間の満了時に建物の修繕費用を一括または分割で賃貸人に支払わなければならなくなった。また、一定の場合に賃貸人に占有回復請求権が認められたことから、賃借人は常に居住の継続が保障されるというわけでもなかったのである[50]。

　1954年法には以上のような問題点が存したことから、法定賃借権の立法化にもかかわらず、実際には賃借人の間で激しい憤りが存在しており、そのため、1954年法による存続保障は単なるフィクションにすぎないとして批判さ

---

(50) A. Skeffington, *supra* note 45, pp.19-20.

れたのであった。[51]

（4）現行の法定賃借権の内容

　法定賃借権の実際の権利内容は借家法上の不動産賃借権に対応するものとされていることから、借家法の改正は法定賃借権の内容にも大きく影響することになる。借家法については1954年法制定以降何度も改正され、そのたびごとにその制度内容は大きく変更されてきたので、1954年法の実際の権利内容もそれに応じて、特に法定賃借権と占有回復請求権とにおいて大きく変化してきた。現在では、不動産賃貸借契約が1990年4月1日以前に締結されたのか、それともそれ以後に締結されたのかによって異なる借家法が適用されている。

　前者の場合、1954年法上の法定賃借権には、1977年家賃法（Rent Act 1977）によって規定された規制賃貸借（regulated tenancy）が適用される。規制賃貸借は、存続保障と公正家賃制度（fair rent system）に基づく家賃制限を主要な特徴としている。まず、存続保障とは、県裁判所（county court）の裁判所命令（court order）がない限り、賃貸人は不動産賃貸借を終了させることができないことをいう。このような命令のない賃貸人からの立退請求は無効であり、もしかかる請求が不当立退き（unlawful eviction）またはいやがらせ行為（harassment）を構成するものであったならば、1977年立退保護法（Protection from Eviction Act 1977）により、賃貸人の行為は民事上の損害賠償（damages）および刑事上の刑事補償（compensation）の対象となり、また将来の行為に対する差止命令（injunction）の対象となる。そして、賃貸人の側から不動産賃貸借を終了させるには、賃貸人に一定の占有回復事由（grounds for possession）が存在していなければならないとされている。占有回復事由には、①賃貸人が賃借人に適切な代替住居を提供すること、②賃貸人が任意的事由（discretionary ground）を立証できること、③賃貸人が強制的事由（mandatory ground）を立証できることという3種

(51) *Ibid*, pp.20-21.

類があり、③についてはその事由が存在すれば賃貸人は当然に占有回復が認められるが、①と②についてはその事由が存在しかつ裁判所が相当と判断した場合に限り賃貸人に占有回復が認められるとされている。このうち特に重要であるのが強制的占有回復事由であるが、基本的に賃貸人とその同居家族が住居を必要とする場合などがその具体的な内容となっている。次に、公正家賃とは、地方当局の家賃査定官（rent officer）が当該地域には住宅不足が存在しないという前提に基づいて算定された家賃である。そのため、公正家賃は市場家賃よりもかなり安くなることが多かった。[52]

　これに対して、後者の場合は、1954年法はもはや適用されず、1989年地方政府・住宅法（Local Government and Housing Act 1989）の附則10条（Schedule 10）が適用される（186条）。また、仮に1954年法が適用されていた場合でも、1999年1月15日以降は1989年法が適用されるとされている（186条3項）。1989年法は、基本的に1954年法と同様の効力を有するが、1989年法上の法定賃借権においては、1988年住宅法（Housing Act 1988）によって規定された保証賃貸借（assured tenancy）が適用される。保証賃貸借においては、規制賃貸借の存続保障が大幅に緩和されており、特に強制的占有回復事由に住宅または住宅の実質的部分の取壊しまたは再建築が加えられている点が注目される（ただし、賃貸人が賃借人に合理的な額の立退料を支払うことが条件とされている）。また、公正家賃制度は完全に廃止され、賃貸人は賃借人に市場家賃を課すことが認められている。[53]

　以上のように、長期不動産賃借権の存続期間満了後の法定賃借権は、その実質的内容が統制賃貸借から規制賃貸借、そして保証賃貸借へと緩和されてきている。その意味では、存続期間満了前の長期不動産賃借権と存続期間満了後の法定賃借権とでは、その法的内容の格差が拡大してきているというこ

（52）規制賃貸借の具体的な内容、特に占有回復事由の詳細については、島田ほか・前掲書（注33）56-59頁〔大野〕参照。

（53）保証賃貸借の具体的な内容、特に占有回復事由の詳細については、島田ほか・前掲書（注33）60-62頁〔大野〕参照。

第3章　不動産賃借権解放権による賃借人保護制度の確立

とができ、この点は後に大きく議論されるようになるのであった。

3　不動産賃借権解放権の立法化

（1）不動産賃借権解放権の立法化の背景

　長期不動産賃借権の存続期間満了時の諸問題、とりわけ住宅とその改良に対する没収や修繕費用の支払い等の問題は、1954年法の制定後も依然として残されていることが間もなく明らかとなった。そして、このような状況に拍車をかけるかのように、1960年代半ば頃から次の2つの事情が顕著になってきたため、不動産賃借権解放権の立法化が緊急の政治的争点となっていった。その1つの事情は、長期不動産賃借権であっても、一般的に存続期間が残り50年ないし30年以下になるとその価値が急激に低下していくという減価償却資産問題（depreciating asset problem）が顕著になってきたことである。この問題がクローズアップされることになったのは、住宅金融組合が一定の存続期間以下の住宅に対して担保的価値を認めない取り扱いをしたことに由来しており、そのため住宅の購入者は住宅金融組合から抵当融資をまったく受けられなかったことから、結果的に賃借人は住宅を売却できなくなったのである。このように、賃借人の資産価値減少問題を発端として、中古住宅市場の停滞という問題にもつながっていったのである。このような問題は、戦後に長期不動産賃借権に基づく住宅を購入した多くの者に共通して直面する問題となったのであった。もう1つの事情は、19世紀後半に形成された大地所の不動産賃借権がこの時期に大量に終了することになったことから、不動産賃貸借制度の欠陥がますます明らかになってきたことである。こうした事態は、特に南ウェールズやイングランドのいくつかの地域において大きな社会問題となっていた。⁽⁵⁴⁾こうして、1964年の総選挙は、不動産賃借権解放権の立法化が大きな政治的争点となったのであり、その際、労働党は、政権に復帰したならば不動産賃借権解放権を立法化することを公約したのであった。⁽⁵⁵⁾

（54）Leasehold Reform in England and Wales, 1966, Cmnd.2916, para.3.

（55）P. MacAuslan, Land, Law and Planning, Weldenfeld and Nicolson, 1975,

149

こうして、1964年の総選挙に勝利した労働党政府は、1966年に不動賃借権改革に関する白書を出版し、不動産賃借権解放権についての基本的な考え方を明らかにした。政府は、その白書の中において、「存続期間の満了時に、法は、自由土地保有権者が住宅に対して何らの補償もすることなしに住宅の所有権を自由土地保有権者に復帰させることを認めており、その結果、自由土地保有権者は、土地だけでなく、現在の不動産賃借権者やその被相続人が土地に附加した住宅や改良その他あらゆる物までも取得することになる」という事実を長期不動産賃貸借制度の根本的な問題であると評価したのであっ(56)た。そして、このような不正義を改革するためには、「自由土地保有権者は、土地を所有しているが、現に居住している賃借人は、その土地の上に建てられかつ維持されてきた建物に対する事実上の権利が与えられている」という基本原理を採用することが必要であるとしたのである。(57)こうして、政府は、賃借人に対する不正義を是正するための手段として、不動産賃借権の解放権と延長権とを勧告することになるのである。これにより、従来の土地建物一体の原則は、「土地はエクイティ上土地所有者に帰属するが、住宅はエクイティ上現に居住している賃借人に帰属する」という原理に置き換えられるものとされたのである。(58)したがって、不動産賃借権解放権の行使による自由土地保有権の売買価格は、「エクイティ上、家屋は資格要件を満たした賃借人に帰属し、土地は賃貸人に帰属するという原理に従って計算されなければならない」とされたので、その結果として、「現在の市場価格に基づくものではなく、土地自体の価値に基づいて」算定されるものとされたのである。(59)

　このような労働党政府の見解に対して、保守党も1966年の選挙綱領で不動産賃借権解放権の立法化についての支持を表明するに至っている。それゆえ、不動産賃借権解放権は、両党の合意の下でその立法化に向けての審議が議会

---

　　p.336.

(56) Leasehold Reform in England and Wales, *supra* note.54, para.1.

(57) *Ibid*, para.2.

(58) *Ibid*, para.4.

(59) *Ibid*, para.11.

第3章　不動産賃借権解放権による賃借人保護制度の確立

において開始されることになったのである。しかしながら、保守党は、賃借人は「事実上の建物所有権」あるいは「エクイティ上の建物所有権」という概念に基づいて土地のみの価格を支払えば足りるという労働党の見解に対しては、強く反発したのであった。保守党の見解は、賃借人は土地建物一体の原則に基づいて土地と住宅に対する公平な市場価格を支払うべきであるというものであり、労働党によって提案された補償金の算定基準は、賃貸人から復帰権価値を奪うという犠牲の下、賃借人に意外の利得（windfall gain）を与えるものであると主張して厳しく対立したのであった。[60]結局、こうした対立も、労働党が議会で多数を占めていたことから最終的に労働党案が採用され、結果として1966年白書の内容が基本的に受け入れられた形で、1967年不動産賃借権改革法（Leasehold Reform Act 1967）が制定されたのであった。

（2）不動産賃借権解放権および延長賃借権の成立要件と効果

（a）不動産賃借権解放権および延長賃借権の取得の資格要件

　以上のような経緯を経て、1967年不動産賃借権改革法は制定され、長期不動産賃借権の解放権（right to enfranchisement）とその延長権（right to extension）が立法化されることとなった。これにより、一定の資格要件を満たした賃借人に、公平な条件の下、住宅と附属施設の自由土地保有権また[61]

---

(60) H. W. Wilkinson, Leasehold Reform Act 1967, Modern Law Review, Vol.31, No.2, March 1968, p.93; Martin Davey, The Onward March of Leasehold Enfranchisement, Modern Law Review, Vol.57, September 1994, pp.776-777; Cheshire and Burn's, *supra* note 42, p.470.

(61) 1967年法における住宅（house）とは、居住用に設計された建物を含み、たとえその建物が構造的に独立した戸建てとなっておらず、また住居専用に設計されていなかったとしても、あるいはフラットやメゾネットに水平的に分割されていたとしても、一応は住宅と呼ばれる。ただし、建物が水平的に分割されて、個々に分割されたフラットその他の区分は独立の住宅とはされない（2条1項（a））。したがって、戸建て住宅（detached house）だけでなく、半戸建て住宅（semi-detached house）やテラスハウス（terraced house）も1967年法の適用対象となるが、フラットは適用対象外となる。また、附属施設（premises）

151

は延長賃借権の購入権が付与されるものとされた（1条1項）。

賃借人がこれらの権利を取得するための資格要件として、1967年法制定当初においては、①賃借人は住宅を占有していなければならないこと（1条1項）、②住宅と附属施設の課税評価額が基準日（1965年3月23日あるいはその後に不動産が評価リストに最初に掲載された日）において200ポンド、大ロンドンにおいては400ポンドを超えないこと（1条1項（a））、③21年を超える確定期間を譲与された長期不動産賃借権であること（3条）、④年間賃料が基準日における不動産の課税評価額の3分の2未満であること、あるいは建築用不動産賃貸借以外の方法で1939年8月31日から1963年4月1日の間に譲与された不動産賃借権に対しては、不動産賃貸借の開始日における不動産の賃貸価値の3分の2以下であること(62)（4条）、⑤以上の資格要件を具備する賃借人が、直前の5年間または直前の10年間のうち5年に達する期間、自己の唯一のまたは主たる住居として実際に占有していたこと(63)（1条1項（b））という5つの要件が必要であるとされていた。

（b）不動産賃借権解放権および延長賃借権の効果

これらの資格要件を満たした賃借人は、不動産賃借権解放権および延長賃借権が付与され、そのいずれかを選択することができた。一般的には、賃借人は不動産賃借権解放権を選択することになるが、その場合、賃借人は住宅と附属施設に対する絶対的単純不動産権（estate in fee simple absolute）

とは、一定の条件を満たしたガレージ、附属建物、庭や中庭、従物などである（2条3項）。

(62) 後段の規定の目的は、不動産賃貸借の開始日には市場賃料が課されていたが、賃料増額特約が付されていなかったため、その後のインフレにより結果として低賃料となった不動産の賃貸人を保護するためである（Piers Harrison and David Lonsdale, Leasehold Enfranchisement – Law and Practice, Wildy, Simmonds & Hill Publishing, 2014, p.20）。

(63) なお、5年の期間制限については、1980年住宅（Housing Act 1980）によって3年に短縮された。そして、2002年共同保有権・不動産賃借権改革法（Commonhold and Leasehold Reform Act 2002）によって、この資格要件自体が過去2年間以上賃借人であったことのみで足りるとされた。

第3章　不動産賃借権解放権による賃借人保護制度の確立

が賃貸人から譲与されることになる（8条）。このとき賃借人が賃貸人に支払う売買価格は、賃借人は自由土地保有権を取得する権利を有しないが50年間の延長権を行使するという前提で、当該住宅と附属施設がもし売却を希望する賃貸人によって公開の市場で売却されたならば得られることになるだろう金額であるとされた（9条）。つまり、賃借人が50年間の延長賃借権を行使するという前提に立つと、賃貸人は当該不動産の占有権が50年間発生しないことになり、したがって賃貸人が有する価値は50年分の地代からの収益に事実上限られることになる。それゆえ、賃借人としては、賃貸人に土地の賃貸価値のみを支払えばよく、建物の賃貸価値までは支払う必要はないということになるのである[64]。

　他方、仮に賃借人が延長賃借権を選択した場合、賃借人は現在の不動産賃借権の存続期間満了後、50年間の不動産賃借権を賃貸人から新たに譲与されることになる（14条）。延長賃借権における地代に関しては、新不動産賃借権が開始する時点における土地の賃貸価値のみに限られ、建物の賃貸価値は含まれない。ただし、この新地代については、25年後に地代の改定が行われるものとされている（15条）。また、契約条項については、特に当事者双方に合意がなければ、既存の契約条項がそのまま継続されるが（同条）、この点につき当事者双方に争いがあるときは、地代については土地審判所（Lands Tribunal）によって解決され（21条）、それ以外の条項については県裁判所によって解決されることになる（20条）。以上の延長賃借権に関しては、賃借人にとってそれほど魅力的な権利ではなかったし、また一度行使

---

(64) D. M. W. Barnes, *supra* note 35, paras.39-47; D. Macintyre, *supra* note 46, p.38. 自由土地保有権の価格の算定にあたっては、主として、賃貸人が現在有する残存期間分の地代価値と賃貸人が現在有する土地のみの復帰権価値とが考慮される。なお、その評価方式からすると、年地代が安く未償却期間が長いほどその価格は安くなり、逆に年地代が高く未償却期間が短いほどその価格は高くなる傾向が存する。このような評価方法の理論と具体例については次の文献が詳しい。N. T. Hague, Leasehold Enfranchisement, 2nd. ed., Sweet & Maxwell, 1987, pp.161-180; C. C. Hubbard and D. W. Williams, Handbook of Leasehold Reform, Sweet & Maxwell, 1988, pp.1101-1113.

153

したならば、その存続期間満了後は1954年法上の法定賃借権しか得られなかったので、賃借人は実際上ほとんどその選択をすることはなかったといわれている。[65]

（3）賃貸人の抗弁事由
（a）賃貸人の優越的権利

資格要件を満たした賃借人は、原則として以上の不動産賃借権解放権と延長賃借権を取得することができる。しかし、その一方で、賃貸人には、一定の条件の下でこれらの権利を終了ないし排除することができる2つの優越的権利（overriding rights）が認められている。

1つは、居住権（residential rights）に基づき不動産賃借権解放権または延長賃借権の適用を排除する権利である（18条）。すなわち、住宅と附属施設の不動産賃借権の延長権がまだ行使されていないが、賃借人が自由土地保有権または延長賃借権を取得する権利を有しかつその取得を希望する旨の通知を発している場合、賃貸人は、その通知の効力が生ずるまではいつでも、自己または成人の家族が不動産の全部または一部を唯一のまたは主要な住居として占有する合理的な必要があるという事由に基づき、裁判所に不動産の占有回復命令の申立てをすることができるとされている（同条1項）。そして、賃貸人がその事由を立証したと裁判所が判断した場合、裁判所は、命令によって、賃貸人は賃借人に対し住宅と附属施設の占有を得る権利を有し、賃借人は住宅と附属施設の喪失に対して賃貸人から補償金（延長賃借権により50年間の存続期間が存するという前提での不動産賃借権価格相当額）が支払われる権利を有すると宣言することができるとされている（同条4項前段）。ただし、当事者が代替住居を得られるか否かという問題を含め諸般の事情を考慮して、命令をしないことよりも命令をした方がより大きな困難が生ずるような場合には、裁判所は命令をしてはならないとされている（同条4項後

---

(65) D. M. W. Barnes, *supra* note 35, paras.30-38; D. Macintyre, *supra* note 46, pp.40-41; Susan Bright and Geoff Gilbert, *supra* note 39, p.655.

154

第3章 不動産賃借権解放権による賃借人保護制度の確立

段）。なお、占有回復命令が認められた不動産賃借権に転借人が存在する場合、その転借権は不動産賃借権とともに自動的に終了するが（附則2パラグラフ3（1））、1977年家賃法に基づく現に居住する転借人に限り法定賃借人として占有を継続することができるとされている（1977年法2条1項（a））。

　もう1つは、再開発権（redevelopment rights）に基づき延長賃借権の適用を排除する権利である（17条）。すなわち、住宅と附属施設の不動産賃借権の延長権がすでに行使されている場合では、賃貸人は、再開発の目的のため住宅と附属施設の全部または大部分の取壊しまたは再建築の計画があるという事由に基づき、裁判所に不動産の占有回復命令の申立てをすることができるとされている（同条1項）。そして、賃貸人がその事由を立証したと裁判所が判断した場合、裁判所は、命令によって、賃貸人は賃借人に対し住宅と附属施設の占有を得る権利を有し、賃借人は住宅と附属施設の喪失に対して賃貸人から補償金が支払われる権利を有すると宣言することができるとされている（同条2項）。また、住宅と附属施設の不動産賃借権の延長権がまだ行使されていないが、賃借人が延長賃借権に対する権利を有しかつその取得を希望する旨の通知を発している場合でも、賃貸人は、同様の事由に基づき、裁判所に不動産の占有回復命令の申立てをすることができ、その申立てを認容する命令が確定すると、賃借人の通知は無効となる（つまり、賃借人は延長賃借権を取得できないことになる）とされている（同条4項）。なお、占有回復命令が認められた不動産賃借権に転借人が存在する場合の処理については、先の場合と同様である。ただし、賃貸人が以上のような再開発権に基づく延長賃借権の適用排除のための占有回復の申立てをしたとしても、賃借人が自由土地保有権の取得を申し出た場合には、賃貸人のその申立ては認められないとされている（同条6項（b））。

（b）賃貸人の地所管理権限の留保

　不動産賃借権解放権と延長賃借権を取得した賃借人は、不動産賃借権解放権を行使すると、住宅と附属施設の自由土地保有権者となるので、これまで賃貸人によって課されていた不作為約款による制限からも自由となる。その

155

ため、かつての賃借人は、法令の制限内でありさえすれば、その住宅と附属
施設を自由に使用し、その外観変更を行い、また再開発を行うことも可能と
なるので、結果的に、これまで良好に保たれてきた地域全体のアメニティが
損なわれるという事態に陥りかねないことにもなる。そこで、1人の賃貸人
によって設定された不動産賃借権に基づいて保有されてきた地域において、
その賃貸人は、一定の手続的要件を具備することにより、賃借人の住宅と附
属施設の管理権限（powers of management）が留保され、それに必要な諸
権利が付与されるものとされている（19条）。この規定により賃貸人に地所
管理権限の留保が認められるためには、賃貸人は、まず1967年法第1部の施
行から起算して2年以内に、当該地域の外観とアメニティの適切な水準を維
持し、再開発を規制するため、賃貸人が住宅と附属施設の管理権限を留保し、
それに必要な諸権利を付与することが全体の利益（general interest）に適
うことの証明書（certificate）の発行を求めて担当大臣に申立てをし、次い
で地所管理計画（estate management scheme）の承認を求めて高等法院
（High Court）に申立てをする必要があった。

　このような証明書が発行される例は実際にはかなり多かったが、[66]こうして
実際に地所管理権限を留保するのは事実上大規模な地所の賃貸人に限られて
いた。そしてまた、今後も地所を管理していく利益が維持され続けるかどう
かについては疑問も呈せられていた。[67]

（c）公的な賃貸人の占有回復権と対象外の不動産

　賃貸人が地方当局、ニュータウン公社、大学など一定の公的団体である場
合で、その公的団体が当該不動産を開発するために今後10年以内に必要と
するということを英国大臣（Minister of the Crown）が認定した場合には、
その公的団体は、賃借人からの不動産賃借権解放権あるいは延長賃借権の行

（66）実際に証明書が発行された具体的な地所の名称と対象となる住宅の戸数につ
　　いては、次の文献において詳細に紹介されている（C. C. Hubbard and D. W.
　　Williams, *supra* note 64, pp.607-611）。
（67）D. M. W. Barnes, *supra* note 35, para.63; D. Macintyre, *supra* note 46,
　　p.41.

第3章　不動産賃借権解放権による賃借人保護制度の確立

使を拒絶し、不動産賃借権の存続期間満了時には当該不動産の占有回復を請求することができるとされている（28条）。

また、一定の属性の賃貸人に帰属する不動産に対しては、賃借人は不動産賃借権解放権等を行使することができないとされている。例えば、ナショナルトラストに帰属する不動産に対しては、賃借人は延長賃借権を行使することはできるが、不動産賃借権解放権を行使することができないとされており（32条）、また国王に帰属する不動産に対しては、そもそも1967年法が適用されないので、賃借人はいずれの権利も行使することができないとされている（33条）。なお、その後の立法により1967年法が適用されない不動産として、不動産賃貸借契約が1993年11月1日以後に締結された慈善的住宅トラストに帰属する不動産（1条3項・3A項）や景観、歴史あるいは学術など公共の利益のために譲渡された不動産（32A条）が追加されている。

（4）不動産賃借権解放権の意義と課題
（a）不動産賃借権解放権の意義

これまでの考察から、1967年不動産賃借権改革法における不動産賃借権解放権の立法化については、次のような2つの意義があったということができる。

1つは、不動産賃借権解放権が、従来までの立法によっては解決されなかった賃借人の経済的価値の喪失の問題や交渉力の不均衡の問題を解決することになったことである。1960年代には、住宅とその改良に対する没収の問題、修繕費用の支払いの問題、減価償却資産問題などが顕著になってきたが、これらの問題は、賃借人が賃貸人から自由土地保有権を取得することですべて解決されるので、その意味で、不動産賃借権解放権の立法化は、これらの問題解決のためには必要不可欠なものであったということができる。

もう1つは、1967年法が従来の土地建物一体の原則を事実上否定し、土地と建物は事実上別異の所有者に帰属するという新たな原理を採用したことである。1967年法は、一定の資格要件を満たした賃借人は「公平な条件」で不

157

動産賃借権解放権を購入することができると規定するが、その「公平な条件」に対する基本的な考え方は、1966年白書によって示された「土地はエクイティ上土地所有者に帰属するが、住宅はエクイティ上現に居住している賃借人に帰属する」という原理を前提としている。ここでのエクイティという言葉は、法的な意味での衡平法のことではなく、「事実上」という意味で用いられており、このことから、1967年法は土地賃借人の事実上の建物所有権を承認したものと理解することができる。

　このような不動産賃借権解放権の立法化による影響は大きく、イングランドにおいてはおよそ100万人、ウェールズにおいてはおよそ25万人の賃借人がその恩恵を受けるものと推定されている[69]。

（b）不動産賃借権解放権の課題

　1967年法による不動産賃借権解放権の立法化は、長期不動産賃貸借の諸問題を解決する上で大きな意義を有するものであったが、同時にいくつかの課題を残すものでもあった。

　そもそも、不動産賃借権解放権は、その立法過程を振り返るならば、戦前においては長期不動産賃貸借の諸問題を解決するという理由のみで立法化されることはなかったのであり、戦後のイギリスが持家を中心とする社会構造へと転換していく中で、住宅所有を求める多数の欲求と不動産賃借権解放論とが結びつくことでその実現を求める世論が形成され、最終的に立法化されることになったものである。その意味で、不動産賃借権解放権は、賃借人の基本権保護という法的要因のみで立法化されたものでなく、その実現を求める政治的要因が大きな原動力となって立法化されたものであるということができる。したがって、1967年法上の不動産賃借権解放権には、一定の立場からの政治的意思が反映されており、そうであるがゆえに、これと異なる立場との間で政治的摩擦が立法後もなお残り続けることになるのであった。実際にその後、①不動産賃借権解放権の全面的廃棄を求める賃貸人の立場、②不

---

(68) Martin Davey, *supra* note 60, p.776.

(69) D. M. W. Barnes, *supra* note 35, para.7.

第 3 章　不動産賃借権解放権による賃借人保護制度の確立

動産賃借権解放権の部分的修正を求める賃貸人の立場、あるいはむしろ③不動産賃借権解放権の適用拡大を求める賃借人の立場から、それぞれ新たな主張がなされたのであった。

　具体的には、①の立場からは、不動産賃借権解放権がたとえ長期不動産賃貸借の諸問題を解決する目的で立法化されたものであったとしても、結局は、賃借人の私的利益を目的とした財産権の強制的移転に関するものであるとして、賃貸人の財産権を不当に侵害するものであるということが主張された。[(70)]

---

(70) 不動産賃借権解放権に対する批判は、従来からのものも含めると様々なものがある。それらの批判を要約すると、①不動産賃貸借契約は、賃貸人と賃借人の自由な意思に基づいて締結された契約であり、不動産賃借権解放権はこのような契約の神聖さ（sanctity of contract）に対する不当な干渉であるという批判、②不動産賃借権解放権は、他人の不動産に対する一個人による強制収用（compulsory purchase）であるという批判、③不動産賃借権解放権を定めた1967年法が遡及的立法（retrospective legislation）であるという批判、そして④不動産賃借権解放権が地所の分裂と荒廃（fragmentation and deterioration of estate）を招くという批判に分けることができる。そして、これらの批判に対しては、それぞれ次のような抗弁がなされた。①の批判に対しては、契約関係や財産関係に不均衡が生じているときには、制定法による干渉への批判は有効ではなくなると抗弁された。②の批判に対しては、適切な補償金が支払われるならばこのような批判は意味をなさないという抗弁がなされたが、これに対しては、強制収用は、不動産が公的主体あるいは法定の起業者によって収用され、かつそれが公共の用のために使用される場合にのみ正当化されるものであるという再批判がなされた。しかし、公共の利益の概念は、公的主体等による公共目的の使用に限られると狭く解されるべきではなく、たとえ強制収用が個人の利益を目的とするものであったとしても、それが公共の利益に適う限り、広く公共の利益の概念に含まれるものであるという再抗弁がなされた。③の批判に対しては、そもそも現在生じている問題は過去の行為の結果であるので、遡及的立法であるのは当然のことであるし、また不動産賃貸借分野における立法は広い意味ですべて遡及的であるという抗弁がなされた。そして④の批判に対しては、そもそも1967年法が制定される以前から多くの地所はすでに解体していたし、また解体していないまでも地所全体の利益のためにアメニティ約款を真剣に行使する試みはもはやなされなくなっていたこと、地域のアメニティを保全する役割は現在では地方当局に移っていること、地所の管理は賃借人が不動産賃借権解放権を行使して自由土地保有権を購入した後でも、1967年法19条によって認められた賃貸人がアメニティ約款を行使すること

159

また、②の立場からは、1967年法の自由土地保有権の売買価格の算定基準
（以下「補償基準」という。）は、市場価値以下の価格で賃貸人から不動産を
奪うものであり、賃貸人に不公平な結果をもたらすものであるということが
主張された。他方で、③の立場からは、1967年法上の資格要件によって不動
産賃借権解放権等を取得できない多数の賃借人が存在しているとして、その
資格要件は緩和されるべきであるということが主張された。これらの各主
張のうち、①の主張については、後に、欧州人権裁判所（European Court
of Human Rights）のジェームス他対連合王国事件（James and Others
v. United Kingdom）においてその合憲性の有無が審理されることになり、
②と③の主張については、その後の1974年住宅法（Housing Act 1974）
および1993年不動産賃借権改革・住宅・都市開発法（Leasehold Reform,
Housing and Urban Development Act 1993）によってその内容が改正され
ることになるのであった。

　そこで、次節では、まず、不動産賃借権解放権が果たして賃貸人の財産権
を不当に侵害するものとして許されないものであるのかどうかを検討し、次
に、1967年法の不動産賃借権解放権の補償基準の不公平性の問題と適用対象
の限定性の問題とを検討することとする。

第3節　不動産賃借権解放権の課題と修正

1　不動産賃借権解放権の正当性

（1）事案の概要と判旨

不動産賃借権解放権は、長期不動産賃借権を有する賃借人に自由土地保有
権の購入権を付与するものであり、賃借人がこの権利を行使すると、賃貸人
は自己の意思に反して自由土地保有権の売却を強制されることになる。こ

　で可能となることなどから、この批判も現代ではほとんど説得力を持つもので
　はないという抗弁がなされた（N. T. Hague, *supra* note 64, pp.9-10; Leasehold
　Enfranchisement Association（Joan South ed.）, Leasehold – The Case for
　Reform, 1993, pp.17-19）。

第 3 章　不動産賃借権解放権による賃借人保護制度の確立

のことから、不動産賃借権解放権が欧州人権保護条約（the Convention for
the Protection of Human Rights and Fundamental Freedoms）の第一議
定書（Protocol No.1）が保障した財産権の不可侵性（１条）を侵害するも
のであるか否かが欧州人権裁判所で争われることとなり、1986年２月21日に
ジェームス対連合王国事件判決が下されたのであった。事案の概要と判旨は、
以下のとおりである。

【事案の概要】

　原告は、第２代ウェストミンスター公爵（２nd Duke of Westminster）
の遺言によって任命された複数の受託者（trustees）である。ウェストミン
スター家とその受託者は、ロンドン中心部のベルグラヴィア地区に約2,000
戸の住宅からなる大地所を開発し管理してきたが、不動産賃借権解放権の立
法化により、彼らが所有する多くの住宅を賃借人に売却せざるを得なくなっ
た。このような住宅の強制的な売却は、1979年４月から1983年11月までの間

（71）　イギリスには、形式的意味における憲法、すなわち国家の根本法規をまとめ
　　　て規定した、普通の国会制定法よりも高次の法形式である憲法典（成文憲法）
　　　が存在しないので、裁判所がある国会制定法を違憲で無効であるか否かを審査
　　　することもありえない（田中和夫『英米法概説〔再訂版〕』（有斐閣・1996年）
　　　100頁以下）。そのため、不動産賃借権解放権に関する各制定法の違法性を訴え
　　　る裁判所が国内に存在しなかったのであるが、1951年にイギリスも欧州人権保
　　　護条約を批准していたことから、ストラスブールの欧州人権裁判所に本件訴訟
　　　が提起されることになったのである。なお、現在では、1988年人権法（Human
　　　Rights Act 1988）が制定されたことにより、欧州人権保護条約は国内法化され
　　　るに至っている。
（72）　Case of James and Others, European Court of Human Rights, Judgement
　　　of 21 February 1986, Series A, No.98. なお、ジェームス対連合王国事件判決
　　　については、次の注釈も参照した。J. Andrews, Leasehold enfranchisement
　　　and the public interest in the United Kingdom, European Law Review,
　　　1986, pp.366-369; J. G. Merrills, Decision on the European Convention on
　　　Human Rights during 1986, British Yearbook of International Law, 1986,
　　　pp.450-455; A. Drzemczewski and C. Warbrick, The European Convention on
　　　Human Rights, Yearbook of European Law, 1986, pp.419-422.

161

に80件が行われ、そのうちの28件が1967年不動産賃借権改革法の補償基準に基づいて補償金が算定され、52件が1974年住宅法の補償基準に基づいて補償金が算定されることになった（1974年法による適用対象の拡大によって、1983年11月以降は、およそ500件から800件が不動産賃借権解放権を取得することになるだろうと見積もられている）。これにより、原告は、80件の住宅を公開の市場価値に基づいて売却した場合と比較すると、合計で約253万ポンドの損失を計上することになったと主張した。

　そこで、原告は、不動産賃借権解放権は、①賃貸人と賃借人との自由な契約を侵害するものであること、②不動産賃借権の存続期間満了時に土地と建物が賃貸人に復帰するという期待権を奪うものであること、③賃借人の私的利益のために賃貸人に不動産の売却を強いるものであること、④市場価値以下の価格で賃貸人から不動産を奪うものであること、そして⑤その行使後には賃借人は公開の市場価値で不動産を売却することを可能とするものであることなどを理由に、国に対して不動産賃借権解放権は欧州人権保護条約第一議定書第１条に違反すると主張して、欧州人権裁判所に提訴した。

【判旨】

（a）第一議定書第１条の解釈基準

　第一議定書第１条本文には、「すべての自然人又は法人は、その財産を平和的に享有する権利を有する。何人も、公益のために、かつ、法律および国際法の一般原則で定める条件に従う場合を除くほか、その財産を奪われない」と規定されており、そこには、①財産権の平和的享有の原則、②財産権の収用、③財産権の利用の制限という３つの規則が存在している。

　不動産賃借権解放権が、第一議定書第１条に違反するか否かを判断する上では、原告が主張するような個々の私的取引を検討するのではなく、不動産賃借権解放権に関する立法が上の各規則と矛盾するか否かが考慮されなければならない。そしてまた、上の３つの規則はそれぞれ独立しているのではなく、特に第２規則と第３規則は第１規則に照らして解釈されなければならな

162

第3章　不動産賃借権解放権による賃借人保護制度の確立

い。

（b）公共の利益の意味

　原告は、財産権が地域社会全体の公共の利益のために収用される場合にのみ、財産権の収用は公共の利益に沿うものとなるのであって、私的利益のみを目的とした財産権の移転は、公共の利益に沿うものではあり得ないと主張する。しかし、財産権の収用が地域社会の社会正義を高めるために計画された政策の実施に関わるものであるならば、公共の利益に沿うものであると十分にいい得るものである。それゆえ、その政策が私人間の契約関係や財産関係に関する法制度の公平性を目的とするものであるならば、その政策を実現される立法が、たとえ私人間の財産権の強制的移転に関するものであったとしても、公共の利益に沿うものであるといえる。したがって、不動産賃借権改革法はそれ自体によっては条約に違反しない。

（c）国家の裁量権

　公共の利益とは何かを判断するのは、自らの社会とその必要性を直接認識しているという意味において、国際的裁判所よりも当該国家の方がより適切な位置に置かれている。したがって、公共性の判断にあたっては、国家当局に一定の裁量権（margin of appreciation）が与えられており、その判断が明らかに合理的根拠に欠ける場合でない限り、その判断は尊重されるものである。裁判所としては、その判断が第一議定書第1条の規定に違反しないかを審査し得るのみである。

　しかるに、1967年不動産賃借権改革法やその後の立法は、賃借人に不公平な現行法を改革することで、あるいは賃借人に事実上の住宅の所有権を付与することで、社会的不正義を除去することを目的としているので、それ自体明らかに不合理なものであるとはいえない。

（d）補償金の相当性

　第一議定書第1条本文には、補償金に関する規定が一切記載されていないが、補償金のない財産権の収用は、余程の例外的な状況でもない限り、公共の利益に沿うものとはならないという基準が条文の言外に含まれていると解

釈されるべきである。したがって、財産権の価値に見合った合理的な範囲内の金銭の支払いのない財産権の収用は、第1条において正当化することのできない不当な干渉であると原則として判断されることになる。しかしながら、第1条は、あらゆる状況においても完全な補償が実現されるということを保障するものではない。それは、公共の利益の内容によっては完全な市場価値の償還が制限される必要もあるだろうし、また完全な補償が行われたかを当裁判所が審査することにも限界があるからである。

そして、1967年法の補償基準については、1967年法の目的が賃借人に不公平な現行法を改革することであることと、賃借人の事実上の建物所有権の価値を差し引いた土地の価値が賃貸人に支払われていることとから、社会の一般利益と賃貸人の財産権との公平性が実現されていないとまではいえない。

（2）欧州人権裁判所判決の射程

財産権の収用が認められるためには、通常、私有財産が公共の用に用いられることと正当な補償がなされることとが要件とされるところ、欧州人権保護条約も第一議定書第1条において基本的にこれと同様の定めを置いている。そして、欧州人権裁判所は、以上のジェームス対連合王国事件判決において、その要件の判断については、原則として各国の裁量を尊重して、緩やかに解する立場に立つことを明らかにした。

すなわち、まず、公共性の判断にあたっては、その判断が明らかに合理的根拠に欠ける場合でない限り、基本的には当該国家の裁量による判断が尊重されると解している。したがって、第一議定書第1条違反の判断がなされるのは、当該国家の公共性の判断が明らかに合理的根拠を欠く場合に限られることになる。このような解釈によるならば、1967年法は、長期不動産賃借権の諸問題を解決することを目的とするものである以上、明らかに合理的根拠を欠くとまではいうことができないので、不動産賃借権解放権がたとえ私的利益のみを目的とした財産権の強制的移転に関するものであったとしても、公共の利益の範囲内に属することになる。

164

第3章　不動産賃借権解放権による賃借人保護制度の確立

　また、正当な補償については、それが条文上明記されていなくても、解釈上当然に財産権の収用が認められるための要件となると解しつつも、第一議定書第1条は、公共の利益の内容によっては必ずしも完全な補償が実現されることまでを保障するものではないと解している。このような解釈によるならば、賃借人の事実上の建物所有権の価値を差し引いた土地の価値のみを補償金の対象とする1967年法上の補償基準であっても、不動産賃借権解放権は賃貸人に対する不当な干渉にはならないことになる。

　このような本判決の解釈によれば、欧州人権裁判所が実際に審査し得るのは法令の内容が明らかに合理的根拠を欠いているか否かだけであり、それゆえ欧州人権裁判所の判断は極めて限定的な意味しか持たないものであるということができる。したがって、欧州人権裁判所が1967年法について実際に判断したのは、同法が社会的不正義を除去することを目的としていることを理由に、それ自体明らかに不合理なものではないとした部分だけであり、それ以外の実質的な論点についてはイギリス国内で検討されるべきものであるとしたのであった。

（3）不動産賃借権解放権に対する実質的評価

　それでは、これまでのイギリス国内の議論を踏まえた場合、不動産賃借権解放権が果たして真に公共の利益の合致するものであるだろうか、あるいはその補償基準は当事者双方にとって公平なものであるだろうか。

　まず、前者の論点については、不動産賃借権解放権が長期不動産賃貸借の諸問題の解決に資するものであることと、それが国内の社会的要請とも適合するものであることとから、不動産賃借権解放権は公共の利益に合致するものであるということができるだろう。すなわち、長期不動産賃借権に基づく不動産は、不動産賃借権の残存期間が50年以下になると資産価値が減少していく減価償却資産であり、特に残存期間が35年以下になるとその資産価値は加速度的に減少していくという問題を内在させている。このような残存期間が残りわずかな時期においては、不動産の購入希望者は建築金融組合から抵

当融資を受けることができなくなることから、この不動産は事実上売却することが不可能な資産となり、賃借人としてはそのまま存続期間の満了時まで住み続けるか、あるいはこれを短期賃貸借で他人に貸し出すかというういずれかの選択肢しか残されなくなる。このとき、もし賃借人が自己の財産をなお維持しようとするならば、賃貸人から自由土地保有権を購入するか、あるいは長期不動産賃借権の譲与を再び受けるかする以外に道はないので、賃借人は賃貸人とこのいずれかの交渉をしなければならなくなる。しかし、賃貸人は、1967年法のような特別法がなければ、その交渉に応じる法的義務は何ら存在しないし、仮にその交渉に応ずるにしても、賃借人に対して強い交渉力を有しているので、自らが望むままの価格や条件を指定することができたのである。このように、長期不動産賃貸借制度には、減価償却資産問題とそれに伴う交渉力の不均衡の問題が不可避的に存するので、不動産賃借権解放権や延長賃借権に関する規定は、それらの問題を解決する上で必要不可欠な権利であるといえ、その原理自体は積極的に肯定されるべきものであると考えられたのである。[73]

　ただし、このような積極的な評価がなされるためには、不動産賃借権解放権が社会的な要請に適合していることが前提条件となる。というのも、第二次世界大戦以前においては、多くの都市において不動産賃貸借制度が普及しており、この時期にもし不動産賃借権解放権が立法化されたならば、社会構造が根本的に変革されることになると同時に、特定の階層にのみ利益がもたらされることになり、却って公共の利益に反する結果となったからである。したがって、第二次世界大戦後のように、不動産賃貸借制度の前提たる大土地所有制が解体され、その代わりに持家を最も主要な住宅保有形態とする社会構造に転換されて初めて、不動産賃借権解放権も公共の利益に合致することになるのであった。

　これに対して、後者の論点については、その後厳しい批判にさらされることになった。すなわち、1967年法上の補償基準は、従来の土地建物一体の原

――――――――――
(73) N. T. Hague, *supra* note 64, pp.6-8.

第3章　不動産賃借権解放権による賃借人保護制度の確立

則を事実上否定し、賃借人の事実上の建物所有権の存在を前提とするもので
あったことから、不動産賃借権解放権が行使されたことによる不動産の売却
価格は土地のみの価値の金額となり、賃貸人にとって著しく不公平な結果と
なると認識されたのであった。ただし、ここでの批判は、不動産賃借権解放
権それ自体に対してではなく、補償基準に対してのみ向けられたものであっ
たので、その後の議論においては、不動産賃借権解放権の是非をめぐる議論
とは切り離されて、賃貸人の権利にも配慮したより公平な補償基準に修正さ
れるべきであるということが主張されたのであった。⁽⁷⁴⁾

2　1967年法上の不動産賃借権解放権の問題点

（1）1967年法上の補償基準の不公平性

　1967年不動産賃借権改革法が採用した補償基準は、「土地はエクイティ上
土地所有者に帰属するが、住宅はエクイティ上現に居住している賃借人に帰
属する」という原理に基づくものであったので、この基準に基づいて算定さ
れた不動産の売却価格は、むしろ賃貸人に対して不公平な結果をもたらすこ
とになるということが指摘された。

　そもそもこの原理において強調された「エクイティ」という用語は、法的
な意味というよりは、「社会正義」（social justice）という政治的な意味で用
いられており、⁽⁷⁵⁾この場合の社会正義とは、賃借人の事実上の建物所有権を承
認することで賃借人を保護しようとする極めて平等主義的な考え方に基づく
ものであった。しかし、このような考え方に基づく1967年法上の補償基準は、
実際にはむしろ通常の社会正義の概念に反する結果をもたらすことになると
して批判されたのであった。すなわち、そもそも不動産賃貸借契約が締結さ
れた時点では、賃貸人が復帰権を行使できるようになるまでにはまだ何十年
もあるので、建物がエクイティ上誰の所有に属するのかという問題は、学問
上の問題としてならともかく、実際上はほとんど重要な事柄ではなかった。

（74）　*Ibid*, pp.8-9.

（75）　Cheshire and Burn's, *supra* note 42, p.470.

そのため、賃貸人と賃借人は双方ともに、何十年にもわたって、不動産賃借権の存続期間満了時には土地だけでなく建物も賃貸人に復帰するという考え方に基づいて長期不動産賃貸借に関わってきたのであった。それにもかかわらず、1967年法が突然にこれまでの前提を否定して何十年も前の取引時から賃借人に事実上の建物所有権が存在していたものとする補償基準を採用するということは、賃貸人にとって建物を含む不動産全体の復帰権価値から土地の価値が突然に奪われることを意味し、逆に賃借人に対して意外の利益を与えることを意味したのであった。こうして、1967年法上の補償基準は、賃貸人を犠牲にして賃借人に利益を与えるものであり、賃貸人に不公平な結果を招くことになるとして厳しく批判されたのであった。[76]

　また、実際の不動産鑑定の観点からすると、自由土地保有権のみの市場価値は、不動産賃借権の価値と自由土地保有権の復帰権価値とを合わせた価値に増分価値（marriage value）も加味して算定されるところ、賃借人はこの増分価値までも取得することになるとして批判された。つまり、賃借人が不動産賃借権解放権を行使すると、賃借人が有する不動産賃借権の価値（例えば6万ポンド）と賃貸人が有する自由土地保有権の復帰権価値（例えば1万ポンド）とが一体化するが、その結果、自由土地保有権の市場価値は、単純な足し算の結果としての7万ポンドではなく、一体化により例えば3万ポンドの増分価値が発生すると考えられ、実際には10万ポンドとなるのである。この場合に、1967年法上の補償基準に基づいて賃貸人の補償金を算定すると、その金額は、自由土地保有権の復帰権価値の1万ポンドのみとなり、増分価値の3万ポンドはすべて賃借人に帰属することになる。こうして、1967年法上の補償基準は、増分価値のすべてを賃借人に当然に帰属させることになるという観点からも、賃貸人に対して不公平であるとして厳しく批判されたのであった。[77]

---

(76) N. T. Hague, *supra* note 64, p.4; R. E. Megarry and H. W. R. Wade, *supra* note 44, p.1149; H. W. R. Wade, Administrative Law, 5th ed., Clarendon Press, 1982, p.686.

第3章　不動産賃借権解放権による賃借人保護制度の確立

　さらにまた、上の例において、もし自由土地保有権の購入者が当該不動産を転売しようとするならば、1万ポンドで購入したものを今度は10万ポンドで転売できることにもなるのである。このような不公平性の問題は、先に検討した欧州人権裁判所の訴訟における原告の主張の中にも見られ、その中でも最も著しい例として、1966年白書が出版される3か月前に不動産賃借権を9,000ポンドで取得した賃借人が、不動産賃借権解放権の行使により不動産の適正価値の28％で自由土地保有権を購入し、その後その権利を11万6,000ポンドの利益を得るために1年以内に売却したという例が取り上げられている。一般的にも、1967年法から多くの恩恵を引き出した者は、ロンドンのベルグラヴィア、チェルシー、ケンジントン、ウェストミンスターなどの高級住宅地における残存期間の少ない長期不動産賃借権を購入した比較的裕福な者であったといわれている。

（2）1967年法の適用対象の限定性

　他方で、1967年不動産賃借権改革法は、賃借人が不動産賃借権解放権等を取得するための資格要件を設定しているが、その資格要件がかなり厳格なものであったために、不動産賃借権解放権等を取得できない多数の賃借人が存在しているとして、その資格要件は緩和されるべきであるということが指摘された。

　その資格要件には、第2節3（2）（a）において列挙した5つのものがあるが、そのうちで特に問題となったのが、①賃借人は住宅を占有していなければならないこと、②住宅と附属施設の課税評価額が基準日において200ポンド、大ロンドンにおいては400ポンドを超えないこと、③年間賃料が課税評価額の3分の2未満であることという3つの資格要件であった。かかる

---

(77) N. T. Hague, *supra* note 64, p.162; Susan Bright and Geoff Gilbert, *supra* note 39, pp.652-653.

(78) Case of James and Others, *supra* note 72, para.29.

(79) N. T. Hague, *supra* note 64, p.4.

資格要件は、それを設けること自体に相応の合理的理由があるものとないものとがあるが、それぞれにおいて問題点も存したため、その問題点がとりわけ1980年代以降になるとさらに拡大していくことになるのであった。

　まず、①の要件については、住宅の具体的な範囲が問題となる。基本的に住宅とは、戸建ての居住用の建物を指し、その建物が垂直的に分割された半戸建て住宅やテラスハウスもその範囲に含まれるが、建物が水平的に分割された個々のフラットはその範囲には含まれないとされている。つまり、1967年法においては、フラットの賃借人には不動産賃借権解放権等は与えられなかったのである。その理由として、1966年白書は、①フラットに対する長期不動産賃貸借制度は近年においてのみ発展したものであること、②エクイティについて異なった考慮がなされること、③フラットの不動産賃借権の解放を規定する上で多くの実務的な困難が存在することの３点をあげている。確かに、理由①については、長期不動産賃借権に基づくフラットの開発が普及し始めたのが1950年代以降になってからのことであったため、フラットについてはほとんど社会問題化していなかったし、また、理由③については、フラットに対する区分所有権が当時のイギリスには未だ存在していなかったことから、フラットの賃借人に自由土地保有権を付与することについては法技術的に極めて困難であることは事実であった。しかしながら、理由②の意味するところは明らかでないし、またそもそも1966年白書の考え方は明らかにフラットにも等しく当てはまるものであり、少なくともフラットの賃借人に延長賃借権を付与することには何らの法技術的な障害はないはずであった。結局、1960年代当時においては、フラットに対する不動産賃借権解放権の立法化を求める政治的な要求がほとんどなかったことから、その立法化が見送られることになったものと考えられている。ただし、そうした状況は、1980年代後半になると急速に変化していくことになり、その立法化を求める政治

---

(80) Leasehold Reform in England and Wales, *supra* note.54, para.8.

(81) Leasehold Enfranchisement Association, *supra* note 70, p.2 and p.13.

(82) N. T. Hague, *supra* note 64, pp.5-6.

第3章　不動産賃借権解放権による賃借人保護制度の確立

的要求も高まっていくのであった。

次に、②の要件については、基準日において200ポンド、大ロンドンにおいては400ポンドを超える課税評価額の住宅は、1967年法の適用除外となるという問題を生じさせることになる。課税評価額とは、地方税（rate）を課す際の基準となる不動産の評価額のことであり、この評価額が設定された1965年3月23日（その日以後に新築された不動産に対しては、その不動産の課税評価額が評価リストに登載された日）がここでの基準日に相当する。そして、このときに設定された不動産の評価額が一定額以上であったならば、不動産賃借権解放権等は取得できず、ただ1954年法上の法定賃借権しか取得できなくなるのであった。もっとも、この課税評価額制限によって直接影響を受けるのは、1967年法制定当時においては、イギリス全体で1％、大ロンドンでも1％強にすぎないと見積もられていたが、(83)イギリス各地に存する大規模住宅やロンドン中心部の高級住宅地に存する住宅の場合は、そのかなりの数が1967年法の適用を受けられなくなったのであった。(84)この課税評価額制限に関する規定は、もともと1966年白書に含まれていなかったし、また1967年法の立法趣旨とも無関係であったために、法案の審議過程でかなりの議論が行われたが、結局は、ロンドンの有力な影響力の大地主グループによるロビー活動によって、法案に盛り込まれることになったのであった。(85)この問題は、その後のインフレの影響による不動産価格の高騰により、ますます拡大していくことになるのであった。

そして、③の要件については、年間賃料が課税評価額の3分の2以上である住宅は、1967年法の適用除外となるという問題を生じさせることになる。このような低賃料要件が設けられた理由は、長期不動産賃貸借制度においては、不動産賃借権設定時に賃借人が自由土地保有権を購入したときの代金に等しい不動産の市場価値に基づいた権利金を支払い、その後は低額また

---

(83) D. M. W. Barnes, *supra* note 35, para.15.

(84) Leasehold Enfranchisement Association, *supra* note 70, p.14.

(85) *Ibid*, p.22; Martin Davey, *supra* note 60, p.776.

は名目的な額の年間賃料を支払うという取引形態を有していたことから、市場賃料を支払う民間賃貸住宅と区別するメルクマールとされてきたからである。つまり、低賃料という要件の目的は、「所有」されているというよりは、むしろ「賃借」されている民間賃貸住宅において、その賃借人が不動産賃借権解放権を行使できないようにすることで、民間賃貸住宅部門の存続を保護するためであったのである。このため、長期不動産賃借権を有していたとしても、仮にその賃料が課税評価額の3分の2を超えている場合には、その賃借人は、不動産賃借権解放権等を取得することができず、ただ課税評価額が200ポンド、大ロンドンにおいては400ポンドを超えない限りにおいて、1965年家賃法（Rent Act 1965）による保護を受けることができるにすぎなくなるのであった。この低賃料という資格要件は、その本来の目的に適う限りにおいては、一応の合理性を認めることができるものである。しかし、その後、この資格要件は、不動産賃借権解放権の適用を排除するための抜け道として、賃貸人によって利用されていくことになるのであった。

　以上のような資格要件による制限は、1967年法が制定された当初においては、一応の合理性が認められるものもあったが、特に1980年代後半以降になると当初の事情は変化していき、その制限は是正されるべき課題であると社会的に認識されていくようになるのであった。

---

(86) Leasehold Enfranchisement Association, *supra* note 70, p.16; D. M. W. Barnes, *supra* note 35, para.22.

(87) H. W. Wilkinson, *supra* note 60, p.194. 長期不動産賃貸借において年間賃料が課税評価額の3分の2を超える場合は、1954年不動産賃貸借法も適用されないので、賃借人は法定賃借権も取得することができない。ただし、この場合は、1965年家賃法が適用されたので、賃借人は規制賃借権を取得することは可能であった。

(88) Leasehold Enfranchisement Association, *supra* note 70, p.16.

第3章　不動産賃借権解放権による賃借人保護制度の確立

3　1967年不動産賃借権改革法の改正

（1）公平な補償基準の立法化

（a）1974年住宅法の立法過程

　1967年法上の補償基準（以下「旧補償基準」という。）は、1974年住宅法
（Housing Act 1974）において、土地と建物の復帰権価値を反映させた市場
価値に基づく補償基準（以下「新補償基準」という。）へと（部分的にでは
あるが）修正されることになった。しかし、1974年法の立法過程においては、
議会の諮問機関による審議もなければ、また議員らによる十分な議論の機会
すらも与えられることがないまま手続きが進められたため、新補償基準は十
分な考慮の末に導入されたというよりは、むしろ出鱈目な議会運営の中から
突如として導入された産物であるという感が否めなかった。その立法過程は、
具体的には次のとおりであった。[89]

　まず、そもそもの発端は、1973年4月1日に課税評価額の改定が行われた
ことにある。これにより、課税評価額は1965年当時の基準から平均して150
％まで増加させられたため、1967年法の大ロンドンで400ポンド、その他で
200ポンドという課税評価額制限は、大ロンドンで1,000ポンド、その他で
500ポンドへと改められる必要があるとされた。そこで、当時の労働党政府
によってそれに関する法案が提出されたのであるが、庶民院委員会の段階で、
保守党から1966年2月18日（1966年白書が出版された日）以前に譲与され
た不動産賃借権に関しては課税評価額制限を大ロンドンで1,500ポンド、そ
の他で750ポンドとする修正案が提出され、その後可決されることとなった。
しかし、保守党は、庶民院委員会と貴族院委員会との間の段階で、この修正
案が高価値の住宅のより裕福な賃借人にも不動産賃借権解放権を付与するこ
とになるだけでなく、賃貸人を犠牲にして賃借人にかなりの利得を与えるこ
とになるということに気づくこととなった。保守党は、ここに至ってはもは
やこの失敗を元通りにすることは政治的に困難であったので、貴族院委員会
の段階で、先の修正案によって不動産賃借権解放権が取得可能となった賃借

---

(89) N. T. Hague, *supra* note 64, pp.13-15.

人が支払う補償金の額を不動産の現在の市場価値にまで増加させる再度の修正案を提出するという戦略をとり、結果的に貴族院委員会においても可決されるところとなった。こうして、この法案は議会の本会議においても可決され、最終的に1974年住宅法として立法化されることとなったのである。しかし、同法によって修正された課税評価額制限と補償基準は、以上のような経緯をたどったため、結果的に極めて複雑なものとなってしまった。

(b) 1974年法の課税評価額制限

まず、1974年住宅法上の課税評価額制限については、どの時点の課税評価額を基準日とするか、またどの時期に不動産賃借権が設定されたかによって次の4つに類型化され、その類型ごとに適用される課税評価額制限が異なることとなった。[90]

第1は、課税評価額制限の基準日が1973年3月31日以前であり、その基準日の課税評価額が大ロンドンで400ポンド、その他で200ポンド以下である場合である。この類型は、従前の課税評価額制限と同様であるので、自由土地保有権の売買価格の算定にあたっては、旧補償基準が適用されるものとされた（1967年法9条1項）。

第2は、課税評価額制限の基準日が1973年3月31日以前であり、その基準日の課税評価額が大ロンドンで400ポンド、その他で200ポンドを超えているため第1類型には該当しないが、不動産賃借権が1966年2月17日以前（1966年白書の出版前）に設定され、1974年4月1日時点の課税評価額が大ロンドンで1,500ポンド、その他で750ポンド以下である場合である（1967年法1条

---

(90) 1974年法によって規定された課税評価額制限については、次の文献を参照した。N. T. Hague, *supra* note 64, pp.35-39; C. C. Hubbard and D. W. Williams, *supra* note 64, pp.108-209; D. Yates and A. J. Hawkins, Landlord and Tenant Law, 2nd ed., Sweet & Maxwell, 1986, pp.508-509; Evans and Smith, The Law of Landlord and Tenant, 3rd ed., Butterworths, 1989, pp.432-433; Piers Harrison and David Lonsdale, *supra* note 62, pp.21-23; Ellodie Gibbons and James Wilson, Leasehold enfranchisement explained, RICS, 2010, p.322.

第3章　不動産賃借権解放権による賃借人保護制度の確立

6項、1974年法118条1項・5項）。

　第3は、課税評価額制限の基準日が1974年4月1日以後であり、不動産賃借権が1966年2月17日以前に設定され。その基準日の課税評価額が大ロンドンで1,500ポンド、その他で750ポンド以下である場合である（1967年法1条5項（a））。

　第2と第3の類型は、1974年法の立法過程における庶民院委員会での修正案によって従前の課税評価額制限が緩和されたものであるが、貴族院委員会での修正案によって不動産の課税評価額が大ロンドンで1,000ポンド、その他で500ポンドを超える場合には、自由土地保有権の売買価格の算定にあたっては、新補償基準が適用されるものとされた（1967年法9条1A項）。

　第4は、課税評価額制限の基準日が1974年4月1日以後であり、不動産賃借権が1966年2月18日以後に設定され、その基準日の課税評価額が大ロンドンで1,000ポンド、その他で500ポンド以下である場合である（1967年法1条5項（b））。この類型は、1974年法の立法当初において念頭に置かれていたものであり、不動産の課税評価額が大ロンドンで1,000ポンド、その他で500ポンド以下であるので、自由土地保有権の売買価格の算定にあたっては、旧補償基準が適用されるものとされた（1967年法9条1項）。

(c) 1974年法の補償基準

　不動産の課税評価額が以上の類型ごとの制限内にあるとき、賃借人は、その他の資格要件を満たしていれば、不動産賃借権解放権等を取得することができることになる。ただし、大ロンドンで1,000ポンド、その他で500ポンドという課税評価額制限を上回っているか否かによって、自由土地保有権の売買価格の算定に関して異なる補償基準が適用された。すなわち、第1と第4の類型は、課税評価額が大ロンドンで1,000ポンド以下、その他で500ポンド以下であるので、旧補償基準が適用されることになり（1967年法9条1項）、第2と第3の類型は、課税評価額が大ロンドンで1,000ポンド以下、その他で500ポンド以下であるときは旧補償基準が適用されるが（1967年法9条1項）、課税評価額が大ロンドンで1,001ポンド以上1,500ポンド以下、その他

175

で501ポンド以上750ポンド以下であるときは新補償基準が適用されることになる（1967年法 9 条 1 A項）。

新補償基準については、賃借人が賃貸人に支払う自由土地保有権の売買価格は、賃借人は自由土地保有権を取得する権利は有しないが1954年法上の法定賃借権を有するという前提で、住宅と附属施設がもし売却を希望する賃貸人によって公開の市場で売却されたならば取得することができるだろう額であると規定された。つまり、不動産賃借権の存続期間満了時において賃借人は1954年法上の法定賃借権しか有しないという前提に立つと、50年間の延長権の存在を前提とした旧補償基準とは異なり、土地と建物は賃貸人の下にいったん復帰したことを認めた上で改めて賃借人に不動産賃借権が譲与されるということになるのである。その結果、賃借人が賃貸人に支払わなければならない自由土地保有権の売買価格は、土地と建物の価値とを合わせた金額でなければならなくなったのである。[91]

なお、このような補償基準の追加に伴って次の 2 点が変更された。第 1 に、賃借人が自らの費用で行った改良によって住宅と附属施設の価値が増加した場合、その増加分は自由土地保有権の売買価格から控除されるものとされた（1974年法附則 8 条）。したがって、不動産の課税評価額が大ロンドンで1,500ポンド、その他で750ポンドという制限を形式的には超えていたとしても、課税評価額の一定額が控除されることにより結果的にその制限内に収まれば、賃借人は不動産賃借権解放権等を取得することできた。[92]そして、第 2 に、増分価値の帰属の問題については、賃貸人と賃借人との間で対等な交渉力の下での合意が存在すると仮定されているので、増分価値は等しく分割されるものとされた。[93]

以上のように、1974年法によって新補償基準が導入されることとなったが、その立法過程は必ずしも合理的なものであったとはいえないし、また法律の

---

(91) N. T. Hague, *supra* note 64, pp.181-183.

(92) *Ibid*, pp.40-42.

(93) *Ibid*, p.191.

第3章　不動産賃借権解放権による賃借人保護制度の確立

規定自体も非常に複雑であり杜撰なものであるといえる。しかしながら、結果的には、賃貸人の権利にも配慮したより公平な補償基準が（部分的にではあるが）導入されることになったということができる。新補償基準に基づく場合、自由土地保有権の売買価格の算定にあたり、主として、①賃貸人が現在有する残存期間の地代の価値、②賃貸人が現在有する敷地と建物の復帰権価値、③増分価値の50％が考慮されることになる。このような新補償基準に対しては一定の批判も存在したが、一般的には、旧補償基準の方が賃貸人の利益を不当に没収するものであると広く認識されており、新補償基準の方がより公平な基準であると評価されたのであった。

（2）不動産賃借権解放権の適用対象の拡大

（a）再度の改正の必要性

不動産賃借権解放権については、1980年代後半になると、さらに新たな問題が顕在化することとなった。すなわち、第1には、主として第二次世界大戦後に開発された長期不動産賃借権に基づく集合住宅において管理問題と減価償却資産問題が発生してきたこと、第2には、戦後の急激なインフレの影響により、不動産の課税評価額がその制限範囲を超えてしまう事例が増加してきたこと、第3には、年間賃料が課税評価額の3分の2未満であることという低賃料要件を賃借人に充足させない抜け道が考案され、賃貸人によってその抜け道が濫用されるようになったことといった問題が顕在化してきたのである。これらの問題はいずれも、賃借人が不動産賃借権解放権等を取得で

（94）なお、その後の法改正により、増分価値の50％が考慮されるのは、不動産賃借権の残存期間が80年未満である場合に限られるとされ、残存期間が80年以上ある場合には増分価値は考慮されないものとされた（1967年法9条1E項・2002年法146条）。

（95）賃借人のための利益団体である不動産賃借権解放協会は、この補償基準は賃借人にとって不公平な基準であるとして批判し、1967年法上の旧補償基準が採用されるべきであると主張した（Leasehold Enfranchisement Association, *supra* note 70, pp.100-103）。

177

きないことから生ずる問題であったため、その権利取得の機会拡大を求める政治的要求が賃借人の間で高まっていったのであった。

これらの問題のうち、第1の長期不動産賃借権に基づく集合住宅の問題については、その法制度自体が非常に複雑であるため、戸建て住宅やテラスハウスなどの問題とは異なる独自の検討が必要になる。そのため、この問題については、本章で検討することは留保し、次章において、長期不動産賃借権に基づく集合住宅に対する体系的考察を踏まえた上で改めて検討を行うこととする。ここでは、第2と第3の問題についてどのような措置が講じられたのかという点についてのみ検討する。

第2と第3の問題は要するに、1967年法および1974年法によって規定された課税評価額制限と低賃料基準のために、一部の高価値の住宅の賃借人が不動産賃借権解放権等を取得することができないという問題である。まず、第2の不動産の課税評価額の制限超過の問題については、1970年代前半の急激なインフレの影響により不動産の価格が上昇し、それに伴い不動産の課税評価額も上昇したことによって発生した。このため、特にロンドンの高級住宅地においては、1974年法による課税評価額制限の緩和にもかかわらず、不動産の課税評価額がそれ以上に上昇したため、結果的に不動産賃借権解放権等を取得できない賃借人層が少なからず存在することになったのである。[96]次に、第3の低賃料基準を充足させない抜け道の問題については、新規の長期不動産賃貸借の場合と既存の長期不動産賃貸借の場合とにおいてそれぞれ存在した。前者の場合は、契約締結の際に年間賃料が課税評価額制限を上回るように設定することによって、不動産賃借権解放権等を予め取得できないようにした。[97]また、後者の場合は、存続期間の延長を条件に既存の長期不動産賃貸借を現代的不動産賃貸借（modern lease）という他の賃貸借形態に切り替えることによって行われた。この賃貸借形態においては、21年間ごと（場合によっては5年ごと）の地代改定（ground rent reviews）が約定されるた

---

(96) Leasehold Enfranchisement Association, *supra* note 70, pp.43-45.

(97) *Ibid*, p.16.

第3章　不動産賃借権解放権による賃借人保護制度の確立

め、地代改定時に低賃料基準を上回る地代に改定することによって、不動産賃借権解放権等を取得できないようにした。[98]このようにして、不動産賃借権解放権等の適用が排除されることになると、賃借人は原則として1954年法上の法定賃借権の保護しか与えられなくなるのであった。

　そこで、これらの問題を解決するために、1993年不動産賃借権改革・住宅・都市開発法は、第1部第3章において既存の課税評価額制限を廃止し、そして新たな低賃料基準を導入することによって、あらゆる住宅の賃借人でも不動産賃借権解放権等を取得できるようにしたのである。[99]

(b) 課税評価額制限の廃止

　課税評価額制限については、1993年法63条によって挿入された1967年法1Ａ条1項において、すべての賃借人が課税評価額制限を超えないものと規定されたので、これまで課税評価額制限の範囲外であった賃借人も、他の資格要件さえ満たしていれば、不動産賃借権解放権等を取得できることとされた。

　しかし、課税評価額制限は、不動産賃借権解放権等の取得要件ではなくなったものの、1993年法によって補償基準の適用基準としての役割が新たに付与されることになった。すなわち、①1990年3月31日以前に譲与された不動産賃借権に対しては、1974年法の課税評価額制限がそのまま課税評価基準とされ（1967年法1条1項（a）（ⅰ）・5項・6項）、②同年4月1日以後に

---

(98) *Ibid*, pp.29-30.

(99) 1993年法によって規定された課税評価額制限と低賃料基準については、次の文献を参照した。Susan Bright and Geoff Gilbert, *supra* note 39, p.651 and p.654; James Driscoll, Leasehold Reform – The New Law, Tolley, 1993, pp.107-109; P. Matthews and D. Millichap, A Guide to the Leasehold Reform, Housing and Urban Development Act 1993, Butterworths, 1993, pp.86-90; National Federation of Housing Association, The Leasehold Reform, Housing and Urban Development Act 1993, National Federation of Housing Association, 1993, pp.16-17; D. N. Clarke, Leasehold Enfranchisement – The New Law, Jordans, 1994, ch.16 and ch.21; Piers Harrison and David Lonsdale, *supra* note 62, pp.18-24 and pp.63-77; Ellodie Gibbons and James Wilson, *supra* note 90, pp.320-327.

179

譲与された不動産賃借権に対しては、不動産賃貸借の契約締結日ないし効力発生日における一定の数式に従って計算された課税評価額が 2 万5,000ポンド以下であることが課税評価基準とされた（同条 1 項（a）（ii））。

このような課税評価額基準については、同時に導入された新たな低賃料基準と連動して機能するように制度設計されたので、どのような場合にどの補償基準が適用されるのかについては、新たな低賃料基準を確認した上で整理することとする。

（c）新たな低賃料基準の導入

低賃料基準については、従前の低賃料基準（1967年法 4 条）に一定の修正が加えられると同時に、1993年法63条によって挿入された新たな低賃料基準（1967年法 4 A条）が追加された。

まず、従前の低賃料基準（以下「原則的低賃料基準」という。）については、①1990年 3 月31日以前に譲与された不動産賃借権については、以前と同様の基準（年間賃料が基準日における不動産の課税評価額の 3 分の 2 未満であること、あるいは建築用不動産賃貸借以外の方法で1939年 8 月31日から1963年 4 月 1 日の間に譲与された不動産賃借権に対しては、不動産賃貸借の開始日における不動産の賃貸価値の 3 分の 2 以下であること）がそのまま維持されたが（ 4 条 1 項（ i ））、②同年 4 月 1 日以後に譲与された不動産賃借権については、年間賃料が大ロンドンで1,000ポンド、その他で250ポンド未満でなければならないとされた（ 4 条 1 項（ii））[100]。

次に、新たな低賃料基準（以下「代替的低賃料基準」という。）については、原則的低賃料基準は充足されない場合に適用される基準である。すなわち、①1963年 3 月31日以前に譲与された不動産賃借権について、初年度の年間賃料が当該不動産賃貸借の開始日における不動産の賃貸価値の 3 分の 2 以下である場合（ 4 A条 1 項（a））、②1963年 4 月 1 日から1990年 3 月31日の

（100）もっとも、1990年 4 月 1 日以後に譲与された住宅の長期不動産賃借権は実際にはほとんど存在しないので、このような状況はあまり生じないといわれている（Piers Harrison and David Lonsdale, *supra* note 62, p.20）。

180

第3章　不動産賃借権解放権による賃借人保護制度の確立

間に譲与された不動産賃借権について、初年度の年間賃料が当該不動産賃貸借の開始日における不動産の課税評価額の3分の2以下である場合（4A条(b)）、③1990年4月1日以後に譲与された不動産賃借権について、賃料が大ロンドンで1,000ポンド、その他で250ポンド未満である場合（4A条(c)）には、それぞれ低賃料に該当し、他の資格要件さえ満たしていれば、不動産賃借権解放権等を取得できることとされた。

このように、代替的低賃料基準が追加されたことにより、不動産賃借権解放権等の取得要件が拡大されることになったが、この場合には特別な補償基準が適用されるものとされた（1967年法9条1C項）。この補償基準（以下「特別補償基準」という。）は、基本的には新補償基準と同様であるが、次の2点において異なる考慮がなされている。すなわち、特別補償基準では、自由土地保有権の売買価格の算定に際し、①賃借人が不動産賃借権解放権を行使したことによって賃貸人が所有する他の不動産に損害が生じた場合、賃借人は賃貸人に相応の補償金を支払わなければならないこと（1967年法9条1C項(b)・9A条）、②不動産賃借権の存続期間満了時には賃借人は1989年法186条あるいは1954年法に基づく存続保障を有するという前提が除外されること（1967年法9条1C項後段・1A項(b)）という2つの条件も考慮されるものとされている。[101]

(d) 適用される補償基準

以上の課税評価額基準と低賃料基準を踏まえ、それぞれの補償基準が適用される場合を分類すると、次のとおりとなる。

①当該不動産賃貸借が課税評価額基準（1条1項・5項・6項）と原則的低賃料基準（4条1項）を充足し、かつ、1990年3月31日時点の不動産の課税評価額が大ロンドンで1,000ポンド、その他で500ポンド未満で

---

(101) もっとも、この2つの条件は、実務上、評価に際しほとんど影響がないものと考えられている。例えば、評価日に未償却の存続期間が20年以上存在する場合、存続期間満了日に現在の賃借人が占有を継続しており、市場賃料で保証賃貸借を希望するという可能性は、時期的にまだ先のことであるので、評価に反映させることができないとされている（*Ibid*, p.77）。

181

ある場合、あるいは同日に課税評価額が存在しないとき１条１項（a）
（ⅱ）の数式に従って計算された課税評価額が16,233ポンド未満である
場合には、旧補償基準が適用される（９条１項）。

②当該不動産賃貸借が課税評価基準と原則的低賃料基準を充足するが、
1990年３月31日時点の不動産の課税評価額が大ロンドンで1,000ポンド、
その他で500ポンド以上である場合（９条１A項（ⅰ））、あるいは同日
に課税評価額が存在しないとき１条１項（a）（ⅱ）の数式に従って計
算された課税評価額が16,233ポンド以上である場合（９条１A項（ⅱ））
には、新補償基準が適用される（９条１A項）。

③当該不動産が課税評価基準を充足しない場合（１A条１項）、当該不動
産が原則的低賃料基準を充足しないが代替的低賃料基準を充足する場合
（１A条２項）あるいは当該不動産が原則的低賃料基準と代替的低賃料
基準のいずれも充足しない場合（１AA条）には、特別補償基準が適用
される（９条１C条）。

なお、低賃料基準については、その後、2008年住宅・再生法（Housing
and Regeneration Act 2008）によって、2007年９月７日以後に譲与された
不動産賃借権に対しては廃止されることになった（300条）。その結果、同日
以後に譲与された不動産賃借権に対しては、低賃料基準を充足できない場合
（１A条・１AA条）に特別補償基準（９条１C条）が適用されるという類型
は存在しないことになったが、課税評価基準は依然として存続しているので、
それぞれの補償基準が適用される類型は次のとおりとなる[102]。

①当該不動産賃貸借が課税評価額基準（１条１項・５項・６項）を充足し、
かつ、1990年３月31日時点の不動産の課税評価額が大ロンドンで1,000
ポンド、その他で500ポンド未満である場合、あるいは同日に課税評価
額が存在しないとき１条１項（a）（ⅱ）の数式に従って計算された課

（102）もっとも、2009年９月７日以後に譲与された住宅の長期不動産賃借権は実
際にはほとんど存在しないので（*Ibid*, p.64）、低賃料基準が適用されない事例は
あまりないものと考えられる。

182

第3章　不動産賃借権解放権による賃借人保護制度の確立

税評価額が16,233ポンド未満である場合には、旧補償基準が適用される（9条1項）。

②当該不動産賃貸借が課税評価基準を充足するが、1990年3月31日時点の不動産の課税評価額が大ロンドンで1,000ポンド、その他で500ポンド以上である場合（9条1A項（ⅰ））、あるいは同日に課税評価額が存在しないとき1条1項（a）（ⅱ）の数式に従って計算された課税評価額が16,233ポンド以上である場合（9条1A項（ⅱ））には、新補償基準が適用される（9条1A項）。

③当該不動産が課税評価基準を充足しない場合（1A条1項）には、特別補償基準が適用される（9条1C条）。

4　小括―不動産賃借権解放権等に対する評価

　これまでの考察において、長期不動産賃貸借制度には、長期不動産賃借権の存続期間が満了すると賃借人は不動産に対する財産権を失うことになること、そのため存続期間の経過によりその資産価値が減少していくこと、そしてそれらの問題を賃借人が解決しようとすると賃貸人との間で不平等な交渉を余儀なくされることになることといった諸問題を不可避的に発生させる性質があることを確認した。そして、このような長期不動産賃貸借制度の基本問題に対して、イギリスは、長期不動産賃借権の賃借人に自由土地保有権の強制的購入権（不動産賃借権解放権）または不動産賃借権の延長権（延長賃借権）を付与することにより賃借人の居住利益と財産的利益を保護するという法制度を確立させてきたことについて検討してきた。ここで、これまでの考察を振り返るならば、このようなイギリス特有の賃借人保護制度については次のように評価することができるだろう。

　まず、とりわけ不動産賃借権解放権は長期不動産賃貸借制度の基本問題を解決する上で有効な手段であったこと、そして第二次世界大戦後の社会構造の変化により不動産賃借権解放権に対する社会的要請が強まったこととから、不動産賃借権解放権は基本的に合理的なものであると評価された。そのた

183

め、1967年法制定当初の資格要件は、その後の法改正により段階的に緩和され、現時点においては、①賃借人は住宅を占有していなければならないこと（１条１項）、②21年を超える確定期間を譲与された長期不動産賃借権であること（３条）、③過去２年間以上賃借人であったこと（１条１項（b））という３つの資格要件のみで足りるとされるに至っている。その一方で、1967年法制定当初の旧補償基準は、賃貸人にとって不公平な基準であるとして、法改正により資格要件の緩和された不動産賃借権を主たる対象に新補償基準や特別補償基準が適用されるものとされた。これにより、賃貸人の財産的利益にも配慮したより公平な補償基準が採用されるようになっていった。

　このように、不動産賃借権解放権等による賃借人保護制度は、自由土地保有権の売買価格において賃貸人に対する配慮はなされてきたものの、基本的にはその適用範囲を拡大させてきたものということができる。このように見るならば、この制度は、賃借人にとってのみ有利であり、賃貸人の財産的利益を相当程度犠牲にするものであると評価することができそうである。しかしながら、賃貸人の側には、賃借人の不動産賃借権解放権あるいは延長賃借権の行使に対抗できる事由がいくつか存在しており、これらの事由の存在も含めて評価するならば、この制度はむしろ、長期不動産賃借権の存続期間満了時の契約当事者間の契約調整を立法的介入によって図ったものであると評価した方が適切であるように思われる。

　もともと長期不動産賃借権の存続期間満了時の問題は、不動産が賃貸人に当然に復帰するという法制度の下での問題であり、それに起因する契約当事者間の交渉力の不均衡の問題であった。そこで、この問題を解決するために、賃借人に不動産賃借権解放権または延長賃借権が付与されたのであるが、これにより契約当事者の地位は逆転し、賃借人は有利な地位に立つことになった反面、賃貸人の地位はそれだけ大きな制約が加えられることになった。そのため、1967年法は、当事者双方のバランスを調整するために、①すべての賃貸人に優越的権利を認め、②一定の公的な賃貸人には不動産の開発を理由とした占有回復権を認め、また③一定の属性の賃借人に帰属する不動産には

第3章　不動産賃借権解放権による賃借人保護制度の確立

不動産賃借権解放権等の行使を認めないという規定を設けたのである。これらの賃貸人の抗弁事由のうち、②と③の事由は公的な理由から例外を設けたものと見ることができるが、①の事由は社会政策的判断において望ましいとされる契約調整を立法によって強制したものと見ることができる。すなわち、存続期間満了時の法的処理は、賃貸人の優越的権利の存在により、①賃借人による自由土地保有権の取得、②賃借人による不動産賃借権の延長、③賃貸人による不動産の占有回復という選択肢の中から選ばれることとなり、しかも、その選択肢は社会政策的な価値判断から保護されるべき利益の序列化がなされ、そのルールに従っていずれかが選択されるようになっている。さらに、このような配分的選択に際しては、いずれの場合においても金銭的な調整が図られるものとされている。これを図式的に整理すると、次のように整理することができる。

①賃借人が不動産賃借権解放権または延長賃借権の資格要件を満たす場合、賃借人は賃貸人から自由土地保有権あるいは延長賃借権を取得することができ、その場合、賃借人は賃貸人に対し自由土地保有権あるいは延長賃借権の価格を支払うことになる。

②賃貸人の自己（家族）使用の必要性がある場合（すなわち、賃借人の居住利益と賃貸人の居住利益とが対立する場合）、賃貸人による不動産の占有回復が認められ、その場合、賃貸人は賃借人に対し延長賃借権の価値相当分の補償金を支払うことになる。

③賃貸人の再開発利益実現の必要性がある場合（すなわち、賃借人の居住利益と賃貸人の財産的利益とが対立する場合）、存続期間の満了をもって賃貸人による不動産の占有回復が認められ、その場合、賃貸人は賃借人に対し延長賃借権の価値相当分の補償金を支払うことになる。ただし、このときに賃借人が自由土地保有権を購入することを申し出た場合、賃借人は賃貸人から自由土地保有権を取得することができ、その場合、賃借人は賃貸人に対し自由土地保有権の価格を支払うことになる。

このような存続期間満了時の法的処理には、基本的には賃借人の利益を保

185

護することが前提とされているが、賃貸人の利益にも配慮するという公平性の観点と、存続期間満了後の不動産の所有と利用を賃貸人と賃借人のいずれに委ねた方が公共の利益に適うかという公共性の観点とが存しているということができる。すなわち、このルールの下では、第1に、存続期間満了後は、不動産賃貸借関係が継続されるよりは、賃貸人と賃借人のいずれかが自由土地保有権者となってその関係が解消されることが望ましいとされている（公共性の観点）。第2に、存続期間満了後もその不動産を住居として使用する者にその所有と利用が最優先で委ねられるべきである（賃貸人と賃借人の双方が不動産を住居として利用する場合には賃貸人が優先される）とされている（公共性の観点）。ただし、これにより不動産の所有と利用が委ねられた者は、他方に対して金銭的対価を支払う必要があるとされている（公平性の観点）。そして、第3に、賃借人が延長賃借権を選択して不動産賃貸借関係が継続されるのであれば、むしろ再開発を理由とした占有回復を賃貸人に認めてその関係が解消される方が望ましい（その結果、賃借人の居住利益よりも賃貸人の財産的利益の方が優先されてもよい）とされている（公共性の観点）。ただし、これにより不動産の所有と再開発が委ねられた賃貸人は、賃借人に対して金銭的対価を支払う必要があるとされている（公平性の観点）。

　このように見るならば、この制度は、長期不動産賃借権の存続期間の満了を契機に、自由土地保有権あるいは長期不動産賃借権の売買契約を社会政策的な価値判断に基づく優先順位に従って強制したものであり、いわば立法的介入によって契約当事者間の契約調整を図ったものであると評価することができるだろう。

第4章
集合住宅への
不動産賃借権解放権の適用拡大

第1節　集合住宅における区分所有法制の展開

1　イギリスの区分所有法制の特殊性

　前章では、長期不動産賃借権に基づく集合住宅（brock of flats）については、その法制度自体が複雑であることを理由に別途考察するものとした。それは、イギリスの集合住宅における区分所有法制が2つの意味において複雑であるからである。

　1つは、そもそも区分所有法制それ自体が複雑であるという意味においてである。集合住宅は、一棟の建物が水平的に分割された（その上でさらに垂直的にも分割された）複数の専有部分を含む区分（unit）からなる（イギリスでは住居として供される区分をフラット（flat）と呼んでいることから、以下ではこれを「フラット」という）[1]。しかし、その各フラットは、それに通ずる廊下や階段室その他構造上区分所有者（unit holder）の共用に供される建物の部分の他、建物の基礎、外壁、屋根などの軀体部分を含む共用部分（common parts）の存在を不可欠とする。そのため、各フラットの所有関係を規律するだけでなく、共用部分を誰がどのように所有し、その維持管理の責任を誰がどのように負うのかを規律する必要がある。したがって、集合住宅の所有関係は、垂直的にのみ分割されて境界壁のみを共有する半戸建て住宅やテラスハウスの所有関係よりもはるかにその権利関係が複雑となるのである。

　もう1つは、イギリスの区分所有法制がイギリス固有の法律的および政治的な影響が強く反映されて形成されてきたため、結果として、他の欧米諸国や日本の区分所有法制とは本質的に大きく異なる極めて特殊な法制度が採用されているという意味においてである。まず、法律的な影響としては、イギリス固有の土地法における理論上の制約があげられる。そもそもイギリスには、固有の所有権概念の下、土地を所有するための権利として自由土地保有権と長期不動産賃借権とがあるが、本来であれば、自由土地保有権の方が大

（1）T. M. Aldridge, Law of Flats, 3rd. ed., Longman, 1994, p.3.

第 4 章　集合住宅への不動産賃借権解放権の適用拡大

陸法における所有権に最も近い権利であるので、フラットを所有するための
権利としてもより望ましいはずである。しかし、自由土地保有権に基づくフ
ラット（以下「自由土地保有権フラット」という。）においては、建物全体
の管理に支障を来すような法理論上の問題があったことから、フラットを所
有するための権利として自由土地保有権は適していないとして、実際にはほ
とんど用いられなかったのである。そのため、その代わりの次善の手段と
して、長期不動産賃借権がフラットを所有するための権利として用いられ
ることになったのである（以下「長期不動産賃借権フラット」という）。ま
た、政治的な影響としては、独立の制定法としての区分所有法が2002年にな
るまで立法化されなかったことがあげられる。長期不動産賃借権フラット
は、その権利が長期不動産賃借権である以上、前章で検討したのと同様の存
続期間満了時の諸問題が1980年代後半に社会問題化することとなった。その
ため、その問題を解決するための手段として、イギリスでも漸く共同保有権
（commonhold）という区分所有権を創設することが政治的な課題となった。
しかし、存続期間満了時の諸問題は、1993年不動産賃借権改革・住宅・都市
開発法（Leasehold Reform, Housing and Urban Development Act 1993）
においてフラットの賃借人にも不動産賃借権解放権の取得が認められたこと
からかなりの程度解決されることになり、その結果として共同保有権を創
設することの意義が薄れることとなった。結局、共同保有権は、2002年共
同保有権・不動産賃借権改革法（Commonhold and Leasehold Reform Act
2002）において創設されることにはなったものの、問題点が大幅に改善され
た長期不動産賃借権フラットと競合関係に立つことになり、共同保有権に基
づくフラット（以下「共同保有権フラット」という。）はそれ以降もほとん
ど普及することはなかったのである。[3] このようなイギリス固有の法律的およ

（2）2002年法は、同法施行後は共同保有権の利用しか認めないとはしておらず、
　　長期不動産賃借権の利用を排除していないので、集合住宅の開発業者はそのい
　　ずれかを任意に選択してよいとされている。

（3）筆者が2009年10月26日に行ったヒアリング調査によれば、共同保有権フラッ
　　トのこれまでの実例は、14の集合住宅の107戸のフラットしか存在しておらず、

び政治的な影響から、現在のイギリスの区分所有法制は、形式的には長期不動産賃借権の関連法と共同保有権の関連法とからなっているが、実質的には前者が大部分を占める状況となっているのである。

　以上のような理由から、イギリスの集合住宅における区分所有法制においては、自由土地保有権や共同保有権が用いられずに、長期不動産賃借権が用いられることになったのである。現在のイギリスには約131万戸のフラット戸数があると推定されているが[4]、その大部分が長期不動産賃借権フラットであるということができる。

　このように、イギリスの区分所有法制にはかなりの特殊性があるというこ

　　いずれの実例もサウスコースト地域にしか存在していないということであった。これは、たまたま農家の土地所有者がより良いコミュニティを作ろうと考えたためであり、開発業者による商業的な関与によるものではないとのことである（Association of Residential Managing Agents（ARMA）のDavid Hewett（Executive Secretary）の発言による）。また、共同保有権が普及していない理由としては、同日に行った別のヒアリング調査によれば、①既存の長期不動産賃借権から共同保有権へと転換するためには、既存の賃借人や譲渡抵当権者（mortgagee）などの利害関係人全員の同意が必要とされているので、実現はほとんど不可能であること、②立法当時の不動産業界の不況により、不動産価格の下落が開発業者を神経質にさせたため、市場に共同保有権が受け入れられなかったこと、③共同保有権は開発業者にとって特別な収入が得られないと判断されたこと（開発業者は、フラットの長期不動産賃借権の売却後も、自由土地保有権（実質的には地代収取権）も売却することができたこと）、④政府は、立法当時の不況の影響から、共同保有権を率先して市場に広げようとする動きをしなかったことなどが指摘されている（trowers & hamlins（法律事務所）のProfessor James Driscoll（Consultant Solicitor）の発言による）。なお、2018年12月10日の法律委員会の告知においても、共同保有権に基づく開発事例は20未満であるとされている（The time is right for commonhold announce Law Commission）。

（4）　イングランドとウェールズの2007年の全住宅戸数は約2,351万戸で、そのうち持家戸数は約1,642万戸（全体の約69.8％）である。持家の居住態様では、住宅（戸建て住宅の他、半戸建て住宅、テラスハウスを含む）が92％を占めているのに対して、フラットはわずか8％に留まっている（Office for National Statistics, Annual Abstract of Statistics, No. 146, 2010.ed）。このことから、フラット戸数は約131万戸であると推定することができる。

とができるが、本章では、そのような特殊性を踏まえつつ、以下の各論点について考察するものとする。まず、イギリスではなぜ集合住宅を区分所有するための権利として長期不動産賃借権が用いられたのか、その結果、どのような法的な問題点が発生することになったのかについて検討する。次に、その問題点を解決するためにどのような法制度改革がなされ、不動産賃借権解放権はどのような役割を果たすものであったのかについて検討する。そして最後に、このようにして形成された長期不動産賃借権に基づく区分所有法制は、共同保有権に基づく区分所有法制にどのような影響を及ぼしたのかについて検討するものとする。

2　集合住宅の発展の背景

　イングランドやウェールズでは、私的に所有される住宅としては、伝統的に戸建て住宅やテラスハウスが一般的であったため、集合住宅の開発・分譲が増大したのは、スコットランドやヨーロッパの大陸諸国とは異なり、比較的最近のことであった。集合住宅の起源としては、1840年代に職人のための住宅として慈善目的に開発された事例がまず見受けられるが、非慈善的なものとしては1853年にロンドンで開発されたものが最初であり、こうした開発も1880年代以降になる大規模に行われるようになった。ただし、この当時から第二次世界大戦時にかけての集合住宅の開発は、専ら民間賃貸住宅用のものであり、区分所有を目的としたものはほとんどなかったといわれている。[5]

　しかしながら、1950年代以降になると、分譲目的で集合住宅を開発して各フラットを売却したり、あるいは既存の一棟の建物を集合住宅に転換して各フラットを売却したりすることが一般的になってきた。こうした事態の変化は、主として民間賃貸住宅の衰退と持家の増大という当時の社会状況から理解することができる。例えば、第二次世界大戦後、民間賃貸住宅部門が衰退しつつある中、1957年家賃法（Rent Act 1957）は、家賃統制を解除し、家

（5）Nugee Committee, Report of the Committee of Inquiry on the Management of Privately Owned Block of Flats, 1985, paras.2.1-2.3.

賃増額を許容することによって、古い民間賃貸住宅の修繕と新規の民間賃貸住宅の供給を意図し、民間賃貸住宅部門の復活を目的としたのであったが、実際には、家主が借家人を追い出した後、修繕または再築をして空き家となったところを再び賃貸するのではなく、持家用住宅として売却するという意図せざる効果を生じさせることになった。こうしたことの原因は、主として民間賃貸住宅が政府の補助金があることで有利な立場にある公営住宅との競争に勝てなくなっていため、すでに経営が成り立たなくなっていたからである。このため、1938年には58％存在していた民間賃貸住宅も、1961年には31％にまで減少することになるのであった。この当時においてフラット所有が増大したのは、民間賃貸住宅から持家用の集合住宅へと転換されたケースも数多く存していたからであるといわれており、1981年時点で転換されたフラットに少なくとも12万人のフラット所有者が居住していたと推定されている。

　そして、1960年代になるとフラット所有にとってさらに有利な要因が加わることとなった。すなわち、第1に、1965年家賃法（Rent Act 1965）において公正家賃制度が導入され、家賃増額が図られたが、フラットの資本価値が急激に増加していた当時の状況においては、フラットの建築費の増加に家賃の増加が追いつくことできず、伝統的な不動産会社がさらにフラットを売却せざるを得なくなったこと、第2に、抵当融資に対する支払利息が所得税の免税対象となる抵当利子課税控除、抵当支払利息が軽減される選択抵当スキーム、帰属所得の免税、キャピタルゲインの原則非課税など各種の税制優遇措置が取られたことと、建築金融組合がフラットへの抵当融資を積極的に行うようになったこととから、一般庶民でもフラットを所有することが可能となったこと、第3に、1971年から1973年にかけてのインフレの影響により

（6）内田勝一「戦後イギリスにおける住宅法制の展開と政策」比較法学17巻1号
　　11-19頁、同「イギリスの借地・借家制度」稲本洋之助＝望月礼二郎＝広渡清吾
　　＝内田勝一編『借地・借家制度の比較研究—欧米と日本』（東京大学出版会・
　　1987年）154-159頁、Susan Bright and Geoff Gilbert, Landlord and Tenant
　　Law – The Nature of Tenancies, Oxford, 1995, p.30.
（7）Nugee Committee, *supra* note 5, para.3.5.

第4章　集合住宅への不動産賃借権解放権の適用拡大

住宅価格が高騰し、このことが以上の要因をさらに後押ししたことといった要因が加わることになったのである。こうして、この時期においてフラット所有が着実に増加していったのであった。⁽⁸⁾

それでは、イングランドとウェールズにおいて、フラットはどのような権利に基づいて所有されていたのであろうか。私的個人によって所有されている集合住宅（住宅協会によって所有されている集合住宅は除く）における世帯数とその割合に関する1981年の統計によれば、自由土地保有権フラットが29,537世帯であるのに対して長期不動産賃借権フラットが240,614世帯であるので、前者の割合が約11％、後者の割合が約89％となり、フラットを所有するための権利としては長期不動産賃借権が圧倒的多数を占めていることが分かる。⁽⁹⁾長期不動産賃借権については、前章でも検討したように、存続期間満了時の諸問題の発生が不可避であることを踏まえれば、フラットを所有するための権利は自由土地保有権の方がより望ましいはずである。それにもかかわらず、自由土地保有権が実際にはほとんど用いられなかったのは、どのような理由によるのであろうか。そこで、次に、自由土地保有権フラットにどのような法的課題があったのかを検討することとする。

3　自由土地保有権フラットの法的課題と解決策

（1）自由土地保有権フラットの法的問題点

集合住宅の場合、一棟の建物の中に複数のフラット所有者が存在しているので、上下階および隣接のフラット所有者間では、半戸建て住宅やテラスハウスの所有者間よりもはるかに大きな相互依存性が存することになる。すなわち、集合住宅には、各フラットの他に、廊下や階段室などの建物部分や建物の軀体部分といった共用部分があり、その共用部分には電気・ガス・水

（8）*Ibid*, paras.2.4-2.7; 内田・前掲論文「戦後イギリスにおける住宅法制の展開と政策」（注5）20-85頁、内田・前掲論文「イギリスの借地・借家制度」（注5）160-163頁。

（9）Nugee Committee, *supra* note 5, Chapter 3, Table 1.

道・電話・空調などの生活設備も含まれている。自由土地保有権フラットの場合、フラット所有者が共用部分や生活設備を適切に利用できるようにするために、フラット所有者相互間で地役権（easement）を設定するという方法が用いられる。地役権は、捺印証書（deed）によって明示的（express）に設定されることが本来望ましいが、仮にそのような明示の合意が存在しない場合でも、1925年財産権法62条によって黙示的（implied）に設定されるという取扱いがなされることもある。こうして、支持地役権（support）、通行地役権（access）、用水地役権（water）、採光地役権（light）、通風地役権（air）などが設定されて、フラット所有者は建物全体を適切に利用できるようになるのである[10]。

　このようにフラット所有者が相互に地役権を有することによって、共用部分や生活設備の利用権が確保されることになる一方で、フラットの価値が損なわれないようにするために、これらが適切に維持管理・修繕・供給されるようにされなければならない[11]。そのため、各フラット所有者にはこれらの維持管理・修繕・供給のための作為義務（positive obligation）が課せられる必要があり、この義務が確実に履行されるようにするための仕組みとして、フラット所有者全員が作為約款（positive covenant）に合意するという方法が用いられたのである。しかし、この仕組みには、このような作為義務を最終的に各フラット所有者に強制する法的手段が十分に保証されていないという重大な法的欠陥が内在していたのである。つまり、最初のフラット所有者がそのままフラットの利用を継続している場合には特に問題はないが、ひとたびそのフラット所有者が当該フラットを他人に売却すると、フラットの自由土地保有権とともに作為約款も移転させることが法律上できなかったことから、フラットの譲受人に対してはこの作為約款を行使することができなく

---

(10) T. M. Aldridge, *supra* note 1, pp.12-13; S. M. Tolson, "Land" Without Earth: Freehold Flats in English Law, The Conveyancer and Property Lawyer (New Series), Vol.14, December 1950, pp.350-351.

(11) Wilberforce Committee, Report of the Committee on Positive Covenant Affecting Land, Cmnd.2719, 1965, para.36.

なり、建物全体の維持管理等に支障を生じさせることになったのである。この問題は、次に詳しく検討するように、イギリス固有の不動産約款の法理論に基づくものである。

（２）不動産約款の法理論

　不動産約款（covenant）は土地法（Land Law）の領域に属する法理論であるが、その法理論は契約法（Contract Law）の領域に属する捺印契約（covenant）が前提となっている。捺印契約においては、例えば、契約受益者（covenantee）Aと契約履行者（covenantor）Bとの間で、AはBに対して利益（benefit）を得るが、反対にBはAに対して負担（burden）を負うという契約が締結される。そして、この利益と負担のうち、利益についてはAから第三者Cに移転することができるとされているのに対して、負担についてはBから第三者Dに移転することはできないとされているので、直接の契約関係（privity of contract）は、AB間とCB間においてのみ存在することになる（つまり、AD間とCD間には存在しないことになる）。しかし、このAB間の関係が賃貸人と賃借人との間の関係であった場合や隣接する土地所有者間の関係であった場合には、この契約法上の法理は、土地法上の法理によって修正されていくことになる。(12)

　まず、仮にAを賃貸人、Bを賃借人とした場合において、AB間で不動産の利用に制限を課す不作為約款（restrictive covenant）と作為約款が締結されているとする。その際、AがCに復帰権を不動産約款上の利益とともに譲渡し、BがDに不動産賃借権を不動産約款上の負担とともに譲渡したとする。このとき、契約法上の法理のみを前提とすると、利益は移転するが負担は移転しないということになっているので、現在の賃借人Dがその負担を履行するしないにかかわらず、結果として現在の賃貸人Cから前の賃借人Bに対してその負担の履行が追及されることになる。これに対して、土地法上の

---

(12) Law Commission, Transfer of Land: The Law of Positive and Restrictive Covenants, No.127, H. C. 201, 1984, paras.3.3-3.4.

法理は、不動産約款は現在の賃貸人と現在の賃借人との間において行使されるという不動産保有関係（privity of estate）の法理を追加することによって契約法上の直接の契約関係の法理を修正し、CがDに対して直接に負担の履行を強制できるようにしたのである。こうして、不動産約款上の利益や負担は（それが不作為約款上のものであっても、また作為約款上のものであっても）、賃貸人あるいは賃借人の不動産上の権利とともに移転することができるものとされたのである。[13]

　次に、隣接するX土地とY土地のうち、仮にAがX土地の所有者、BがY土地の所有者とした場合において、AB間で不作為約款と作為約款が締結されているとする。そして、その際、AがCにX土地の自由土地保有権を不動産約款上の利益とともに譲渡し、BがDにY土地の自由土地保有権を不動産約款上の負担とともに譲渡したとする。このとき、契約法上の法理のみを前提とすると、先の不動産賃貸借の場合と同じように、現在のY土地の自由土地保有権者Dがその負担を履行するしないにかかわらず、結果として現在のX土地の自由土地保有権者Cから前の自由土地保有権者Bに対してその負担の履行が追及されることになる。これに対して、土地法上の法理は、契約法上の直接の契約関係の法理を修正するが、このような土地所有者間の事例においては、その法理論は非常に複雑なものとなっている。というのも、第1には、コモンローとエクイティとで法的な取り扱いが異なっており、第2に、エクイティにおいては不作為約款と作為約款とで法的な取り扱いが異なっているからである。まず、コモンローにおいては、不動産約款が不作為約款であるか作為約款であるかの区別はなく、一律に、不動産約款上の負担はY土地の自由土地保有権とともにBからDには移転せず、不動産約款上の利益は（一定の条件が満たされれば）X土地の自由土地保有権とともにAからCに移転するという法準則が確立している。[14] もっとも、このコモンロー上の

---

(13) *Ibid*, paras.3.5-3.9.

(14) この法準則は、以下の各判例からなっている。Austerberry v Corporation of Oldham（1885）29 Ch D 750, Roger v Hosegood（1900）2 Ch 388, Webb

法準則では、直接の契約関係の法理とほとんど変わらず、Y土地の自由土地保有権がDに移転したとしても、不動産約款上の負担は依然としてBに負わされたままである。そこで次に、エクイティにおいてさらに修正が加えられていったのであるが、その先例となったのがタルク対モクサイ事件（Tulk v Moxhay（1848）2 Ph. 774）である。この判決においては、原則として不動産約款上の負担は土地の自由土地保有権とととともに移転するものとされたが、これによって移転するのは不作為約款上の負担に限定されたため、作為約款上の負担については同判決から除外されていたのであった。[15]そのため、結局、CはDに対し作為約款上の負担の履行を強制する術を持つには至らなかったのである。

　以上のAB間の関係が賃貸人と賃借人との間の関係であった場合の法準則と隣接する土地所有者間の関係であった場合の法準則は、集合住宅の場合にもそのまま適用された。すなわち、前者の法準則が長期不動産賃借権フラットに適用されることで、現在の賃貸人は、長期不動産賃借権フラットの譲受人に対しても不動産約款上の負担の履行を強制することが可能となり、その結果、建物全体の維持管理等は、賃貸人の権利行使を通じて適切に図ることができたのであった。これに対して、後者の法準則が自由土地保有権フラットに適用されると、他のフラット所有者は、自由土地保有権フラットの譲受人に対して作為約款上の負担の履行を強制することができないこととなり、その結果、建物全体の維持管理等に支障を来すという問題を生じさせることになったのである。

---

　v Russell（1789）3 Term Rep 393, Smith and Snipes Hall Farm Ltd v River Douglas Catchment Board（1949）K. B. 500, The Prior's Case（1368）YB 42 EdⅢ, Pl, 14, fol, 3A. これらの判例については、主として次のテキストおよびケースブックを参照した。E. H. Burn, Cheshire and Burn's Modern Law of Real Property, 15th ed., Butterworths, 1994; Richard Royle, Brief Case on Land Law, Cavendish Publishing, 1995.

(15) Law Commission, *supra* note 12, paras.3.10-3.24; E. H. Burn, *ibid*, pp.609-612.

（3）作為約款の法的問題点に対する現実的対応

集合住宅において自由土地保有権フラットがあまり利用されていない原因
は、主として作為約款の法準則に由来する法的問題点にあったということが
できる。しかし、現実に自由土地保有権フラットの開発が全く行われなかっ
たというわけではなく、特別に制定法を設けることによって、あるいは作為[16]
約款の問題点を回避できる方法を考案することによって、自由土地保有権フ[17]
ラットも一定程度は利用されてきたのであった。事実、上述の1981年の統計
においても、全体の約11％が自由土地保有権フラットであることが示されて
いる。このことは、作為約款の問題点を回避することもある程度は可能であ
るということであり、そのための方法としてエステート・レントチャージ
（estate rentcharge）という法準則が最も広く利用された。この法準則を利
用することで、作為約款上の負担を自由土地保有権フラットの譲受人に対し
ても強制することが可能となったのである。

このエステート・レントチャージという法準則は、地代負担としてのレン
トチャージとは異なり、役務料を徴収する手段としてのレントチャージと作[18]

---

(16) その最も有名な例が、法曹学院（Inns of Court）の1つであるリンカ
ンズ・イン（Lincoln's Inn）によって制定された1860年リンカンズ・イン
法（Lincoln's Inn Act 1860）である。同法において自由土地保有権フラット
は、空間自由土地保有権（flying freehold）という概念によって理論構成され
た。ただし、このような制定法に基づく自由土地保有権フラットは、例外的な
ものにすぎないし、また法制史上の関心事にすぎないともいわれている（E. G.
George and A. George, The Sale of Flats, 5th ed., Sweet & Maxwell, 1984,
pp.22-23）。

(17) 作為約款の問題点を回避するために法律家によってさまざまな試みがなさ
れてきたが、その試みについては次の文献に詳しい記述がある。E. H. Burn,
supra note 14, pp.612-613; Law Commission, *supra* note 12, paras.3.19-3.42;
E. G. George and A. George, *ibid*, pp.76-89. なお、作為約款上の負担は土地と
ともに移転しないという法準則が確立することになった先例（オースターベリ
ー対オールドハム会社事件）を否定することを求めた訴えが提起されたが、最
終的にその訴えは貴族院（House of Lord）において斥けられた（Rhone v
Stephens (1994) AC310）。

第4章　集合住宅への不動産賃借権解放権の適用拡大

為約款の行使を確保する手段としてのレントチャージとからなっている。例[19]
えば、隣接するX土地とY土地のうち、AがX土地の所有者、BがY土地の所
有者である場合において、AB間でエステート・レントチャージが設定され
たとする。そして、その際、Aが作為約款上の負担を負い、Bがその作為約
款の履行のための費用として役務料の負担を負うとの合意がなされたとする。
このとき、もしBがレントチャージ（役務料）の支払いを行わなかった場合、
Aは1925年財産権法121条に基づき立入権（right of entry）を行使すること
ができることになる。同条では、レントチャージの不履行による未払金とそ
れによって被ったすべての費用を取り立てるために、土地の立入り、差押え
（レントチャージの支払いが21日以上遅滞した場合）あるいは占有回復（レ
ントチャージの支払いが40日以上遅滞した場合）の権限がAに与えられると
されている。このように、エステート・レントチャージは1925年法121条に
よってその実効性が確保されているが、レントチャージ証書（rentcharge
deed）に次の2点を加えることによってその実効性をさらに高めることが

（18）なお、レントチャージは、1977年地代負担法（Rentcharge Act 1977）によ
　　って、エステート・レントチャージなどいくつかの例外を除き、原則として新
　　しく設定することは認められなくなっている。

（19）この場合、土地はレントチャージのための担保であるので、役務料を徴収
　　する権限を有する者には土地の価値を維持することにつき合法的な権利がある
　　とされ、そのため土地上の建物が維持されるよう役務料を支払う義務を負うも
　　のに対して作為約款を付随的に設定することが許されるとされている（Law
　　Commission, *supra* note 12, para.3.36）。なお、このとき支払われる役務料と
　　してのレントチャージの金額は、建物の開発が小規模であるか、それとも大規
　　模であるかによって異なっていた。前者の場合は、エステート・レントチャー
　　ジの目的が、レントチャージを徴収することにあるのではなく、作為約款の設
　　定を可能とすることにあるので、レントチャージの金額は名目的な金額にすぎ
　　なかった。これに対して、後者の場合には、建物全体の管理を行う管理会社が
　　設立され、その会社が建物全体の管理のため作為義務を履行し、そのための費
　　用として相当な金額のレントチャージが徴収された。したがって、レントチャ
　　ージの金額は、実際の管理費用に応じたものであった（*Ibid*, para.3.37; Susan
　　Bright, Estate Rentcharges and the Enforcement of Positive Covenant, The
　　Conveyancer and Property Lawyer, March-April 1988, pp.102-103）。

199

できた。1つは、作為約款上の負担をBの側に負わせることで、レントチャージの不履行だけでなく、作為約款の不履行に対しても立入権を行使できるようにすることである。もう1つは、Aの側に再立入権（right of re-entry）を留保しておくことで、Bのレントチャージあるいは作為約款の不履行に対して、Aが直ちに土地を没収できるようにすることである[20]。こうして、AB間の作為約款の履行確保措置が講じられたが、問題はその作為約款を土地の譲受人に対しても強制することができるかどうかにある。この点につき、確かに作為約款上の負担そのものは土地とともには移転しないが、立入権や再立入権に付随したレントチャージは土地とともに移転したので、仮に土地の譲受人が以上のレントチャージを履行しなければ、隣接する土地の所有者によって立入権や再立入権が行使されることになるので、結果として作為約款の履行が確保されることになったのである[21]。

　以上のように、エステート・レントチャージに関する法準則を用いることにより、土地所有者間における作為約款の強制の問題は解決することができることとなったので、自由土地保有権フラットのフラット所有者間における作為約款の強制の問題も解決することができることとなったのである。こうして、自由土地保有権フラットの開発・分譲は、以上の法準則を踏まえて、一般的に次のような形態において行われるようになった。まず、集合住宅の開発業者は各フラットを売却するに先立って受託者（trustee）を任命する。そして、フラット所有者はこの受託者のためにエステート・レントチャージが留保されたフラットを開発業者から取得する。これにより、受託者は、受益者（beneficiary）であるフラット所有者に対して作為約款上の負担を負い、他方、フラット所有者は、受託者に対して年間10ポンド程度の名目的な金額

---

(20) Susan Bright, *ibid*, pp.104-105; E. G. George and A. George, *supra* note 16, pp.94-95. なお、立入権や再立入権は、原則として永久拘束禁止則（rule against perpetuities）に抵触するが、それらの権利がレントチャージに付随するときは永久拘束禁止則の適用を受けないものとされているため、永久に行使することが可能であるとされている（S. M. Tolson, *supra* note 10, p.356）。

(21) Susan Bright, *ibid*, p.104.

第4章　集合住宅への不動産賃借権解放権の適用拡大

のレントチャージ、作為約款の行使によって生じる費用および相当な報酬を
支払う義務を負うことになる。このような合意は信託証書（deed of trust）
においてなされるが、このような合意がある場合において、もしフラット所
有者がレントチャージ等の支払義務を履行しなければ、受託者は再立入権を
行使してその者のフラットを没収することになる。こうして、自由土地保有
権フラットにおいても、適切な管理を行うことが可能となるような改善がな
されたのであった。[22]

（4）自由土地保有権フラットの実務的問題点

　自由土地保有権フラットは、エステート・レントチャージの法準則を用い
ることにより、その法的問題点は完全に解消されたかのように見えるが、実
際にはいくつかの運用上・取引上の実務的な問題点が残されていた。例えば、
エステート・レントチャージが適切に機能するのは、建物が少数のフラット
のみからなり、その各フラット所有者に自己のフラットの維持管理や修繕の
責任があり、そして共用部分が各フラット所有者に分割されて存在していな
いなどの場合に限られていたし、また、作為約款上の義務を強制的に履行さ[23]
せるための最終手段である再立入権は、極めて技巧的なものであったことか
ら、実際には非常に行使しにくいものであった。そして、特に厄介な問題と[24]
なったのは、建築金融組合が自由土地保有権フラットに対して抵当融資をす
ることを断固として拒否したことである。建築金融組合は、自由土地保有権
フラットでは譲渡抵当のための担保としては不十分であると評価したのであ
った。[25]

　以上のように、自由土地保有権フラットは、そもそも作為約款に法的問題
点が存したために普及しなかったのであるが、その後の法律家の努力によっ

---

(22) E. G. George and A. George, *supra* note 16, p.215 and p.223.

(23) *Ibid*, p.212.

(24) Law Commission, *supra* note 12, para.3.142.

(25) E. G. George and A. George, *supra* note 16, p.22; Wilberforce Committee, *supra* note 11, para.5.

201

てその法的問題点はかなりの程度解決されることになった。それにもかかわらず、運用上・取引上の実務的問題点は未解決のまま残されたため、自由土地保有権フラットは一般的な取引形態とはなり得なかったのである。このように現行法の枠内での改良では一定の限界があったのであり、そのため、作為約款の問題が不動産保有関係の法準則によって完全に解決されている長期不動産賃借権フラットが実際には広く受け入れられていったのであった。

　もっとも、長期不動産賃借権フラットも、後に検討するように、多くの法的課題が存したため、その後に様々な法改革がなされていくことになるのであるが、それにもかかわらず、現在でもなお一般的な形態として存在し続けているのである。それでは、長期不動産賃借権フラットは具体的にどのように開発され、どのように分譲されているのであろうか。また、分譲後の長期不動産賃借権フラットは、どのような仕組みに基づいて、どのように管理されているのであろうか。以下では、これらの点について概観しておくこととする。

4　長期不動産賃借権フラットの概要

（1）長期不動産賃借権フラットの開発・分譲の方法

（a）長期不動産賃借権の設定

　集合住宅の開発・分譲は、典型的には、次のような方法によって行われている。[26] まず、開発業者は、開発用地の自由土地保有権を取得して、その土地上に集合住宅を開発する。建物が完成すると、「土地に附加された物は、すべて、土地に属する」という法準則に基づき、開発業者は土地建物一体の自由土地保有権者となる。

　そして、開発業者は、建物の共用部分については自由土地保有権を自己の

---

(26) 長期不動産賃借権フラットの開発・分譲の方法については、次の文献を参照して要約した。James Driscoll, Leasehold Reform – The New Law, Tolley, 1993, p.2; D. N. Clarke, Commonhold – A Prospect of Promise, Modern Law Review, Vol. 58, No. 4, July 1995, p. 489; Susan Bright and Geoff Gilbert, *supra* note 6, p.7.

第4章　集合住宅への不動産賃借権解放権の適用拡大

下に留保しつつ、それぞれのフラットを各購入者に分譲する。このとき、開発業者と各フラット購入者との間で締結される分譲契約は、法律的には、長期の不動産賃貸借契約ということになる。すなわち、開発業者は賃貸人として、各フラット購入者は賃借人として、一般的に存続期間99年ないし999年の長期不動産賃借権の設定契約を締結する。この意味において、各フラット購入者が取得する権利は、長期ではあるがあくまで法律上は不動産賃借権にすぎず、それゆえ、開発業者は、分譲した各フラットに対する復帰権と共用部分に対する自由土地保有権とを有するのに対して、各フラット購入者は、自己のフラットに対する不動産賃借権を有すると構成されることになる。

　もっとも、各フラット購入者が取得する長期不動産賃借権は、存続期間が長期であることに加え、各種の制定法により特別な法的保護が付与された権利であることから、実質的に自由土地保有権に相当する極めて財産権的性質の強いものである。[27]そのため、フラットの分譲価格は、自由土地保有権に基づいて売買される場合と何ら変わりはなく、実際に自由土地保有権の価値に相当する権利金が支払われている（それゆえ、地代は名目的な金額あるいはゼロであるとされている）。長期不動産賃借権フラットは、このようにして分譲されることから、フラット購入者からすると、フラットに対する資本価値は自らに帰属していると観念されることになる。すなわち、共用部分については「賃借」しているかもしれないが、フラットについては実際上自らが「所有」していると観念されることになったのである。[28]

---

(27) 不動産賃借権の存続期間が満了すると、土地建物は賃貸人の下に復帰することになるのが原則である。しかし、存続期間21年を超える不動産賃借権で、一定の資格要件を満たす賃借人は、後述するような制定法により一定の権利が付与されているので、たとえ不動産賃借権の存続期間が満了したとしても、安定的に居住を継続できることが保障されている。また、賃借人が、賃貸人に賃料を支払わなかった場合や、賃貸人との間で締結した不動産約款に違反した場合には、賃貸人に不動産賃借権を没収する権利が付与されることになるが、その没収権も実際には行使することがかなり制限されている（Michael Driscoll, Timothy Dutton, Paul Clarke, Charles Courtenay and Adam Smith, Commonhold: Law & Practice, Butterworths, 2004, Division1, para.714）。

(b) 地役権の設定

こうして、フラット購入者は、開発業者との間の分譲契約においてフラットの長期不動産賃借権を取得することになる。しかし、開発業者は、共用部分の自由土地保有権を留保しているので、フラット購入者が建物の共用部分を適切に利用するためには、長期不動産賃借権の設定とは別に、一定の付随的な権利（ancillary rights）も設定されなければならないとされた。この付随的な権利は、明示的あるいは黙示的な地役権によって設定される。具体的には、廊下や階段室などの建物部分に対する通行権、建物の躯体部分に対する支持権、パイプやワイヤーの維持権、ダストシュートの利用権などがある[29]。このような共用部分に対する地役権の設定は、分譲契約の際に、フラットに対する長期不動産賃借権の設定と同時に行われるものとされている。

(c) 不動産約款の設定

また、フラット分譲契約の際には、建物全体に対する適切な管理を行うために、開発業者とフラット購入者との間で不作為約款と作為約款についても併せて締結されることになる。不作為約款は、フラットの利用制限に関する不動産約款であって、例えば、過度な騒音、無許可の営業目的の使用、放置駐車等を制限することなどを目的とする[30]。それに対して、作為約款は、フラットの管理等に関して当事者に積極的な義務を課す不動産約款であり、これにより、賃貸人は、建物に対する修繕、エレベーターや通路などの共用部分の維持、電気・ガス・水道・空調等の供給、保険料の支払いなどを行う義務を負い、賃借人は、賃貸人の行為に対してサービス・チャージ（service charge）を支払う義務を負うことになる（サービス・チャージには、建物に対する維持管理費や修繕費、電気・ガス・水道・空調など生活設備の利用料の他、損害保険料、修繕積立金なども含まれる[31]）。

---

(28) D. N. Clarke, *supra* note 26, p.489; Susan Bright and Geoff Gilbert, *supra* note 6, p.7.

(29) T. M. Aldridge, *supra* note 1, pp.12-19.

(30) *Ibid*, pp.58-59.

(31) *Ibid*, p.175; James Driscoll, *supra* note 26, p.2.

204

第 4 章　集合住宅への不動産賃借権解放権の適用拡大

　これらの不動産約款は、フラットの特定承継人にも強制することが可能であるので、建物全体を適切に維持管理していく上で最も重要な根本規則となるものである。

（2）長期不動産賃借権フラットの管理主体
（a）自由土地保有権者としての開発業者が管理主体となる場合

　開発業者は、フラットの分譲を完了すると、最終的に共用部分の自由土地保有権とフラットの将来不動産権（賃料収取権と復帰権）とを有することになり、建物の賃貸人として不動産約款に基づく建物の管理責任を負うことになる。非常に大規模な団地の場合には、相当の額の賃料やサービス・チャージの収入が見込まれることから、開発業者はこれらの権利の保有を継続することも多い。この場合、開発業者は、直接にあるいは管理業者（managing agents）を通じて、建物の管理責任を負担することになる[32]。

（b）自由土地保有権者としてのフラット管理会社が管理主体となる場合

　それに対して、これらの権利の保有を望まない開発業者は、自己の権利をフラット所有者から構成されるフラット管理会社（flat management company）に任意に譲渡して、建物の管理責任をフラット所有者に委ねることもある[33]。一般にフラット管理会社は、法律上、株式会社（company limited by shares）または保証有限会社（company limited by guarantee）として設立されるが、実際には私会社の保証有限会社として設立される場合が多い[34]。開発業者が自己の権利をフラット管理会社に譲渡する

---

(32) A College of Estate Management Research Paper, Flats as a Way of Life: Flat Management Companies in England and Wales, 1994, p.10; Nigel G Cox, Running a Flat Management Company, 4th. Ed., Jordans, 2004, p.1 and p.3.

(33) E. G. George and A. George, *supra* note 16, p.41; Nigel G Cox, *supra* note 32, pp.5-6.

(34) Nigel G Cox, *supra* note 32, p.12. フラット管理会社は、一般に会社法に基づいて設立される株式会社または保証有限会社である。株式会社の形態では、フラット管理会社の株式が発行され、その構成員が株式を購入することになる。他方、保証有限会社では、フラット管理会社の構成員が、支払いの請求があっ

205

意思を初めから有している場合、開発業者はフラットの分譲前からフラット管理会社をすでに設立しているため、フラット購入者は分譲契約を締結すると同時にフラット管理会社の構成員権を取得することになる。そして、多くの分譲契約において、最後のフラットが分譲されたときに、開発業者の事務弁護士が共用部分の自由土地保有権とフラットの将来不動産権をフラット管理会社に移転する手続きを行うという条項が盛り込まれている。[35]これにより、開発業者はフラット所有者との賃貸借関係から離脱し、建物管理はフラット所有者自らの団体的な管理に委ねられることになるのである。

なお、開発業者がフラット管理会社に自己の権利を譲渡することを望まない場合でも、現在では、一定の資格要件を満たしたフラット所有者は、後に検討する1993年不動産賃借権改革・住宅・都市開発法上の団体的解放権（right of collective enfranchisement）を行使することによって開発業者の権利を強制的に取得することもできるとされている。この場合、フラット所有者自らがフラット管理会社を設立して、この権利を行使することになる。[36]

このように、フラット管理会社が開発業者の権利を任意的に取得するのであれ、あるいは強制的に取得するのであれ、結果として、当初の開発業者はフラットにおける不動産賃貸借関係から離脱し、フラット管理会社が賃貸人、各フラット所有者が賃借人ということになる。このような管理形態のもとで

たときに、実際に引き受けた保証額まで支払うことを保証することになる。フラット管理会社がいずれの形態をとるかは個々のケースによるが、比較的大規模な集合住宅の場合には株式会社の形態が用いられ、比較的小規模な集合住宅の場合には保証有限会社の形態が用いられる傾向にある。実務的な観点では、保証有限会社の方が株式の発行にかかるコストを省くことができるので、この形態を採用する方が運営上より簡便であるといわれている（*Ibid*, p.14）。その他にも、それほど知られた形態ではないが、1965年勤労者共済組合法（Industrial and Provident Societies Act 1965）に基づいて設立される勤労者共済組合の形態が用いられることもある（John Cumming and Richard Hickie, How to Mnange Your Own Block of Flats, A Flat-owner's Guide to Taking and Maintaining Control, The College of Estate Management, 1993, pp.32-33）。

(35) Nigel G Cox, *supra* note 32, p.15-16.

(36) *Ibid*, p.16.

第4章　集合住宅への不動産賃借権解放権の適用拡大

は、個々のフラット所有者がフラット管理会社の運営を通じて、自ら団体的に建物の管理を行うことになるのである[37]。

(c) 長期不動産賃借権者としてのフラット管理会社が管理主体となる場合

その他の管理形態として、開発業者が建物の管理責任は負いたくはないが、フラットの賃料収取権と復帰権は保持しておきたいと考える場合、自己の権利は留保しながら建物の管理責任だけをフラット管理会社に帰属させるという方法もある。具体的には、開発業者は、共用部分の自由土地保有権をフラット管理会社に譲渡するのではなく、共用部分に対してフラット管理会社のために長期不動産賃借権を設定することによって行われる[38]。これにより、開発業者は、フラットと共用部分の将来不動産権を保持することが可能となり、フラット管理会社は、共用部分の長期不動産賃借権に基づいて建物の管理権を行使することが可能となるのである。

なお、開発業者が建物の管理責任を保持していた場合でも、現在では、一定の資格要件を満たしたフラット所有者は、開発業者の管理義務の不履行に関する過失の有無を問わず、また開発業者に金銭的補償をすることなく、後に検討する2002年共同保有権・不動産賃借権改革法の管理権（right to manage）を行使することによって開発業者の管理権を強制的に取得することもできるとされている。この場合、フラット所有者自らが管理権引受会社（right to manage company）を設立して（実際には保証有限会社を設立して）、管理権を行使することになる。

(d) 管理主体の相違と建物管理の実効性

以上のように、長期不動産賃借権フラットの管理形態としては、3つの類

---

(37) フラット管理会社が権利を取得する形態は、やや古いデータではあるが、1994年の調査報告によれば、54%の割合であることが示されている（A College of Estate Management Research Paper, *supra* note 32, p18 and p.21）。

(38) この方法は、開発業者が各購入者にフラットについて長期不動産賃借権を設定すると同時に、フラット管理会社に共用部分について長期不動産賃借権を設定するというものであるため、同時的賃貸借（concurrent lease）と呼ばれている（*Ibid*, pp.9-10）。

型に大別することができる。まず、最初に共用部分の自由土地保有権とフラットの将来不動産権とを取得する開発業者が建物の管理責任を負うというのが原則的な類型である（第1類型）。しかし、各フラット所有者がフラット管理会社を設立して、そのフラット管理会社が、開発業者から、共用部分の自由土地保有権とフラットの将来不動産とを取得することによって（第2類型）、あるいは共用部分の長期不動産賃借権ないしは建物の管理権を取得することによって（第3類型）、各フラット所有者自身がフラット管理会社の構成員として団体的に建物の管理責任を負うという類型もある。

　これらの類型にはそれぞれ一定の問題点があるが、このうち第2類型が建物管理にとって最も実効性の高い類型であると考えられている。まず、第1類型においては、開発業者の中には、フラットを分譲することですでに利益を上げているため、建物管理のインセンティブを欠く業者もおり、そのような開発業者が建物の管理責任を履行しない場合、フラット所有者に著しい不利益を被らせることが問題となる（この問題については、次節において詳細に検討する）。また、第3類型においては、フラット管理会社が開発業者から共用部分の自由土地保有権とフラットの将来不動産権とを取得していないため、フラット管理会社が賃貸人として各フラット所有者に対して不動産約款上の負担を強制することができないことが問題となる。すなわち、フラット所有者（賃借人）が賃貸人にサービス・チャージを支払わなかった場合、賃貸人はフラットの没収を主張することで、賃借人からサービス・チャージを半ば強制的に支払わせてきたのであるが、第3類型においては、フラット管理会社は、賃貸人の地位を有していないので、単独でこの手段を行使することができず、効率的な建物管理に支障があったのである。[39]これに対して、第2類型においては、フラット管理会社が開発業者から共用部分の自由土地保有権とフラットの将来不動産権とを購入するための費用を負担しなければならないことが問題となる。しかし、その費用を負担しさえすれば、各フラ

---

(39) Susan Bright, Landlord and Tenant Law in Context, Hart Publishing, 2007, p.313; Nigel G Cox, *supra* note 32, p.6.

ット所有者は自らの団体的な意思のみで建物を管理できるようになることから、第2類型が建物管理にとって最も実効性の高い類型であるということができる。そこで、以下では第2類型に属するフラット管理会社の仕組みについて概観する。

（3）長期不動産賃借権フラットの管理制度

（a）フラット管理会社の根本規則

　フラット管理会社は、開発業者の権利を取得すると、賃貸人としての建物管理責任を引き受けることになる。この建物管理責任は、当初の開発業者と各フラット所有者との間で締結された不動産約款に基づいて履行されることになる。したがって、フラット管理会社と各フラット所有者との間の不動産約款がフラット管理のための権利義務に関する根本規則として機能することになる。

　これに対して、フラット管理会社は、一般に株式会社または保証有限会社の組織形態をとるので、会社法上の定款の規定が会社内部の根本規則となる。定款については、旧法である1985年会社法では、会社登記所に基本定款（memorandum of association）と附属定款（articles of association）とが登記されるものとされており、基本定款には、会社の名称、登記された事務所の所在地、会社の目的、構成員の有限責任、構成員の保証額の支払い（保証有限会社の場合）などが記載され、附属定款には、構成員、総会と決議、理事に関する規定（選任、借入権限、予備理事、欠格事由、贈物・年金受給権）、理事会の手続、議事録、印章、通知、免責、細則などが記載されていた。しかし、新法である2006年会社法では、基本定款は、①出資者がこの法

　（40）会社法については、2006年会社法（Companies Act 2006）が制定され、2009年10月1日にはすべての規定が施行されるようになったことにより、従来の基本法であった1985年会社法（Companies Act 1985）はその一部が改正されることとなった。以下の本文では、イギリス会社法制研究会（代表者・川島いづみ）「イギリス2006年会社法（1）～（15）」比較法学41巻2号～46巻2号の翻訳によりながら、フラット管理会社に関連する規定を記すこととする。

律に基づいて会社を設立することを意図すること、②出資者が会社の社員となること、および、③会社資本を有する会社の場合には、出資者が少なくとも1株を引き受けることを合意したことを記載した設立趣意書に留まるものとされた（2006年法8条）。また、従前の基本定款と附属定款の区分は廃止され、既存会社の基本定款の規定は定款（articles of association）の規定として扱われるものとされた（同法28条）。

以上のことから、フラット管理会社の根本規則は、フラット管理会社と各フラット所有者との間の権利義務を定めた不動産約款と、会社内部の規定を定めた定款とからなっているということができる。

(b) 執行機関

フラット管理会社においては、理事（director）が総会（general meeting）において決定された意思を執行する機関となる。したがって、フラット管理会社の理事は、フラット所有者全員のために、適切に建物を管理する責任を負うものとされる。理事は総会において選任され、私会社では1人以上、公開会社では2人以上の理事が選任される（2006年法154条）。複数の理事が選任されると理事会（board of directors）が会社業務の執行の基本方針を決定する機関として構成され、その中から業務執行理事（executive director）が選任される。

理事の会社に対する義務としては、伝統的に判例法理に委ねられてきたが、2006年会社法では7つの一般的義務が明文化されている。すなわち、①権限の範囲内において行為すべき義務（同法171条）、②会社の成功を促進すべき義務（同法172条）、③独立した判断を行うべき義務（同法173条）、④合理的な注意、技倆および勤勉さを用いるべき義務（同法174条）、⑤利益相反を回避すべき義務（同法175条）、⑥第三者から利益を受領してはならない義務（同法176条）、⑦取引または取決めの計画に対する利害関係を申告すべき義務（同法177条）が明記されている。

フラット管理会社としての理事の具体的な業務内容としては、①保険契約の締結、②維持管理や修繕の実施、③銀行取引、④賃料やサービス・チャー

210

第4章　集合住宅への不動産賃借権解放権の適用拡大

ジの徴収、⑤年間予算見積書の作成、⑥会計記録の維持、⑦年次会計監査と年次計算書類の作成、⑧建物の安全の確保、⑨フラット所有者の情報の保管などがあげられている。(41) このような理事の義務は、複数の理事に担当を分けて履行されることもある。例えば、①財務担当（銀行当座勘定のチェック、サービス・チャージの請求、送り状の支払い）、②居住者担当（居住者間のコミュニケーションの促進）、③業者担当（管理人、ポーター、清掃人などの雇用関係）、④建築物担当（検査や鑑定）、⑤共用部分担当（共用部分関連の庶務）、⑥アメニティ担当（駐車場や倉庫の管理）などがある。

　このように、理事には様々な責任が課されているが、実際の管理業務については、理事会が管理業者（managing agent）に委託することも多いし、あるいは、特に小規模な集合住宅の場合には、管理業者に委託せず、フラット管理会社の理事会で任命された管理委員会（management committee）が自主的に管理を行うこともある。(42)

　その他の執行機関として、理事によって選任される会社秘書役（company secretary）がある。会社秘書役は、会社の役員（officer）であり、イギリス法系の会社法に特有の制度である。会社秘書役の主要な職務として、①理事会の指示に基づく理事会や総会の招集、②理事会や総会の議事録の作成、③会社の法定の書類の保管、④会社登記官吏への年次報告書の届出、⑤会社における登録事務など会社の運営上重要な事務を担当する。(43)

(c) 社員総会

　フラット管理会社は、独立の法人格を有する団体であり、その意思決定を行う機関が総会である。そして、フラット管理会社の意思決定は、年次総会（annual general meeting）あるいは臨時総会（extraordinary general meeting）によって行われる。

　総会の招集は、原則として理事によって行われる（2006年法302条）。総会

---

(41) Nigel G Cox, *supra* note 32, pp.76-81.

(42) A College of Estate Management Research Paper, *supra* note 32, p31.

(43) Nigel G Cox, *supra* note 32, pp.81-82.

211

は、原則として、私会社では14日以上前の通知により、公開会社では21日以上前の通知、それ以外の場合は14日以上前の通知により招集しなければならないとされているが（同法307条）、フラット管理会社は私会社である場合が多いので、招集通知期間の多くは14日以上前ということになる。

　年次総会の特定の議案は、特に会社法によっては要求されていないが、通常は、①理事の選挙、②年次計算書類・監査報告書の承認、③次年度予算案の承認、④監事（auditor）の選任などがある。その他、年次総会は定款で定められた定足数を満たさなければならないこと、年次総会の議長（chairman）は理事会議長（会長）が務めること、議決権の行使は投票（poll）の要求がなければ原則として挙手（show of hands）によって行われることとされている。⁽⁴⁴⁾

　また、臨時総会は、ほとんど開催が必要とされることはないが、年次総会を待つことができないような状況が存在するときに開催される。臨時総会の議案には、例えば、定款の変更、会社の清算、理事の解任などがある。⁽⁴⁵⁾

　なお、総会は、実際に開催することは必ずしも必要ではなく、一定の場合には書面決議（written resolutions）や電磁的方法決議（elective resolutions）も認められている。⁽⁴⁶⁾

(d) フラット管理会社による建物管理の特徴

　以上のように、フラット管理会社は、建物の管理を行うための会社法上の法人として位置づけられており、そのような法人が賃貸人としての地位を取得することで、建物の管理主体となるものと構成されている。したがって、フラット管理会社は、その内部関係は会社法上の規定によって規律され、フラット所有者との関係は不動産約款上の規定によって規律されることになるという点に特徴がある。

　こうして、各フラット所有者は、フラット管理会社の構成員として建物管

---

(44) *Ibid*, pp.92-95.

(45) *Ibid*, p.97.

(46) *Ibid*, pp.98-99.

212

理の意思決定に参画し、その中から理事となった者は、フラット管理会社の名において、不動産約款で定められた建物の管理責任を執行することになるのである。

第2節　長期不動産賃借権フラットの課題と法制度改革

1　長期不動産賃借権フラットの法的課題

　前述のように、自由土地保有権フラットには、作為約款の法準則において建物全体の管理に支障を来すような問題が存していたため、実際には、その問題が不動産保有関係の法準則によって完全に解決されている長期不動産賃借権フラットが一般的な取引形態として普及することとなったのであった。しかしながら、長期不動産賃借権フラットにおいて問題が存在していないわけではなかった。とりわけ、共用部分の自由土地保有権とフラットの将来不動産権とが開発業者に留保され、賃貸人の地位が開発業者に留まっているとき、次の3つの問題、すなわち①作為約款の行使に関する問題、②フラットの資産価値減少に関する問題、③フラットの管理に関する問題が生ずることになった。

　第1の作為約款の行使については、長期不動産賃借権フラットにおいては、作為約款上の負担を当事者間だけでなく、その特定承継人に対しても適法に行使することができるので、法律的には、特に問題はないように見える。しかし、実務的には、作為約款の法準則が技術的で、古めかしい表現が用いられ、また著しく複雑であるため、法律の素人にはほとんど理解できないという問題がある。そのため、もし賃借人が作為約款上の義務を1つでも懈怠したならば、フラットを没収されることにもなり、このような危険が現実にあり得ないわけではなかった。また、同一の建物内のフラット所有者の1人が作為約款上の義務を懈怠した場合、その履行の強制は賃貸人を通じてしか行うことができないという問題もある。仮に賃貸人の協力が得られない場合、

---

(47) D. N. Clarke, *supra* note 26, p.488.

(48) *Ibid*, p.489.

作為約款上の義務の不履行が放置され、結果的に建物全体の管理に支障を来すことになるという意味で、この問題は③の問題とも重なるものである。

　第2のフラットの減価償却資産問題とは、長期不動産賃借権の存続期間満了時が近づくにつれてフラットの資産価値が減少していくという問題である。これは、99年間の不動産賃借権の場合では、存続期間が残り40年程度になると、市場がフラットの資産価値をこれ以降減少していくものとみなし始めることから生ずる問題である。つまり、この時点に至ると、建築金融組合は譲渡抵当に基づく融資を拒絶するのが通常であるため、フラットの売主は買主を見つけることが事実上できなくなり、やむを得ずそのまま存続期間満了時まで住み続けるか、あるいは短期の民間賃貸住宅として他人に貸し出すかいずれかの可能性しか残されなくなるのであった。[49]

　第3のフラットの管理問題については、1950年代に開発された集合住宅の大規模修繕が必要となった1980年代頃より発生することとなった。そもそも集合住宅の場合は、同一の建物の中に複数のフラット所有者が存在するために、建物全体を修繕したり改装したりする上でかなりの制約があり、またそれに伴う金銭的負担も大きかったことから、建物全体に対する管理問題が発生することになったのである。[50]この当時に実際に生じていた管理問題を具体的に列挙すると、賃貸人またはその管理業者による維持管理や修繕の著しい遅滞、賃貸人の義務の履行を強制することの実際上の困難、賃貸人またはその管理業者への情報提供の要求に対する対応の著しい遅滞、賃貸人と接触する機会がほとんどないこと、高額のサービス・チャージ、質の低いサービス提供、予期せざる金銭の請求などがあげられている。[51]一般的に建物の維持管理や修繕の責任は賃貸人が負うものとされているが、賃貸人がフラット所有者と全く無関係な個人や法人である場合、建物の管理にあまり強い利害や関

---

(49) Building Societies Association, Leaseholds – Time for a Change?, 1984, para.3 and para.6.

(50) Nugee Committee, *supra* note 5, paras.6.1-6.2.

(51) *Ibid*, para.5.6.

心があるわけではないので、建物の維持管理や修繕の責任を履行しなかったり、またそもそも管理能力の著しい不足があったりすることが多く、管理問題が顕著に表れることになったのである。

以上のような長期不動産賃借権フラットの問題は、特に1980年代になると、大きな問題として顕在化してきたため、その解決策を模索する動きが展開されていくことになるのであった。そして、その方向性は、その後2つの方向に分かれていくことになる。1つは、長期不動産賃借権フラットを完全に否定して、自由土地保有権フラットの問題点を徹底的に改善する、あるいは立法によって新たに区分所有法を制定するという方向性である。もう1つは、長期不動産賃借権フラットを一応肯定した上で、その問題点を漸次的に改善し、最終的にフラット管理会社が賃貸人の権利を強制的に取得できるようにするという方向性である。この2つの方向性は、その後併存しながらも、双方に影響を与えつつ推移していくことになるのであった。

2　自由土地保有権フラットの改革

（1）土地債務の導入をめぐる議論

従来の自由土地保有権フラットの問題点を取り上げ、その問題点を包括的に是正しようとする初めての試みが、1984年の法律委員会（Law Commission）においてなされた。法律委員会は、作為約款の問題点を解決する手段として、作為約款のみの改革を拒絶した上で、作為約款と不作為約款とを含めた法改革へと対象を拡大し、両約款を1つの法的枠組みへと統合する新たな制度を導入しようとしたのであった。このような考えに基づいて提案された制度が土地債務（Land Obligations）という制度であり、土地債務制度が導入されたならば、多くの技術的困難や問題点が解決されることになると考えられた。

土地債務は、地役権に類似する制度であり、承役地（servient land）に

---

(52) Law Commission, *supra* note 12, paras.4.14-4.20.

(53) *Ibid*, para.4.22.

付着するものとされる。この場合、現在の要役地（dominant land）の所有者は、現在の承役地の所有者に作為義務や不作為義務を強制することができることとなる。ただし、承役地の土地債務は、地役権の場合と異なり、1972年土地負担法（Land Charge Act 1972）および1925年土地登記法（Land Registration Act 1925）に基づいて登記されていなければならないとされている。しかし、比較的単純な相隣債務（neighbor obligations）のケースを規定するのみでは、より複雑な自由土地保有権フラットの開発のケースにまで対応できるものではない。そこで、不動産開発のために用いられる一連の土地債務を開発債務（development obligations）と規定し、この開発債務はその前提としての開発スキーム（development scheme）に基づいて行使されるものとした。この開発スキームにおいては、まず管理者の設置について規定され、次いで個々のフラット上に課される開発債務がこの管理者によって強制されるか、あるいは個々のフラット所有者によって強制されるかについて規定される。仮に建物の維持管理や修繕およびサービス提供の負担を管理者が負うのであれば、各フラット所有者は管理者にその費用を支払う負担を負うことになる。他方、仮に建物の維持管理や修繕およびサービス提供をフラット所有者自らが負うのであれば、管理者はその履行を各フラット所有者に強制する負担を負うに留まることになる。

　法律委員会は、以上のような土地債務を勧告し立法化することで、自由土地保有権フラットの市場における価値を高めようとしたのであるが、区分所有法の立法化については次のように考えていた。すなわち、法律委員会は、その報告書の中で、アメリカのコンドミニアム（condominium）について言及し、その利点と有用性を認め、将来のイギリスにおいてもそのような立法化が望ましいという見解を一応採用している。しかし、法律委員会が、結

---

(54) *Ibid*, para.4.22 and para.4.23. なお、承役地に土地債務が登記されていない場合、要役地の所有者は、承役地の善意有償の第三者に対抗することができないものとされている。

(55) *Ibid*, paras.4.29-4.34.

第 4 章　集合住宅への不動産賃借権解放権の適用拡大

局、土地債務の導入は区分所有法の導入に匹敵する効果があるものとみなして、現在必要とされる部分に合わせた立法化の方が望ましいとの結論に傾いたのである。[56]

（2）共同保有権の導入をめぐる議論

（a）建築金融組合協会による区分所有法の立法化提案

1984年1月に出版された法律委員会報告書に対する反応として、建築金融組合協会が同年6月に区分所有法の立法化を勧告するモノグラフを出版した。建築金融組合協会は、法律委員会の土地債務における開発スキームの概念は間違ったものではないが十分なものでないと評価し、とりわけ完全な標準化された開発スキーム制度を作り上げるまでにかなりの余分な作業が必要となるとして、法律委員会の土地債務の提案を批判した。[57] その上で、同協会は、より望ましい制度としてオーストラリアのニューサウスウェールズ州の階層所有権制度（strata title system）をイギリスに導入すべきであると結論づけたのである。[58]

ニューサウスウェールズ州の階層所有権制度は、1961年不動産権譲渡（階層所有権）法（Conveyancing（Strata Titles）Act 1961）によって初めて導入され、その後1973年階層所有権法（Strata Titles Act 1973）による修正を経て確立してきた制度である。[59] この階層所有権制度の基本的な骨子は、①区分所有建物の全体像を示す階層図面（strata plan）を地方当局の認可

---

(56) *Ibid*, paras.22.12-22.13.

(57) Building Societies Association, *supra* note 49, para.16（d）（e）.

(58) *Ibid*, para.17.

(59) ニューサウスウェールズ州の階層所有権制度のより詳細な概要と最近の動向については、岡田康夫「オーストラリア区分所有法を見る―ニューサウスウェールズ州を中心に―」マンション学51号154-161頁、同「オーストラリア（ニューサウスウェールズ州）の区分所有管理の現状」マンション学第61号88-94頁、同「マンションの解消を考える―オーストラリア・ニューサウスウェールズ州の区分所有解消制度を参考に―」大西泰博先生古稀記念論文集『市民生活関係法の新たな展開』（敬文堂・2019年）40-57頁。

217

を得て登記しなければならないこと、②登記がされると各区分所有者を構成員とする団体（body corporate）が自動的に設立され、建物の共用部分はこの団体に帰属することになること、③専有部分は自由土地保有権であるので、自由に処分をすることができ、規約（by-laws）によってこれを禁止することはできないこと、④建物内部の管理は規約によって規定され、大規模な建物には一般に管理者が任命されること、⑤区分所有者間で紛争が生じた場合には、紛争を簡便かつ低コストで解決するために、まず階層所有権委員（strata titles commissioner）が紛争を処理し、それが重大な紛争である場合には、階層所有権委員会（strata titles board）で審理されるという制度が設けられていることなどからなっている。[60]

　建築金融組合協会は、長期不動産賃借権フラットの問題点を解消するためには、以上の階層所有権制度のような制度を新たに導入することが必要であり、それには新規の集合住宅の開発は区分所有権に基づく必要があるし、また既存の長期不動産賃借権フラットについても区分所有権に基づくものへと強制的に転換する必要があると提案したのであった。[61]

(b) オルドリッジ委員会の共同保有権導入の提案

　建築金融組合協会の提案の影響は大きく、その後の1986年には、大法官の要求によってオルドリッジ（Aldridge）を委員長とする法律委員会のワーキンググループが設立され、その委員会によって1987年に出版された報告書において、共同保有権（commonhold）という区分所有権の立法化が勧告されたのであった。この共同保有権という用語は、オルドリッジ委員会において初めて作られた用語であるが、その基本的な骨子はニューサウスウェールズ州の階層所有権に準じたものであるということができる。オルドリッジ委員会において提案された共同保有権の具体的な内容は、次のとおりである。

　まず、共同保有権を設定するには、土地上の権利が絶対的単純不動産権（fee simple absolute）でなければならず、この権利が土地登記所（HM

---

(60) Building Societies Association, *supra* note 49, para.18.

(61) *Ibid*, para.24.

Land Registry）に登記されることによって初めて共同保有権の効力が生
ずる。こうしてひとたび登記がなされると、共同保有権者はフラットの自
由土地保有権者となり、共用部分に対してもフラットの持分割合に応じた
持分権を有することとになる。それと同時に、管理組合（management
association）として共同保有権組合（commonhold association）が自動的
に設立され、これは独立の法人格（legal personality）を有する非営利の社
団（corporate body）として存在することになる。そして、この共同保有
権組合は、①共用部分を所有し、②建物の維持管理や修繕の責任を負い、③
生活設備のサービスを提供する責任を負い、さらには④仮に共同保有権関係
が終了した場合には、共同保有権者全員のために不動産全体を所有する責任
を負うものとされる。また、共同保有権組合の構成員は、共同保有権者全員
によって構成されるものとされ、その構成員は共同保有権組合との関係に
おいて、①集会での議決権、②サービス・チャージの支払義務、③共同保
有権関係が終了した場合における不動産全体の価値の持分割合などについ
て権利義務を有し、これらの権利義務は共同保有権設定文書（commonhold
declaration）において予め明記されるものとされる。

（c）共同保有権導入の意義

　それでは、以上のような仕組みに基づいて開発された共同保有権フラット
は、既存の他の制度と比較してどのような利点を有しているであろうか。

　まず、共同保有権フラットは、前節で検討したエステート・レントチャー
ジの法準則を用いた自由土地保有権フラットと比較するとどのような利点が
あるだろうか。そもそも共同保有権は、新たな制定法として創設される権利
であり、従来の法準則による制約を受けないという利点がある。すなわち、

---

(62) Law Commission, Commonhold, Freehold Flats, Report of a Working
　　Group, Chairman T. M. Aldridge, Jury 1987, Cm 179, para.1.11 and
　　paras.3.5-3.8.

(63) *Ibid*, para.1.10, para.1.18 and para.3.9.

(64) *Ibid*, para.1.12, para.8.1 and para.8.12.

(65) *Ibid*, paras.8.2-8.3.

自由土地保有権フラットにおいて存在した不動産約款の行使に関する法準則は、共同保有権フラットには何ら適用されることがないため、フラット所有者の1人が自己の権利を他人に譲渡したとしても、共同保有権組合はその譲受人に対しても共同保有権設定文書で定められた義務を履行させることが当然に可能となる。また、共同保有権フラットにおいては、自由土地保有権フラットにおいて存在した運用上・取引上の実務的問題点も解消されるという利点がある。すなわち、共同保有権が設定されることにより法律上の権利義務関係は簡明になるし、また共同保有権組合が設立されることにより建物の適切な管理が行われるようになる。

　次に、共同保有権フラットは、長期不動産賃借権フラットと比較するとどのような利点があるだろうか。この当時は、前述のように、共用部分の自由土地保有権とフラットの将来不動産権とが開発業者に留保された長期不動産賃借権フラットには、①作為約款の行使に関する問題、②フラットの資産価値減少に関する問題、③フラットの管理に関する問題が存在することが指摘されていた。第1の作為約款の行使の問題に対しては、共同保有権フラットでは、共同保有権組合が各共同保有権者に対し共同保有権設定文書で定められた義務の履行を強制することになるので、長期不動産賃借権フラットに生ずる不都合は解消されることになる（ただし、共同保有権組合には、賃貸人の没収権のようなフラット所有者からサービス・チャージを半ば強制的に支払わせるのに効果的な権利が認められていないので、共同保有権者の義務の履行確保に関しては不十分な面があるといえなくもない）。そして、第2のフラットの減価償却資産問題に対しては、共同保有権フラットでは、共同保有権者は自由土地保有権者であるので、経済状況等の外部的要因を除けば、フラットの資産価値が減少することはない。したがって、買主が譲渡抵当に基づく融資を受ける上で特に障害もないので、いつでも自由にフラットを売買することが可能となる。しかも、法律関係が明確になることにより、取引コストが削減されるので、比較的簡易にかつ低コストで売買を行うことも可能となる。さらに、第3のフラットの管理問題に対しては、共同保有権フラ

第4章　集合住宅への不動産賃借権解放権の適用拡大

ットでは、共同保有権組合が建物の管理主体となるので、各共同保有権者は組合での協力と合意形成を通じて、建物を適切かつ民主的に管理することが可能となる。⁽⁶⁶⁾

　オルドリッジ委員会は、共同保有権を以上のように評価した上で、その制度を実現させるためには、共同保有権は、新規の集合住宅の開発に適用されるだけでなく、既存の集合住宅にも適用されるべきであり、これにより長期不動産賃借権フラットは、たとえ賃貸人の意思に反してでも、共同保有権フラットに転換されるべきであると勧告したのであった。⁽⁶⁷⁾この勧告はある意味で、フラットにおける不動産賃借権の解放を勧告するものに他ならなかったため、この点はその後に大きな論点の1つに発展していくのであった。

（d）共同保有権の立法化の挫折

　以上のオルドリッジ委員会報告書を受けて、その後に共同保有権草案作成のために準備作業が始まることとなった。しかし、これにはかなりの時間がかかり、最終的にこの草案は1990年の諮問文書（consultation paper）に付属して出版されることになった。この共同保有権草案は、120の条文と6つの付則からなり、条文数が多い上に複雑であるという問題点があったが、実際に問題となったのは諮問文書の内容の方であった。この諮問文書においては、共同保有権の内容についてというよりは、むしろ既存の長期不動産賃借権を共同保有権に強制的に転換することの是非に多くの関心が向けられており、いかにしてこのような強制的な転換、すなわち不動産賃借権の解放を実施するかということが詳細かつ具体的に検討されていたのである。⁽⁶⁸⁾これ以降、共同保有権と不動産賃借権解放権の立法化は同時に行われる必要があると強調されるようになり、保守党の政策綱領においてもこのことが明記されるよ

---

(66) *Ibid*, paras.1.17-1.24; College of Estate Management, Commonhold? – Is the Cure Worse than the Complaint?, Research Paper 90/03, 1990, paras.5.1-5.4.

(67) Law Commission, *supra* note 62, para.4.6.

(68) Lord Chancellor's Department, Commonhold: A Consultation Paper (with draft Bill annexed), November 1990, Cm 1345, paras.4.1-4.52.

221

うになったのである。⁽⁶⁹⁾

こうして、共同保有権の導入の是非については、その本来の有用性とは別のところで議論されるようになり、極めて政治性の強い議論へと転化してしまったのである。本来、「共同保有権は、建物についての民主的な自己管理制度を伴う、法的にも心理的にも多くの優れた利点を持つ新しい不動産所有制度であるため、イギリス法は近いうちにこの制度を導入することだろう」⁽⁷⁰⁾と非常に高い評価がなされていたにもかかわらず、1990年以降に不動産賃借権の解放の議論とリンクすることになったことにより、そのことが草案の成立にとっての阻害要因となったのであった。

3　長期不動産賃借権フラットの改革

（1）1987年不動産賃貸借法の意義と限界

長期不動産賃借権フラットの諸問題のうち、主として管理問題を解決するため、ナジー（Nugee）を委員長とする1985年の委員会報告書の勧告を受けて、1987年不動産賃貸借法（Landlord and Tenant Law 1987）が制定された。⁽⁷¹⁾

1987年法では、主要なものとして次の3つの規定が設けられた。すなわち、第1に、賃貸人が共用部分の自由土地保有権やフラットの将来不動産権を処分しようとするときは、賃借人に第一先買権（right of first refusal）が付与され、賃借人が先買権を行使しなかったときに限り、賃貸人は他に処分することができること、第2に、賃貸人が修繕義務を履行せず、なおかつその是正を求める通知にも応じなかった場合、賃借人は裁判所に建物の管理者を任命するように求めることができること、第3に、賃貸人の管理上の義務につき重大な違反が生じたときは、賃借人は賃貸人の権利を強制的に取得することができることが規定された。

---

(69) D. N. Clarke, *supra* note 26, pp.493-494.

(70) Kevin Gray, Element of Land Law, 2nd ed., Butterworths, 1993, pp.10-11.

(71) Nugee Committee, *supra* note 5, para.7.2.6-7.2.10 and paras.7.9.14-7.9.20.

222

第4章 集合住宅への不動産賃借権解放権の適用拡大

　これらの規定は、基本的に賃貸人の意思を尊重した任意的な規定であるた
め、問題のごく一部に対処したにすぎず、問題の解決にとっては決して十分
なものではなかった。また、これらの規定は、法的手続きが非常に複雑であ
り、実行することが著しく困難であった。このため、1987年法はあまり効果
的な立法であるとはいえないと評価されたのであった。⁽⁷²⁾

（2）1993年不動産賃借権改革・住宅・都市開発法の制定過程

　1987年法はほとんど有効な効果をあげることができなかったため、さらな
る改革が必要とされた。その後、集合住宅に対する不動産賃借権解放論が提
唱されることになるが、この議論は、1987年法の延長線上から提唱されたと
いうよりは、むしろ共同保有権をめぐる議論の中から発展してきたと見る方
が適切である。というのも、集合住宅に対する不動産賃借権解放論が1つの
政治的争点へと発展していく直接の契機が、前述の1990年の諮問文書であっ
たからである。不動産賃借権解放論は、このときの共同保有権の議論の展開
の中から独立の政治的争点へと発展していったのであり、その後の1992年の
総選挙の頃には、政治的関心は共同保有権の立法化から集合住宅に対する不
動産賃借権解放権の立法化へと移っていったのであった。⁽⁷³⁾

　最終的に、共同保有権の立法化は棚上げされる形となり、不動産賃借権解
放権のみが立法化されることとなったが、そのような措置が採られた理由は、
議会運営上の理由でしかないといわれている。すなわち、もともと共同保有
権は大法官府の管轄であったが、総選挙後の計画においては、もはや大法官
府に法案を提出するスペースはなく、唯一のスペースが環境省によって提出
された住宅・都市開発法案（Housing and Urban Development Bill）の中
にしか残されていなかった。そこで、選挙中の公約を実現させるために、不
動産賃借権解放権に関する規定を独立させて、環境省の法案の中に組み入れ

（72）Martin Davey, The Onward of Leasehold Enfranchisement, Modern Law
　　Review, Vol.57, September 1994, p.780.

（73）*Ibid*; D. N. Clarke, *supra* note 26, p.489.

223

ることによって、1993年不動産賃借権改革・住宅・都市開発法を制定させた
のであった。それゆえ、同法の制定過程においては、共同保有権の規定を組
み入れる機会はもはや存在しなかったのである。[74]

　1993年法は、このような過程を経て制定されたため、同法には住宅法や都
市開発法分野の規定も設けられているが、長期不動産賃借権フラットに関す
る規定は同法第1部に設けられた。その中において、団体的解放権と新規不
動産賃借権の個別的取得権（individual right to acquire new lease）とが立
法化され、これにより、集合住宅における長期不動産賃借権フラットの減価
償却資産問題と管理問題とが大きく改善されていくことが期待されたのであ
った。

第3節　団体的解放権と共同保有権の立法化

1　団体的解放権の立法化

（1）団体的解放権の概要

（a）団体的解放権の意義

　長期不動産賃借権フラットの原則的な法律関係は、賃借人であるフラット
所有者はフラットに対する長期不動産賃借権を有し、他方で、賃貸人である
開発業者は共用部分に対する自由土地保有権とフラットに対する将来不動産
権とを有するというものであった。このような法律関係の下で、仮にフラッ
ト所有者が個別に不動産賃借権解放権を行使することを認めると、個別の権
利行使後の法律関係が著しく複雑なものとなるばかりか、フラットの管理問
題も解決されない結果になりかねないことにもなる。すなわち、不動産賃借
権解放権を行使したフラット所有者はフラットに対する自由土地保有権を取
得することにはなるが、フラット所有者全員が必ずしも不動産賃借権解放権
を行使するとは限らないため、その場合、権利行使をしないフラット所有者
と開発業者との不動産賃貸借関係はそのまま継続されることになる。その結
果、同一の集合住宅内に自由土地保有権を有するフラット所有者と長期不動

---

(74) D. N. Clarke, *supra* note 26, p.494.

産賃借権を有するフラット所有者とが併存することになるばかりか、共用部分に対する自由土地保有権を有する開発業者が依然として存在し続けることになるので、結局は建物の管理責任を履行しない開発業者を排除できず、フラットの管理問題は解決されないことになるのである。そこで、個々のフラット所有者が不動産賃借権解放権を個別（individual）に行使するという方法ではなく、各フラット所有者を代表する機関が不動産賃借権解放権を団体的（collective）に行使するという方法が考案されたのであった。

このような団体的解放権は、具体的に次のようにして行使される。まず、集合住宅の賃借人のうち一定の資格要件を満たした賃借人が名義上の買受人（nominee purchaser）を指定する。そして、この名義上の買受人が、不動産賃借権解放権の行使に参加する賃借人（participating tenants）（以下「参加賃借人」という。）を代表して不動産賃借権解放権の取得手続を進め、最終的に権利行使を行うことになる。これにより、名義上の買受人が、賃貸人から共用部分に対する自由土地保有権とフラットに対する将来不動産権とを取得することで、賃貸人の地位を取得することになる。このように集合住宅における不動産賃借権解放権については、名義上の買受人が賃貸人の地位を取得することになるので、依然として賃貸人と賃借人の関係は継続されることにはなる。しかし、ここで想定されている名義上の買受人は、参加賃借人によって設立されたフラット管理会社であるので、建物に対する直接の利害関心を有するフラット所有者自らが、フラット管理会社における団体的意思決定を通じて、建物の維持管理やサービス提供を適切に行うことができるようになるのである。さらには、このようなフラット管理会社が賃貸人の地位にあるのであれば、長期不動産賃借権の存続期間の満了に際してその延長を希望する賃借人に対しても、賃借人自らが行うフラット管理会社における団体的意思決定により自由に長期不動産賃借権を譲与することができることになる。このように、フラット管理会社が賃貸人の地位を取得することにより、集合住宅における長期不動産賃借権フラットの管理問題と減価償却資産問題を同時に解決することが可能となったのであった。[75] そして、このような

団体的解放権による効果は、1993年法が成立した当初においては、75万人の
賃借人に影響を与えることが期待されていたのであった。[76]

（b）団体的解放権の取得要件

しかし、フラット所有者が団体的解放権を取得して、その権利行使を通じ
て以上のような効果を得るまでには、1993年法によって規定された次の資格
要件をすべて充足しなければならなかったので、実際にはかなりの困難が存
在した。[77]

まず、フラット所有者は、次の主要な資格要件を充足する必要があった。
すなわち、①不動産賃借権の存続期間が21年以上の長期不動産賃借権であ
ること（7条）、②低賃料基準を超えてはならないこと（不動産賃借権が
1963年3月31日以前に譲与された場合はフラットの賃貸価値の3分の2以下、
1963年4月1日以後1990年3月31日以前に譲与された場合はフラットの課税
評価額の3分の2以下、1990年4月1日以後に譲与された場合は大ロンドン
で1,000ポンド、その他で250ポンド未満）（8条）、③一棟の建物またはテラ
スハウスの中に資格要件を満たした賃借人に保有された2つ以上のフラット
が存在すること（3条1項（a）（b））、④すべてのフラットの少なくとも3
分の2が資格要件を満たした賃借人によって保有されていること（3条1項
（c））、⑤資格要件を満たしたすべての賃借人の少なくとも3分の2が不動産
賃借権解放権取得のための手続きに参加すること（13条2項（b）（i））、⑥
参加賃借人の少なくとも半数が、最近の12カ月間あるいは過去10年のうちの
3年間、当該フラットを自己の唯一のあるいは主要な住居として利用してい
たこと（13条2項）などの資格要件が存した。

---

(75) T. M. Aldridge, *supra* note 1, p.143; P. Matthews and D. Millichap, A
　　 Guide to the Leasehold Reform, Housing and Urban Development Act 1993,
　　 Butterworths, 1993, para.2.1 and para.2.41.

(76) Susan Bright, Enfranchisement – A Fair Deal All or For None? , The
　　 Conveyancer and Property Lawyer, 87, May-June 1994, p.217.

(77) Susan Bright and Geoff Gilbert, *supra* note 6, pp.660-668; Martin Davey,
　　 supra note 72, pp.781-785.

第 4 章　集合住宅への不動産賃借権解放権の適用拡大

　さらに、フラット所有者が団体的解放権を取得するには、これらの資格要件の充足の他に、団体的解放権の適用免除事由（例えば、建物の総床面積の10%以上が非居住用部分からなる場合）に該当しないことが必要であるし、賃貸人の優越的権利が行使されないことも必要である。そしてまた、団体的解放権を取得するまでの非常に複雑な手続きもすべて満足させなければならなかった。[78]

　このように、フラット所有者が団体的解放権を取得するには複雑多岐にわたる各条件がすべて充足されなければならなかったので、賃貸人はフラット所有者が団体的解放権を取得できないようにすることはそれほど困難なことではなかった。すなわち、賃貸人は、①建物の10%以上を事業用不動産として賃貸すること、②低賃料基準を上回る賃料で賃貸すること、あるいは③20年以下の存続期間で賃貸することなどにより、資格要件を充足した賃借人が3分の2に達しないように、または参加賃借人が半数に達しないようにしたのであった。[79] このため、フラット所有者が団体的解放権を取得することは実際にはかなり困難であったので、団体的解放権による賃借人保護は幻想にすぎないと評価されたのでもあった。

(c) 1993年法の補償基準

　次に、フラット所有者は、仮に団体的解放権の取得要件をすべて充足したとしても、賃貸人に当該不動産における自由土地保有権の取得費用相当額の補償金を支払う必要があった。1993年法において採用された補償金の算定基

（78）団体的解放権の取得手続きに関する規定は非常に細かい点にまで及んでいるが、その詳細な説明なついては次の文献がある。T. M. Aldridge, Leasehold Law, Law & Tax, 1997, paras.8.056B-8.067 and paras.8.079A-8.085; T. M. Aldridge, Aldridge's Residential Lettings: Leasehold Enfranchisement, Rent Control and Security of Tenure, 10th ed., Law & Tax, 1993, pp.64-71; James Driscoll, *supra* note 26, pp.12-67; P. Matthews and D. Millichap, *supra* note 75, pp.26-55; National Federation of Housing Association, The Leasehold Reform, Housing and Urban Development Act 1993, 1993, pp.5-11; D. N. Clarke, Leasehold Enfranchisement – The New Law, Jordans, 1994, chs.4-6.

（79）Susan Bright, *supra* note 76, p.214.

準は、基本的に1974年住宅法において新たに採用された補償基準に準拠する
ものであった。つまり、この当時においては、1967年不動産賃借権改革法に
よって採用された補償基準は、賃貸人の利益を不当に没収する性質のもので
あると広く認識されていたので、通常の不動産鑑定の方法に従った1974年法
上の補償基準の方がより公平な補償制度であるとして採用されることになっ
たのである。⁽⁸⁰⁾もっとも、この補償基準の規定は非常に複雑なものであるので、
以下ではその要点のみを記すにとどめる。⁽⁸¹⁾

　1993年法によって採用された補償基準は、同法附則第6条において規定さ
れており、そこでは、自由土地保有権者が不動産に対して有する権利の価値
は、次の3つの前提、すなわち①自由土地保有権は第三者に売却されること、
②自由土地保有権は現在の不動産賃借権の負担付きで売却されること、③不
動産賃借権の解放権や延長権は存在しないことという前提で、自由土地保有
権が売却を希望する売主によって公開の市場で売却されたならば取得するこ
とができるだろう額であると規定された。つまり、この規定によれば、自由
土地保有権者が受け取ることができる補償金の額は、現在の不動産の復帰権
価値ということになる。さらに、自由土地保有権者は、増分価値の少なくと
も50％を取得するとも規定されている。増分価値の具体的な金額について
は、当事者の合意によって決定されるか、あるいは不動産賃借権評価審判所
（Leasehold Valuation Tribunal）によって決定されるかとされ、自由土地
保有権者はその金額の高い方の50％を取得するとされている。また、これら
の金額に加えて、団体的解放権の行使によって自由土地保有権者が有する他
の不動産への侵害的影響（injurious affection）に対する損害賠償金や専門
家に支払う手続費用なども、補償金の中に含まれるとされている。

　このような補償基準に基づいて算定される具体的な補償金額については、
当時の住宅大臣のG・ヤング（Young）卿によって、次のような簡易な例が

---

　(80) Susan Bright and Geoff Gilbert, *supra* note 6, p.666.
　(81) 1993年法上の補償基準の詳細な分析については次の文献がある。D. N.
　　　Clarke, *supra* note 78, chs.18-19.

第4章　集合住宅への不動産賃借権解放権の適用拡大

示されている。すなわち、50年の未償却期間が存在する10戸のフラットから
なる建物において、年間60ポンドの地代が課されるという条件の場合、すべ
ての賃借人が不動産賃借権解放権の取得手続きに参加したとすると、賃借人
1人あたりの購入費用の負担額は次の表のようになる（ただし、すべての賃
借人がその手続きに参加しなかった場合は、その分の費用は参加賃借人にそ
れぞれ分担されることになる）。

フラット1戸あたりの不動産賃借権の公開の市場価値	£160,000
フラットの総戸数全体（10戸）の市場価値	£1,600,000
自由土地保有権者の復帰権の公開の市場価値	£30,000
建物全体の公開の市場価値	£2,000,000
増分価値（£2,000,000－（£1,600,000＋£30,000））	£370,000
賃借人全員の購入費用（復帰権£30,000＋増分価値の半分£185,000）	£215,000
賃借人1人あたりの購入費用	£21,500

　以上の1993年法上の補償基準は、より公平な基準に基づくものであるとし
て一般的に高く評価されているが、その反面、その分の費用を賃借人が負担
しなければならないことから、団体的解放権の取得手続きに参加することに
躊躇する賃借人も実際には多かった。それゆえ、団体的解放権を取得するの
に必要なだけの参加賃借人を集めること自体が困難となり、その取得手続き
が挫折するという課題を残すことになったのであった。[83]

（2）新規不動産賃借権の個別的取得権の概要

　団体的解放権は、資格要件等の手続きの面でも、また購入費用の面でも、
実際に利用することが困難であったことから、もう1つの選択肢として1993
年法によって規定された新規不動産賃借権の個別的取得権が比較的多く利用
される傾向にあった。[84]　これは、一定の資格要件を充足した賃借人が、90年間

---

(82) Susan Bright and Geoff Gilbert, *supra* note 6, pp.667-668.

(83) Susan Bright, *supra* note 76, p.219.

の不動産賃借権を市場価格で購入し、それを既存の未償却の残存期間に組み入れて、新規の不動産賃借権として名目的な賃料で賃借するというものである。

　この権利は、団体的解放権を取得することと比べれば、多くの点ではるかに簡素な手続きで済ますことができるという利点がある。特に、団体的解放権を取得する際に充足されなければならない上記（1）（b）の6つの資格要件のうち、③ないし⑤の資格要件がここでは不要とされているので、団体的解放権の資格要件を充足できない賃借人でも、その多くが新規不動産賃借権の個別的取得権の資格要件は充足させることができたのであった。しかも、この権利は、新規不動産賃借権が終了することになった後も、同一の手続きを経れば再び取得することができるとも規定されたので、長期不動産賃借権フラットに生じた管理問題と減価償却資産問題のうち、少なくとも後者の問題は解決されることになったのである。

（3）賃貸人の抗弁事由

　資格要件を満たしたフラット所有者は、原則として以上の団体的解放権と新規不動産賃借権の個別的取得権を取得することができる。しかし、その一方で、一定の類型の賃貸人はそもそも1993年法の適用対象から除外されるとされており、また、1993年法の適用がある場合であったとしても、賃貸人の財産権の行使の方が優先される優越的権利も認められているため、フラット所有者がこれらの権利を行使できない事由も存している。

　まず、当該建物に自ら居住する賃貸人が存在しており、住戸部分が4戸以上存在しない場合には、団体的解放権の規定は適用されないとされている

---

(84) Susan Bright and Geoff Gilbert, *supra* note 6, pp.668-669; Martin Davey, *supra* note 72, pp.785-786. 新規不動産賃借権の個別的取得権の詳細な説明については次の文献がある。T. M. Aldridge, *supra* note 78, pp.93-105; James Driscoll, *supra* note 26, pp.71-77; P. Matthews and D. Millichap, *supra* note 75, pp.56-86; National Federation of Housing Association, *supra* note 78, pp.11-16; D. N. Clarke, *supra* note 78, chs.11-16 and ch.21.

第4章　集合住宅への不動産賃借権解放権の適用拡大

（4条4項）。また、賃貸人が慈善的住宅トラスト（5条2項（b））、ナショナルトラスト（95条）、教会（96条）など一定の非営利団体である場合にも、団体的解放権の規定は適用されないとされている（ナショナルトラストと教会については新規不動産賃借権の個別的取得権も適用されないとされている）。このように、賃貸人が自ら建物に居住している場合や非営利目的の団体である場合には団体的解放権あるいは新規不動産賃借権の個別的取得権の適用対象外とされているのである。

　次に、1993年法の適用がある場合であっても、賃貸人が集合住宅を再開発する意図を有している場合には団体的解放権の適用は排除されるとの規定が存している。すなわち、「適法な賃貸人の申立てに基づき、裁判所は、命令によって、不動産の全部又は大部分を再開発する賃貸人の意図を理由に、団体的解放権は当該不動産に関して行使することができないと判示することができる」と規定している（23条1項）[85]。この命令が認められると、賃借人はフラット管理会社を通じて賃貸人の地位を取得することができないため、存続期間の延長を図ることもできなくなるので、不動産賃借権は存続期間の満了をもって終了することになる。もっとも、その際に賃借人が新規不動産賃借権を取得していた場合には、賃借人はその補償金を得ることができるとされている。すなわち、この場合、「裁判所は、命令によって、賃貸人は賃借人に対しフラットの占有回復を得る権限を有し、賃借人はフラットの損失に対し賃貸人に補償金を支払わせる権限を有すると判示することができる」と規定している（61条1項）[86]。このように、賃貸人が不動産の再開発を行う意

---

(85) ただし、団体的解放権の行使制限が認められるためには、「(a) 当該不動産に含まれる複数のフラットが有するすべての長期不動産賃借権の少なくとも3分の2が基準日から起算して5年以内に終了することになること、(b) 当該賃貸借が終了した場合、再開発の目的のため、申立人が当該不動産の全部又は大部分を（i）取壊し又は再建築すること、あるいは（ii）実質的な再建築作業を実施することを意図していること、及び（c）申立人が当該賃借権の設定されたフラットの占有回復が得られなければ合理的に再開発を行うことができないことという条件」が満たされる必要があるとされている（23条2項）。

(86) ただし、賃貸人の占有回復権限が認められるためには、「裁判所が、(a) 再

図を有していることを裁判所が承認する場合には、団体的解放権の行使は制限され、賃貸人は新規不動産賃借権を取得した賃借人への補償を条件に占有回復を得ることができるとされているのである。

2　管理権の立法化

（1）管理権の必要性

　団体的解放権は、各フラット所有者によって構成されたフラット管理会社が賃貸人から共用部分に対する自由土地保有権とフラットに対する将来不動産権とを強制的に取得することによって、長期不動産賃借権フラットの管理問題と減価償却資産問題とを同時に解決することができるという意義を有していた。しかし、フラット所有者が団体的解放権を取得するためには、複雑多岐にわたる資格要件がすべて充足される必要があったこと、仮にその資格要件がすべて充足されるにしても、賃貸人から共用部分に対する自由土地保有権とフラットに対する将来不動産権とを市場価格で購入しなければならなかったことから、フラット所有者が団体的解放権を行使するのは実際には相当に困難であった。このため、フラット所有者の多くは、比較的容易に資格要件を充足できる新規不動産賃借権の個別的取得権を行使するより外に自己の資産を保全する方法がないというのが実態であった。しかしこれでは、フラットの減価償却資産問題を解決することはできても、フラットの管理問題は依然として解決されないまま残されることになった。

　フラットの管理問題は、長期不動産賃借権フラットの権利形態と密接な関連があるため、フラット所有者が団体的解放権を行使できないということは、この問題が何ら解決されないことを意味した。すなわち、開発業者は、共用部分に対する自由土地保有権とフラットに対する将来不動産権とを留保する

　開発の目的のため、賃貸人がフラットの含まれている不動産の全部又大部分を
　（ⅰ）取壊し又は再建築すること、あるいは（ⅱ）実質的な再建築作業を実施す
　ることを意図していること、及び（b）賃貸人がフラットの占有回復が得られ
　なければ合理的に再開発を行うことができないことという条件を承認する場合」
　でなければならないとされている（61条1項）。

第4章　集合住宅への不動産賃借権解放権の適用拡大

ことで建物に対する管理責任を負うことになるが、このことは、開発業者（あるいは関連の管理業者）がフラット所有者から建物の管理業務を委託されるということでもある。これにより、開発業者は、フラット所有者から支払われるサービス・チャージの中から管理委託料収入を得ることができることになるが、開発業者の賃貸人としての地位と建物管理者としての地位が密接不可分に結びついている以上、仮に開発業者等が適切に管理責任を履行しなかったとしても、フラット所有者は、賃貸人から共用部分に対する自由土地保有権とフラットに対する将来不動産権とを取得できなければ、建物の管理者を交替させることもできなかったのである。そのため、この問題を解決するためには、賃貸人としての地位と建物管理者としての地位を切断するための措置が講じられる必要があったのである。

　そこで、2002年共同保有権・不動産賃借権改革法は、賃貸人の管理義務の不履行に関する過失の有無を問わず、また賃貸人への金銭的補償を要することなく、建物の管理権限をフラット所有者に強制的に移転させることができるという管理権取得制度を導入したのであった。[87]この管理権に類似する権利は、すでに1987年不動産賃貸借法で設けられていたが、そこでは賃貸人が管理義務を適切に履行しない場合に限られるとされていたため、賃貸人の過失の有無を問わずにフラット所有者が管理権を取得できる制度が必要とされたのであった。この管理権は、各フラット所有者によって構成された管理権引受会社によって行使され、この会社が管理権を取得すると、賃貸人が有していたあらゆる管理権限（サービスの提供、修繕、改良、保険契約の締結、維持管理に関する権限）や承諾権限（賃借権の譲渡または転貸、担保権設定、占有の放棄、構造の変更、改良、用途変更の承認に関する権限）が管理権引受会社に移転することになる（96条・98条）。こうして、フラット所有者は、団体的解放権を行使することができなくても、管理権を取得することによって、不適切な管理者を交代させ、自らの団体的な意思決定に基づいて適切に建物の管理を行えるようになったのであった。

---

(87) Susan Bright, *supra* note 39, p.312.

233

（2）管理権の取得要件

フラット所有者がこのような管理権を取得するためには、2002年法によって規定された次の条件を充足する必要があった。すなわち、対象となる建物は、①独立の建物あるいはその一部であること（72条1項（a））、②資格要件を備えた賃借人[88]によって保有された2以上のフラットを有すること（同項（b））、③資格要件を備えた賃借人によって保有されたフラットの総数が建物内のフラットの総数の少なくとも3分の2以上あること（同項（c））とされた。また、これに該当する建物であったとしても、①建物内の床面積の25％以上が非居住用である場合（付則6パラグラフ1）、②自ら居住する賃貸人が存在する建物の住戸部分が4戸以上存在する場合（同パラグラフ3）、③地方公共団体が賃貸人である場合（同パラグラフ4）には、管理権の適用対象外とされた。これらの条件により、管理権は、ほとんどが長期不動産賃借権フラットからなり、かつ、私人が賃貸人である実質的に居住用建物といえる建物にのみ適用されることになったのである。[89]

（3）管理権の効力の限界

以上の資格要件を備えた賃借人によって構成された管理権引受会社は、賃貸人から管理権を取得することができるが、その効力には一定の限界も存した。すなわち、管理権引受会社は、資格要件を備えた賃借人によって保有されていないフラットその他の区分からなる建物の部分に対しては管理権を有しないものとされた（96条6項（a））。また、管理権引受会社が取得するのは管理権のみであって、共用部分に対する自由土地保有権とフラットに対する将来不動産権は賃貸人が依然として保有しているので、管理権引受会社は、賃貸人に固有の権利である再立入権や没収権は行使することができないもの

---

(88) 資格要件を備えた賃借人とは、21年以上の定期賃借権を譲与された長期不動産賃借権フラットの賃借人のことをいう（75条2項・76条2項）。

(89) Susan Bright, *supra* note 39, p.312.

第4章　集合住宅への不動産賃借権解放権の適用拡大

とされた（同項（b））。したがって、フラット所有者がサービス・チャージ
の支払いを履行しなかった場合、管理権引受会社は、その履行を強制する上
で有効な没収権を行使することができず、その権限を有する賃貸人の協力が
得られない限りは、一般的な債務の支払い請求をする他なかったのであった。[90]

3　共同保有権の立法化

（1）2002年共同保有権・不動産賃借権改革法の制定過程

　長期不動産賃借権フラットの問題を解決するための法制度改革は、1990年
の諮問文書の段階では、共同保有権と不動産賃借権解放権の立法化は同時に
行われる必要があるとされていた。しかし、1992年の総選挙後の立法過程に
おいて、共同保有権の立法化は棚上げされ、不動産賃借権解放権のみが立法
化されることとなった。

　1993年法において団体的解放権が立法化されたことにより、長期不動産賃
借権フラットの問題を解決するという初期の目的は（実際には依然として課
題が存するが）法制度上はかなりの程度達成されたことから、共同保有権を
早急に立法化する必要性が失われ、このため法案の審議は非常に緩やかに行
われるようになっていった。

　共同保有権の立法化に向けた動きは、1990年に出版された共同保有権草案
に引き続き、1996年に出版された共同保有権草案をもって再開された。しか
し、このときも、相当程度の検討がなされたにもかかわらず、政治的な影響
により成立には至らなかった。それでもなお、共同保有権の導入については
1997年の労働党のマニフェストにも明記されており、共同保有権法案は2000[91]
年12月20日になって漸く議会に上程されるに至るのであった。こうして、詳
細な審議の末、2002年5月1日に、2002年共同保有権・不動産賃借権改革法
が成立し、イギリスにおいて初めて区分所有権の概念が導入されることにな
ったのである。

---

(90) *Ibid*, p.313.

(91) The Labour Party Manifesto, 1997, p.25.

この結果、現在のイギリスの分譲用の集合住宅には、長期不動産賃借権フラットと共同保有権フラットの2種類が存することとなった。もっとも、前述のとおり、共同保有権フラットはほとんど普及していないというのが現状であるが、共同保有権フラットが普及していない主な理由は、それに法制度上の問題があるからではなく、単に長期不動産賃借権フラットの方が開発業者にとって都合がよいという取引上の要因によるところが大きいからである。⁽⁹²⁾むしろ、共同保有権フラットの権利関係は、長期不動産賃借権フラットにおいてフラット管理会社が共用部分に対する自由土地保有権とフラットに対する将来不動産権とを取得した場合の権利関係と実質的に異なるところがなく、いわば長期不動産賃借権フラットの最も理想的な形態をより簡明な権利形態として再構成したものであるということができる。そこで、以下では、長期不動産賃借権フラットにおいて団体的解放権が行使されるべきことの意義を再確認するという意味でも、共同保有権フラットの権利関係を確認しておくこととする。

（2）共同保有権の基本的仕組み

　共同保有権とは、2002年法第1部において導入された新しい不動産の所有形態であり、その基本的なスキームについては次のように要約することができる。⁽⁹³⁾まず、区分所有関係を発生させるためには、対象となる自由土地保有権の不動産に共同保有権の設定登記を行う必要がある。このように登記された不動産は共同保有権不動産（coomonhold land）と呼ばれ、フラットや戸建て住宅などの居住用不動産（residential land）、店舗や倉庫や工

---

(92) この場合、開発業者は、共用部分に対する自由土地保有権とフラットに対する将来不動産権とを留保することで、フラット所有者から地代とサービス・チャージの収入を得ることができたし、あるいはこれらの権利を第三者に譲渡することでその売却代金を得ることもできた。

(93) D. N. Clarke, Commonhold – The New Law, Jordans, 2002, pp.2-3; Guy Fetherstonhaugh, Mark Sefton and Edward Peters, Commonhold, Oxford, 2004, pp.17-19.

場などの商業用不動産（commercial land）、あるいは複合型団地（mixed development）として活用することが可能であるとされている（ただし、一般的には居住用不動産として活用されると考えられている）。[(94)]

　共同保有権不動産の範囲内の不動産のうち、共同保有権共同体宣言（commonhold community statement）において指定された部分が共同保有権区分（commonhold unit）となる（11条1項）。共同保有権区分については、自由土地不動産権者（proprietor of the freehold estate）としての登記権限を取得した者がその区分所有者となる（12条）。

　これに対して、共同保有権共同体宣言において指定された共同保有権区分以外のすべての部分が共用部分となる（25条）。共用部分については、共同保有権組合（commonhold association）が共用部分の自由土地不動産権者としての登記権限を取得したとき、共同保有権組合に共用部分の現有単純不動産権（fee simple in possession）が帰属することになる（1条4項、7条3項、9条3項）。

　共同保有権組合は、私会社の保証有限会社（private company limited by guarantee）であり（34条1項）、その構成員は共同保有権区分の区分所有者に限られている（付則3パラグラフ7）。そして、この共同保有権組合は、その理事による権利行使を通じて、建物の管理責任を負うものとされている。すなわち、共同保有権組合の理事は、各区分所有者による権利行使と共同保有権区分の自由土地不動産権の享有をできる限り尊重し、促進するために、自己の権利を行使するものとされている（35条1項）。

　このように、共同保有権については、区分所有関係を発生させるためにまず設定登記が必要とされること、共用部分は共同保有権組合によって単独所有されること、共同保有権組合は私会社の保証有限会社であり、その構成員は区分所有者に限定され、会社法の規定に準じて運営されること、といった

---

(94) D. N. Clarke, *ibid*, pp.179-182; Michael Driscoll, Timothy Dutton, Paul Clarke, Charles Courtenay and Adam Smith, *supra* note 27, Division 1, paras.12 and 24.

点に特徴がある。

（3）共同保有権の設定

（a）設定行為の必要性

　共同保有権を設定するためには、次の3つの要件を満たしている必要がある。すなわち、①不動産上の自由土地不動産権（freehold estate in the land）が、共同保有権不動産上の自由土地不動産権（freehold estate in commonhold land）として登記されること（1条1項（a））、②その不動産は、共同保有権組合の定款において、共同保有権組合が権限を行使する不動産と明示されていること（同項（b））、③共同保有権共同体宣言が（効力を生じているか否かにかかわらず）、共同保有権組合および区分所有者の権利・義務を規定していること（同項（c））、という要件を満たしている必要がある。これらの要件を満たした上で、土地登記庁（HM Land Registry）に所定の事項が登記されると、共同保有権不動産において区分所有関係が発生することになる。登記事項は、①共同保有権組合に関する事項、②共同保有権区分の登記された自由土地保有権者に関する事項、③共同保有権共同体宣言の写し、④共同保有権組合の定款の写しである（5条1項）。

　このように、共同保有権を設定するために一定の行為が必要とされたのは、コモンローには存在しない例外的な権利を創設するためである。このような設定行為がなされることによって初めて共同保有権に関する規定が効力を有することになるのである。

（b）開発業者による共同保有権の設定

　共同保有権の設定登記をするに際しては、開発業者が不動産を新規に開発する場合と既存の長期不動産賃借権を共同保有権に転換する場合とで、その方法と効果が異なってくる。

　前者の場合は、まず開発業者が共同保有権組合の設立や共同保有権共同体宣言の作成を行った上で、共同保有権の設定登記を行うことになる（したがって、共同保有権フラットの根本規則となる定款と共同保有権共同体宣言は、

第 4 章　集合住宅への不動産賃借権解放権の適用拡大

常に開発業者によって原始的に作成されることになる）。ただし、その登記
の効果は、移行期間（transitional period）[95]においては、必要最小限に留ま
るものとされている。すなわち、①開発業者が共同保有権不動産上の自由土
地不動産権者として登記がされること[96]（7条2項（a））、②共同保有権共同
体宣言で規定された権利・義務は未だ効力を生じないこと（同項（b））、③
開発業者は共同保有権の設定登記を取り消すことができること（8条4項）、
④共同保有権を定める2002年法第1部、共同保有権共同体宣言または共同保
有権組合の定款に関する規定は、移行期間中は効力を生じない、あるいは一
定の限度においてのみ効力を生ずると規則（regulations）に定めることが
できること（同条1項・3項）とされている。

　その後、共同保有権区分が1戸以上売却され、移行期間が終了すると、共
同保有権組合が共用部分の自由土地不動産権者としての登記権限を取得し
（7条3項（a））、追加の登記申請なしに登記官の職権で登記される[97]（同項
（b））。さらには、共同保有権共同体宣言で規定された権利・義務の効力が
生じ（同項（c））、共同保有権不動産の全部または一部の賃借権は消滅する
ことになる（同項（d））。こうして、登記手続が完了すると、共同保有権不
動産の範囲内において区分所有関係が生ずることになる。

---

(95) 移行期間とは、不動産上の自由土地不動産権を共同保有権不動産上の自由土
　　地不動産権として登記した日と登記申請人以外の者が1戸以上の共同保有権区
　　分の自由土地不動産権者として登記する権限を取得した日との間の期間をいう
　　（8条1項、7条3項）。
(96) この段階では、開発業者がすべての不動産の唯一の自由土地保有権者であり、
　　共同保有権関係は生じておらず、したがって共用部分に対する自由土地保有権
　　は未だ共同保有権組合には帰属していないことになる。
(97) なお、共用部分の自由土地不動産権が共同保有権組合に移転したとしても、
　　開発業者は自ら作成した共同保有権共同体宣言において開発権（development
　　rights）を留保することができるとされている（58条2項）。これにより、開発
　　業者は、建物の完成前に共同保有権区分を売却しながら工事を続けることが可
　　能となるとのことである（Guy Fetherstonhaugh, Mark Sefton and Edward
　　Peters, *supra* note 93, p.97）。

239

（c）現在のフラット所有者による共同保有権の設定

それに対して、後者の場合は、現在の長期不動産賃借権フラットの所有者全員が共同保有権組合の設立や共同保有権共同体宣言の作成を行った上で、共同保有権の設定登記を行うことになる[98]。これにより設定登記がなされると、移行期間なしに、共同保有権組合が共用部分の自由土地不動産権者としての登記権限を取得し（9条3項（a））、追加の登記申請なしに登記官の職権で登記される（同項（d））。そして、共同保有権区分の最初の区分所有者あるいは共有の区分所有者（joint unit-holders）として指定された者が当該区分の自由土地不動産権者としての登記権限を取得し（同項（b）（c））、追加の登記申請なしに登記官の職権で登記される。さらには、共同保有権共同体宣言で規定された権利・義務の効力が生じ（同項（e））、共同保有権不動産の全部または一部の賃借権は消滅することになる。こうして、登記手続が完了すると、共同保有権不動産の範囲内において区分所有関係が生ずることになる。

なお、既存の長期不動産賃借権を共同保有権に転換するための登記申請をするためには、事前に、自由土地不動産権者、存続期間21年以上の賃借権者、担保権者その他関係権利者全員の同意が必要であるとされている（3条1項）。このため、関係権利者の1人でも同意を拒絶すれば、原則として共同保有権の設定登記の申請をすることはできないことになる。実際に関係権利者全員の同意を得るのは非常に困難であるので、この方法により共同保有権を設定するのは事実上不可能であり、結果として、共同保有権を設定することが可能なのは、新規開発の場合か再開発の場合に限られると考えられている[99]。

（4）共同保有権共同体宣言の意義とその変更

共同保有権共同体宣言は、共同保有権組合と区分所有者の権利・義務につ

---

(98) D. N. Clarke, *supra* note 93, p.184.

(99) *Ibid*, p.186; Michael Driscoll, Timothy Dutton, Paul Clarke, Charles Courtenay and Adam Smith, *supra* note 27, Division 1, para.344.

いて定めた文書である（31条1項）。具体的には、①共同保有権組合に関する義務、②区分所有者に関する義務、③共同保有権の管理その他の事項について、共同保有権共同体宣言に規定を定めることができるとされている（同条3項）。そして、共同保有権組合と区分所有者の義務については、特に、①金銭の支払い、②工事の引受、③通行権の付与、④通知の付与、⑤共同保有権区分に対する一定の取引制限、⑥共同保有権区分の全部または一部に対する特定の目的外の使用制限、⑦一定種類の（変更を含む）工事の引受の制限、⑧生活妨害・迷惑行為の制限、⑨一定の行動の制限、⑩法定の要件違反から生じる費用の共同保有権組合または区分所有者への賠償といった事項が含まれている（同条5項）。

このような共同保有権共同体宣言の内容を変更するためには、その方法に関する規定が共同保有権共同体宣言に定められていなければならないが（33条1項）、その変更にはかなりの制約が課せられている。規則では、共同保有権共同体宣言は、その規定が内部規則（local rule）でない場合は変更することができないとされている（付則3パラグラフ4・8・2）。したがって、共同保有権共同体宣言の変更は、規則において指定されていない規定で、開発業者または共同保有権組合によって挿入された内部規則についてのみ認められていることになる。内部規則の変更は、原則として普通決議（ordinary resolution）による承認が必要であるが（同4・8・3）、一定の重要事項については特別決議（special resolution）（議決権を行使した構成員〔投票による場合はその議決権〕の4分の3以上の多数による決議）による承認や関係権利者の書面による同意が必要であるとされている。

（5）長期不動産賃借権フラットと共同保有権フラットの相違

以上、共同保有権の要点について確認をしてきたが、共同保有権フラットの権利関係は、長期不動産賃借権フラットにおいてフラット所有者が団体的解放権を行使した場合の権利関係と共通した特徴を見出すことができる。

確かに、長期不動産賃借権フラットの権利関係は、不動産賃貸借契約に基

づいて設定されるので、フラット所有者の区分に対する権利は長期不動産賃借権であり、その根本規則も不動産賃貸借契約とともに約定される不動産約款であるという点では、フラット所有者の共同保有権区分に対する権利が自由土地不動産権であり、その根本規則が共同保有権共同体宣言と共同保有権組合の定款である共同保有権フラットの権利関係とは大きく異なっている。しかし、長期不動産賃借権フラットのフラット所有者が団体的解放権を行使すると、フラット所有者からなるフラット管理会社（会社法上の株式会社または保証有限会社）が共用部分の自由土地保有権を取得し、その団体的意思決定を通じて自ら建物を管理することができるようになるという点では、区分所有者からなる共同保有権組合（会社法上の保証有限会社）が共用部分の自由土地不動産権を取得し、その団体的意思決定を通じて自ら建物を管理するものとされている共同保有権フラットの権利関係とほとんど同じであるということができる。

このように、団体的解放権は、とりわけ共用部分の所有と管理の面において、長期不動産賃借権フラットの権利関係を共同保有権フラットの権利関係に近接させるという効果を有するものである。この意味において、団体的解放権は、長期不動産賃借権フラットの資産としての安定性を高める重要な意義を有するものであるということができる。

4　小括─団体的解放権等に対する評価

イギリスでは、分譲用の集合住宅を規律するための法制度は、第二次世界大戦後に特別法としての区分所有法を制定させてきた他の欧米諸国や日本などとは異なり、既存の権利を応用することで確立させてきたという特異な歴史を有している。不動産を所有するための既存の権利としては、自由土地保有権と不動産賃借権とがあるが、自由土地保有権は建物全体を管理する上で重大な支障をもたらす法理論上の問題があったことから実際にはほとんど用いられず、その代わりの手段として不動産賃借権が用いられたのであった。しかし、不動産賃借権は、たとえ長期であったとしても存続期間の満了時に

242

第4章　集合住宅への不動産賃借権解放権の適用拡大

は、フラットの管理問題と減価償却資産問題が不可避的に発生するという問題が存していた。そこで、このような問題を解決するために、1993年不動産賃借権改革・住宅・都市開発法において団体的解放権と新規不動産賃借権の個別的取得権とが立法化されたのであった。

　もっとも、フラット所有者が団体的解放権を行使するのは相当に困難であり、実際には、新規不動産賃借権の個別的取得権を行使することで、まずはフラットの減価償却資産問題に対応しているというのが実態ではある。しかし、これではフラットの管理問題は解決されず、この問題まで解決しようとするならば、フラット所有者が団体的解放権を行使して、共同保有権フラットに近い形態を作り出す必要がある。実際のところ、フラットの管理問題は、賃貸人の地位を留保する開発業者その他の第三者が自己の権限を濫用的に行使することによって生じていることから、団体的解放権はこのような濫用的な賃貸人を排除して、フラット所有者自らの団体的意思決定に基づいて建物の管理ができるようにするための規定であるということができる。したがって、団体的解放権は、長期不動産賃貸借フラットにおいて生ずる諸問題を終局的に解決するという目的のため、原則として、賃貸人の財産的利益よりも賃借人の居住利益を優先させる必要があるとした規定であると評価することができる。

　ただし、団体的解放権は、その規定を仔細にみるならば、賃借人の居住利益が常に保護されているわけではなく、賃貸人の居住利益や財産的利益にもかなりの配慮がされているといえる。すなわち、賃貸人が自ら建物に居住している場合や非営利目的の団体である場合には団体的解放権あるいは新規不動産賃借権の個別的取得権の適用対象外とされており、また、それらの権利の適用がある場合であったとしても、賃貸人の財産的利益の方が優先される優越的権利も認められているのである。

　このように、賃貸人と賃借人の利益にそれぞれ配慮した規定を設けている1993年法は、長期不動産賃借権フラットの問題解決にとって社会政策的判断において望ましいとされる契約調整を立法的介入によって図ったものである

243

と評価することができる。すなわち、存続期間満了時の法的処理は、①賃借人の団体による共用部分の自由土地保有権とフラットの将来不動産権の取得、②個々の賃借人による新規不動産賃借権の取得、③賃貸人による不動産の占有回復という選択肢の中から選ばれることとなり、しかも、その選択肢は社会政策的な価値判断から保護されるべき利益の序列化がなされ、そのルールに従っていずれかが選択されるようになっている。さらに、このような配分的選択に際しては、いずれの場合においても金銭的な調整が図られるものとされている。これを図式的に整理すると、次のように整理することができる。

①賃借人が団体的解放権の資格要件を満たす場合、賃借人の団体は賃貸人から共用部分の自由土地保有権とフラットの将来不動産権を取得することができ、その場合、賃借人は賃貸人に対しこれらの権利の価格を支払うことになる。あるいは、賃借人が新規不動産賃借権の個別的取得権の資格要件を満たす場合、個々の賃借人は賃貸人から新規不動産賃借権を取得することができ、その場合、賃借人は賃貸人に対し新規不動産賃借権の価格を支払うことになる。

②賃貸人が小規模な集合住宅に自ら居住している場合（すなわち、賃借人の居住利益と賃貸人の居住利益とが対立する場合）、賃借人が団体的解放権を行使することは賃貸人の居住利益を奪うことになるので、賃借人は新規不動産賃借権の個別的取得権しか認められない。個々の賃借人がこの権利を行使した場合、個々の賃借人は賃貸人に対し新規不動産賃借権の価格を支払うことになる。

③賃貸人の再開発利益実現の必要性がある場合（すなわち、賃借人の居住利益と賃貸人の財産的利益とが対立する場合）、賃借人は団体的解放権を行使することはできず、存続期間の満了をもって賃貸人の占有回復が認められる（すなわち、賃借人の居住利益よりも、賃貸人の財産的利益が優先される）。ただし、賃借人が新規不動産賃借権を取得しているときは、賃貸人は個々の賃借人に対し新規不動産賃借権の価値相当分の補償金を支払うことになる。

第 4 章　集合住宅への不動産賃借権解放権の適用拡大

　以上の整理から、1993法は、保護すべき利益の序列化を行い、その上で当事者間の公平性と社会的な公共性の両立を図ったものであると評価することができる。すなわち、このような利益配分枠組みの下では、①まず賃借人の居住利益が優先される、②集合住宅では賃借人の居住利益と賃貸人の居住利益は両立し得るので、いずれの利益も保障されるように配慮される、③賃貸人の財産的利益が再開発という公共の利益にも関わる場合には、賃貸人の財産的利益が優先され、賃借人の居住利益は金銭的な補償によって調整される、という図式を見出すことができる。ここでは、居住利益を第一義的に保護すべきものとしているが、居住利益の保護にのみ偏った発想に基づくのではなく、都市における建物の将来を賃貸人と賃借人のいずれに委ねた方がより公共の利益に適うかという発想に基づくものであると評価することができるだろう。

第5章
日本の借地制度の再検討

第1節　借地制度の検討課題

　居住用の借地制度が存在するところではどこでも、特別な立法措置がなされない限り、その存続期間の満了とともに賃借権は消滅し、それによって賃借人は自ら投下した建物資本とその建物についての居住利益を同時に喪失するという問題に直面することになる。この問題が具体的な住宅問題として顕在化し、その解決の必要性が認識されたときに、特別な立法措置が図られ、そのことを通じて賃借人の保護制度が確立していくこととなる。

　イギリスでは、これまで検討してきたように、長期不動産賃借権に基づく住宅について、その存続期間満了時に土地と建物が賃貸人に復帰するとされていたことから、経済的価値の喪失の問題、公共的利益の阻害の問題および交渉力の不均衡の問題が発生した（第2章参照）。そして、戸建て住宅やテラスハウスに生じたこれらの問題を解決するために、1967年不動産賃借権改革法において、賃借人に長期不動産賃借権の解放権とその延長権が付与されることになった（第3章参照）。その後、集合住宅について、作為約款の行使、フラットの減価償却資産問題およびフラットの管理問題が生じたことから、これらの問題を解決するために、1993年不動産賃借権改革・住宅・都市開発法において、賃借人に団体的解放権と新規不動産賃借権の個別的取得権が付与されることになった（第4章参照）。このように、イギリスでは、長期不動産賃借権に基づく住宅の賃借人に対して、一定の資格要件その他の制限はあるものの、投下資本に対する財産権的利益と生存権的居住利益とを保護するための権利が付与されることになったのである。ただし、ここで注意を要すべきことは、これらの賃借人保護制度が賃借人の利益に一方的に偏ったものではなく、賃借人の建物資本と居住利益の保護を図りつつ、賃貸人の利益にも十分に配慮することで、両者の利益ができるだけ公平に調整にされるように制度設計されているということである。このようなイギリスの長期不動産賃貸借制度の実態的・法的展開を踏まえるならば、①居住用の定期借地制度は、その存続期間満了時に必然的に問題が発生するため、制度として

248

第5章　日本の借地制度の再検討

の社会的妥当性を欠くこと、そして、②その問題解決のためには、賃借人の建物資本と居住利益の保護は不可避であること、ただし、③そのような賃借人保護制度は、賃貸人の利益にも配慮したできるだけ公平な制度でなければならないことといった示唆が得られるであろう。

　これに対して、日本では、居住用の借地制度の存続期間満了時の問題に対しては、1921年（大正10年）の借地法制定時に導入された建物買取請求権と1941年（昭和16年）の借地法改正時に導入された正当事由制度とによってその解決が図られてきた。ただし、正当事由制度については、その後の裁判例の展開において、借地人の生存権的利益がより保護され、その反面、土地所有者の財産権的利益の実現が妨げられるという、借地人の利益に偏った判例法理が確立していくことになったのであり、そしてこのような偏りが原因となって「借地権の亜所有権化」現象が生じることになったのであった。そうだとすれば、そのような偏った制度はより公平な制度へと是正されるべきであったのであり、1991年（平成3年）の借地借家法の制定は、そのための契機とされるべきであったはずである。しかし、実際には、十分な理論的根拠を欠く定期借地権が導入され、また本来見直されるべきであった正当事由制度は再検討されることなく先送りされる結果となったのであった。このことを踏まえるならば、ここで行われるべきは歴史の針を借地借家法が制定された時点に巻き戻して改めて検討を行うことであろう。そして、その検討に際しては、第1章の最後に私見として述べたように、自己使用を主たる目的とする定期借地権については、いかなるものであれば合理的なものとして許容され得るのか、また普通借地権における正当事由制度については、どのような判断枠組みが構築されればより公平なものとなり得るのかという観点から行われる必要があると考える。そこで、本章では、これまで検討してきたイギリスの長期不動産賃貸借制度の比較研究から得られた示唆を踏まえつつ、「定期借地権の当否」と「正当事由制度の再検討」について考察を行うこととする。

　まず、「定期借地権の当否」については、次のような観点から考察を行う。

249

借地借家法（以下「法」という。）22条の定期借地権は、第1章において検討したように、一定の理論的根拠に基づいて設けられたものではなく、「制度の必要性及び有用性とこれらのデメリットの比較」という政策的利益衡量に基づいて設けられたものである。したがって、その当否については、もっぱら「制度の必要性及び有用性」と「これらのデメリット」の比較によって判断されることになる。そのため、その検討に際しては、まず、法22条の定期借地権の必要性および有用性は具体的にどのようなものであるのか、これに対してその定期借地権にはどのようなデメリットがあり、そのデメリットはどの程度解消ないし緩和することが可能であるのかについてそれぞれ評価することが必要となる。もし法22条の定期借地権の必要性および有用性が高く、かつそのデメリットもかなりの程度解決することができるというのであれば、それは今後も存続されるべきであるという結論になろうし、逆に、法22条の定期借地権の必要性および有用性がそれ程高くなく、かつそのデメリットを解決することが極めて困難であるというのであれば、それは将来的に廃止されるべきであるという結論になろう。そして、そのような評価を踏まえて、自己使用を主たる目的とする定期借地権は、果たしてその存在が許容されるべきものであるのか、許容されるとしたらどのようなものが許容されるのかについて考察を行う。

　次に、「正当事由制度の再検討」については、次のような観点から考察を行う。まず、契約当事者間の私的自治（主として解約の自由や更新拒絶の自由）を制限する正当事由制度がなぜ肯定されるのかというこれまでの議論を検討し、今日の借地関係の実態に適した正当事由制度の正当化根拠はどのようなものであるかを検証する。そして、このことを踏まえて、より望ましい正当事由制度の理論枠組みを提示することを試みる。

（1）法務省民事局参事官室編「借地・借家法改正の問題点」別冊NBL17号19頁。

第5章　日本の借地制度の再検討

第2節　定期借地権の当否

1　定期借地権の必要性および有用性とデメリット

（1）定期借地権の必要性および有用性

　定期借地権の（主として居住用としての）利用状況は、序論において検討
したように、全体的に見れば実際にはごく僅かな割合に留まっている（同
時期の新設住宅着工戸数に対する定期借地権付住宅の割合は0.35%であっ
た）。したがって、これまでの利用実績から判断する限り、定期借地権の必
要性は高いとはいえないだろう。もっとも、ごく僅かとはいえ一定の利用実
績（1993年（平成5年）から2009年（平成21年）までの定期借地権付住宅戸
数は73,731戸）があるということは、借地人や土地所有者にとって定期借地
権の利用に一定の有用性があると判断されたからであると思われる。

（a）借地人および土地所有者にとっての経済的メリット

　そこでまず、定期借地権の有用性としてあげることができる点は、定期借
地権は借地人や土地所有者にとって経済的メリットをもたらすという点であ
る。

　借地人にとってのメリットとしては、定期借地権によるならば、借地人は
より広い敷地面積・建物面積の住宅をより安い価格で取得することが可能と
なることがあげられる。現に、定期借地権付一戸建住宅と土地所有権付一戸
建住宅とを比較すると、敷地面積は前者が平均222.7㎡であり、後者の平均
127.7㎡に比べて1.74倍広く、また建物面積は前者が平均124.9㎡であり、後
者の平均99.6㎡に比べて1.25倍広いこと、そして、そのような敷地面積・建
物面積の広さにもかからず、前者の住宅価格は後者のそれの56.7%であるこ
とが調査結果において示されている[2]。

　他方、土地所有者にとってのメリットとしては、①存続期間の満了により

（2）国土交通省『全国定期借地権住宅の供給実態調査』（平成20年）5-6頁、11
　頁。なお、定期借地権付分譲マンションの専有床面積は、平均86.6㎡であること
　が示されている（12頁）。

251

更地で土地が返還されるので、これまで借地供給を躊躇してきた土地所有者にとって土地活用の選択肢が拡大すること、②定期借地権設定時に一時金として受け取る保証金を存続期間満了時まで運用して利益をあげることができること、③借地経営には、賃貸住宅経営のようなノウハウも不要であり、リスクなしに長期間、安定的・継続的に地代収入を得ることができること、④土地を利用せずに保有している場合に比べると、固定資産税や都市計画税が大幅に軽減され、また相続税においても、相続税路線価に基づいて底地権割合が定められ、その部分のみが相続税評価額となることなどがあげられる。

　以上の定期借地権の有用性は、いずれも借地人および土地所有者の経済的なメリットに関するものである。しかし、定期借地権にいかに経済的メリットがあるとしても、それによって将来に対する不安をすべて払拭することはできないであろう。借地人にとっては、①存続期間満了後の居住はどのようになるか、②存続期間中に住宅を適正な価格で売却することができるか、③存続期間満了時が近づいてもなお居住水準は適切に維持されているか、④将来的に地代が値上がりしないかなどの不安要素が残るであろう。また、土地所有者にとっては、①存続期間満了後トラブルなく土地が更地で返還されるか、②保証金の運用を適切に行うことができるか、③地代の利回りに満足できるかなどの不安要素が残るであろう。このような不安要素は、定期借地権の利用の阻害要因として作用するであろうから、結局、定期借地権が利用されるのは、これらの不安要素を打ち消すほどの特別な要因がある場合（都心の一等地に位置していること、優れた居住環境を享受できること、それに比

（３）定期借地権付一戸建住宅と定期借地権付分譲マンションの保証金は、それぞれ平均589.1万円と平均242.3万円であり、地価に対する保証金の割合は、それぞれ平均18.0％と平均21.5％であることが示されている（国土交通省・前掲調査（注２）８頁、13頁）。

（４）定期借地権付一戸建住宅と定期借地権付分譲マンションの月額地代は平均2.8万円と平均1.4万円であるが、地価に対する年間地代の割合（利回り）は平均1.1％と平均1.8％であるにすぎないことが示されている（国土交通省・前掲調査（注２）10頁、15頁）。

して住宅取得費が低いこと、開発業者の参画により土地所有者の不安を取り除く措置が講じられていることなど）に限られるのではないかと思われる。

（b）まちづくりの手法としての意義

次に、定期借地権の有用性としてあげることができる点は、定期借地権はまちづくりの手法としての意義が存するという点である。定期借地権のこのような意義は、まちづくりの分野ではかなり早い段階から指摘されており[5]、実際にまちづくりの手法として活用されるに至っている[6]。その中でも、とりわけ次の2つの手法が注目される。

1つは、中心市街地の活性化・再開発に定期借地権が活用されるケースである。このケースでは、①地権者が設立したまちづくり会社がデベロッパーとなって、個々の地権者との間で定期借地権設定契約を締結する、②借地人であるまちづくり会社は、資金を調達して共同で新しいビルを建ててテナントを募集する、③従来の地権者は、新しいビルに賃料を払って床を借り、居住あるいは事業を継続することができる（その場合の賃料は地代と相殺される）、④新しいビルの運営・管理は、借地人であるまちづくり会社が行うが、まちづくり会社は各地権者によって設立されているので、各地権者はまちづくり会社を通じて共同の運営・管理に参画することになるという特徴がある[7]。

もう1つは、広場、道路、駐車場などの共用スペースを設け、地域の景観を重視した住宅地開発に定期借地権が活用されるケースである。このケースでは、①共用スペースは土地所有者が所有権を留保し、自ら直接管理できるようにする、②住宅地部分については、土地賃借権での定期借地権設定契約

（5）小林重敬「定期借地方式と都市計画・都市づくり」水本浩・澤野順彦編『定期借地権活用の手引き』（住宅新報社・1992年）131頁以下。

（6）定期借地権の多様な活用事例については、定期借地権推進協議会編『定期借地権活用のすすめ—契約書の作り方・税金対策から事業プランニングまで』（プログレス・2012年）146-185頁参照。

（7）福川裕一「高松丸亀町商店街におけるエリアマネジメント」ジュリスト1429号95-97頁、同「高松市丸亀町再開発が意味すること」季刊まちづくり23号96-97頁。

が締結されるが、一般的な借地に関する約定に加えて、「住環境管理協定」も締結する、③土地所有者と借地人は住環境管理協定に基づき管理組合を設立し、共用スペースを含めた住環境を土地所有者と借地人とで共同で管理する、④定期借地権の特定承継人に対しては、住環境管理協定を譲渡承諾の際の条件とすることで、管理義務が及ぶようにし、管理の継続性を確保するようにするという点において特徴がある。[8]

　これらの手法のうち前者の手法については、土地所有者（各地権者）と借地人（各地権者が設立したまちづくり会社）とが最初から実質的に同一であるため、土地所有者と借地人との間で利害対立が生じないという点が着目される。これは、イギリスの集合住宅において、賃貸人（各フラット所有者を構成員とするフラット管理会社）と賃借人（各フラット所有者）とが団体的解放権の行使等により実質的に同一になる場合とその構成を基本的に同じくするものであり、しかもこのような構成が定期借地権設定時から成立するように制度設計されているものである。このような手法であれば、定期借地権の存続期間の満了に際しても、次に検討するような定期借地権のデメリットやそこから派生して生ずる諸問題も各地権者による自主的な意思決定によって解決することが可能であるので、非常に合理的な制度となっているということができる。

　これに対して、後者の手法については、良好な住環境の維持は当事者間で約定された住環境管理協定を借地人が遵守することで実現されるものとされている。問題は、定期借地権の存続期間が一定程度経過しても、なお借地人がこの協定を遵守し続けることができるかどうかである。そして、仮に借地人がこの協定に違反した場合、土地所有者はどのような装置を講ずることによって協定の実効性を確保していくかということも問題となってくるであろう。

（8）齊藤広子「良好な住環境形成のための定期借地権住宅の可能性—次世代型定借エリアマネジメントシステムへ—」住宅56号10頁。

第 5 章　日本の借地制度の再検討

（2）定期借地権のデメリットおよび諸問題

　定期借地権には以上のような有用性が存するということができるが、その一方で、建物取壊し・更地返還を原則とする法22条の定期借地権においては、借地人はその存続期間の満了とともに自ら投下した建物資本とその建物についての居住利益を同時に喪失するというデメリットが存している。そして、このデメリットは、副次的に次のような問題をも顕在化させる可能性がある。

　まず、定期借地権は、その設定時から満了時までのプロセスにおいて、建物と借地権の資産価値が逓減していくという特質が存しており、このような特質は比較的早い段階から担保価値の減少という形で問題が現れてくる（以下「資産価値減少問題」という）。すなわち、建物の中古売買に際して、金融機関がその建物に担保価値を認めないことにより、買主が建物に担保権を設定して融資を受けることができず、その買主は結果として建物の購入を諦めざるを得なくなるという事態が生じ得る。このことは、借地人の投下資本の回収が現実的に困難になるという問題であり、また、マクロ的な視点で見れば、建物の中古流通市場が形成されないという問題でもある。

　そして、定期借地権の存続期間満了時が近づいてくるとき、建物のスラム化が進行するという問題が生ずると予想されている（以下「建物スラム化問題」という）。すなわち、存続期間の満了時が近づくに従って、建物の維持管理や修繕も最小限度に抑制され、いわゆる建物のスラム化が進行するおそれがあると指摘されている[9]。また、一般的に建物は次第に老朽化するが、やがて数年ないし数十年後に取り壊さなければならない建物に借地人があえて費用をかけて維持管理や修繕を行うことは通常期待することはできないとも指摘されている[10]。

　また、定期借地権の存続期間の満了は、借地人にとって住宅の所有権あるいはマンションの区分所有権と共有持分権を失うということであり、そのことはすなわち生存の基盤を失うということに他ならない。借地人にとっての

（9）田山輝明「借地権の存続保障①—存続期間」法律時報58巻5号54頁。
（10）澤野順彦「定期借地権制度の課題」ジュリスト939号84頁。

255

居住の利益は、一定期間の経過によって償却されたり消滅したりするもので
はなく、期間が長ければ逆にますます強くなる性質のものであるので、存続
期間満了時に土地所有者との間で深刻な利害対立を生じさせることになる[11]
（以下「居住利益との調整問題」という）。具体的には、借地人がその住宅で
の生活を希望している場合において、新たな土地の有効利用を図ろうとする
土地所有者が50年以上前の特約の効果を貫徹しようとすると、相当に荒っぽ
い強制執行を行わざるを得ず、その場合、裁判所は、信義則や権利濫用の禁
止等の一般条項の適用によって具体的妥当性を図らざるを得ない場合もあり
得る。あるいは、結局は合意更新を余儀なくされる結果、更新拒絶に正当事
由が要求されるのと限りなく近いものになってしまう展開もあり得ると指摘
されている[12]。また、とりわけマンションの場合には、多数の借地人のほか、
多数の借家人もいることが考えられるが、これらの居住者全員を立ち退かせ、
建物収去土地明渡を行うことは事実上不可能である。そうすると、存続期間
満了以前に新たな立法により、土地所有者の返還請求は制限されるであろう
ことは、わが国の借地法の変遷や諸外国の立法例をみても、相当の蓋然性を
もって予測できるとも指摘されている[13]。

　このように、建物取壊し・更地返還を原則とする法22条の定期借地権は、
その存続期間の満了により、借地人が自ら投下した建物資本とその建物につ
いての居住利益を同時に喪失するというデメリットがあり、そこから派生し
て、資産価値減少問題、建物スラム化問題および居住利益との調整問題をも
生じさせる可能性があるといえる。ただし、これらの派生的な諸問題につい

---

(11)　吉田克己「住宅政策からみた借地・借家法改正」法と民主主義220号23頁、
　　　同「借地借家法改正の前提問題—保護法益と適用対象」法律時報58巻5号47頁、
　　　同「定期借地権」ジュリスト1006号52頁、松井宏興「定期借地権制度の批判的
　　　検討」乾昭三編『土地法の理論的展開』（法律文化社・1990年）412頁。
(12)　永田真三郎「定期借地権創設の問題点」法律時報61巻7号32-33頁、同「定
　　　期借地権構想とその実効性」日本土地法学会編『借地借家法の改正・土地基本
　　　法（土地問題双書27）』（有斐閣・1990年）101-102頁。
(13)　澤野・前掲論文（注10）81-82頁。

ては、確かに指摘されているとおりの課題が存するとしても、それらをすべて重大なものとして扱うことについてはやや慎重である必要があるだろう。例えば、資産価値減少問題については、借地人個人の財産権的利益に関わる問題にすぎず、また借地人の経済的メリットと対価関係にあるといえる。したがって、借地人は、たとえ建物の売買が困難で、現実的には建物の賃貸でしか投下資本の回収を図ることができないとしても、そのことは自らにおいて引き受けるべきことであると思われる。

　これに対して、建物スラム化問題は、借地人個人の財産権的利益に関わる問題に留まらず、周辺の地域環境における公共的利益に関わる問題にもなり得るものである。この問題に関しては、戸建て住宅よりもおそらくマンションの方がより深刻に進行するものと考えられる。マンションの場合、たとえその敷地利用権が土地所有権であったとしても、経年による建物の老朽化が進行するにつれてその維持管理や修繕に支障が出てくるといわれている。ましてや、数年ないし数十年後に建物を取り壊すことが予定されているとなれば、その傾向に拍車がかかることは十分に想像できることである。おそらく定期借地権マンションでは、その存続期間満了時には、多くの区分所有者が維持管理や修繕への意欲を失い、管理費や修繕積立金の滞納も相次ぐことが予想され、またそのような管理不全が空住戸の増加をもたらすことも予想される。このようなマンションのスラム化は、多数の区分所有者（借地人）の管理意欲の喪失に起因するため現実的な対応が困難であり、また建物の規模が大きいため周辺の地域環境に大きな不利益を生じさせる可能性がある。実際、そのような管理不全マンションが地域社会に数年ないし数十年も存続し、さらには存続期間が満了しても建物の解体費用の不足から建物が取り壊れることなくそのまま放置されるという事態もあり得ないではないだろう。

　また、居住利益との調整問題は、借地人個人の財産権的利益とは区別されるところの生存権的利益に関わる問題である。もっとも、定期借地権の存続期間の満了により借地人が居住利益を喪失することは、元々そのような前提で定期借地権設定契約が締結されたのであるから、そのような不利益は借地

人において当然に引き受けるべきことである。したがって、存続期間満了時における土地所有者の借地人に対する建物収去・土地明渡請求は、たとえ事実上の困難があったとしても、その請求が適法に行われている限り、信義則違反や権利濫用に該当することはないし、またその請求が法的に制限されることもないものと考える。しかし、居住利益の喪失は、借地人がこれまで築いてきた居住を基盤とする社会関係も同時に失うという痛みを伴うものでもあるため、借地人が契約条件にかかわらず居住の継続を希望することは十分にあり得ることである。このとき、借地人と土地所有者との間の利害対立をできる限り解消ないし緩和するために、土地所有者との任意の合意を基本とした解釈論や立法論が検討されてよいであろう。

　以上、定期借地権のデメリット（建物資本および居住利益の喪失）とそれに派生して生じ得る諸問題（資産価値減少問題、建物スラム化問題および居住利益との調整問題）について検討してきたが、定期借地権の必要性および有用性との比較においてその当否を検討するに際しては、そのデメリットに加えて、そこから派生する諸問題をも含めて行う必要があろう。とりわけ、これらの諸問題のうち、マンションのスラム化問題や土地所有者との任意の合意に基づく居住利益との調整問題は、単に借地人個人の財産権的利益に関わる問題に留まるものではないため、特に考慮する必要があると考える。そうすると、定期借地権の当否を検討するに際しては、次に、これらのデメリットや諸問題はどの程度解消ないし緩和することができるのかについて検討しておくことも必要となろう。以下では、これまで主張されてきた学説を踏まえて、それぞれの問題解決の方法について検討していくこととする。

2　定期借地権の問題点に対する解決策

（1）合意に基づく建物存続保護論

（a）建物の存続保護の必要性

　定期借地権のデメリットやそこから派生して生じ得る諸問題をできる限り解消ないし緩和しようとするならば、土地所有者と借地人との間で何らかの

第5章　日本の借地制度の再検討

　手段を講ずることによって、定期借地権の存続期間満了後も建物の存続が図られるようにすることが最初の第一歩となる。というのも、建物の存続が認められることになれば、借地人が投下した建物資本の維持やその回収も、あるいは借地人の居住利益の保護も実現される可能性が生じるからであり、またそれによって借地人の建物の維持管理や修繕の意欲の減退防止に（その程度に差はあるにせよ）資することになると考えられるからである。

　そのための具体的な方法としては、次の3つの方法が考えられる（なお、その具体的な方法を検討するにあたり、次のような2つの類型の借地人を想定して進めることとする。すなわち、土地所有者との借地契約に基づいて存続期間50年の定期借地権を取得し、その土地上に戸建て住宅を建築した借地人（戸建て住宅の借地人）と、土地所有者との借地契約に基づいて存続期間50年の定期借地権を取得した開発業者がその土地上に分譲マンションを建築し、その開発業者からマンションの専有部分の区分所有権と共用部分の共有持分権および敷地利用権（定期借地権）の準共有持分権（以下「区分所有権等」という。）を取得した借地人（マンションの借地人）とを想定する。いずれの場合も、50年の存続期間が満了すれば、借地人は、原則として、建物を取り壊し更地にして土地を土地所有者に返還しなければならないものとする）。

　第1の方法は、土地所有者が借地人から建物を取得するという方法である。この方法によれば、存続期間の満了により定期借地権は終了するが、それと同時に、戸建て住宅の場合はその所有権が、マンションの場合は区分所有者全員の区分所有権等が土地所有者に譲渡されるため、土地所有者は土地と建物の所有者となることで建物の存続が図られることになる。

　第2の方法は、借地条件の変更あるいは借地権設定の再契約により存続期間を延長するという方法である。この方法では、借地人は土地所有者に存続期間延長の対価を支払う必要があるが、借地権の存続期間が延長されて建物所有権が継続されることで建物の存続が図られることになる。

　第3の方法は、借地人が土地所有者から土地を取得するという方法である。

259

この方法では、借地人は土地所有者に土地取得の対価を支払う必要があるが、借地人が土地所有権を取得すると原則として定期借地権は混同により消滅し、借地人は土地と建物の所有者となることで建物の存続が図られることになる。

　もっとも、これらの3つの方法が有効に成立するためには、原則として、土地所有者と借地人との間で合意が成立することが条件となる。それでは、このような当事者の合意に基づく建物存続保護論は、具体的にどのような点が論点となり、また問題の解決にどの程度資することになるであろうか。そこで、次においてそれぞれの方法について各論的に検討することとする。

(b) 土地所有者による借地人からの建物取得（第1の方法）

　土地所有者が借地人から建物を取得することによって建物の存続を図る方法としては、当事者間で建物買取請求権排除特約のない定期借地権設定契約を締結する方法と、土地所有者に建物譲渡請求権を付与する民法上の特約を締結する方法とがあり得る。

　まず、前者の方法は、具体的に次のようなものである。すなわち、法22条は、定期借地権として認められるためには、①契約の更新に関する規定（法4条、5条および6条）、②建物再築による存続期間の延長に関する規定（法7条）、③建物買取請求権に関する規定（法13条）の適用がない旨の特約をすることが必要であるとされているが、この3つの特約のうち③の特約をせずに定期借地権設定契約を締結するというものである。この方法が有効に認められると解することができるならば、存続期間の満了時に、借地人は、土地所有者に対し、時価で建物を買い取るべきことを請求することができることになるので、建物の存続が図られることになる。

　この方法について、学説は、建物買取請求権排除特約のない定期借地権設定契約を有効と解すべきであるとするものが多い。具体的には、土地所有者が合意している限り、それを妨げるべき理由がなく、また法22条の規定も厳格にはなっていないので、この見解を許容すべきであるとするもの、建物買[14]

---

(14) 山野目章夫『定期借地権―定期借地制度の創設と展開』（一粒社・1997年）39頁、稲本洋之助・澤野順彦編『コンメンタール借地借家法〔第3版〕』（日本

第5章　日本の借地制度の再検討

取請求権が排除されていることにより、期間終了時が近づくと建物の修繕等もなされず、客観的に見て町並みの維持という点で問題が生じる心配があることを考慮すると、建物買取請求権を排除する特約を欠く契約も認めてよいとするものなどがある。しかしながら、立法担当者は、定期借地権として認められるためには3つの特約をあわせてしなければならないとしている。また、登記実務においても、3つの特約をあわせてしなければ、特約のない普通借地権の契約をしたことになるとして、特約の内容の一部を欠いた定期借地権の登記の申請は、受理することができないとしている。なお、このような立法担当者の見解に対しては、建物買取請求権は借地上の建物所有権に内在している固有の潜在的権利であると解することができるので、たとえ放棄をしたとしても、それは必ずしも建物買取請求権の全面的喪失を意味するものではなく、法22条による特約によって放棄というよりはむしろ請求権の行使に「制限」が加えられたものとみて、権利行使が権利濫用にあたらず、信義則に反していないときには、借地人は建物買取請求権を行使することは可能であるとする見解が存する。

　もしこの方法が可能であるとするならば、存続期間の満了により定期借地権は終了するため、借地人は、居住利益の保護を図ることはできないものの、建物買取請求権を行使することによって投下資本の回収を図ることはできることになる。これにより、借地人の建物の維持管理や修繕の意欲の減退もあ

評論社・2010年）156-157頁〔山野目章夫〕。吉田・前掲論文「定期借地権」（注11）53頁も同旨。
（15）森泉章・田山輝明・近江幸治共編著『詳解新借地借家法』（大成出版社・1993年）89-90頁〔田山輝明〕。水本浩ほか編『基本法コンメンタール借地借家法〔第2版補訂版〕』（日本評論社・2009年）74頁〔藤井俊二〕も同旨。
（16）寺田逸郎「定期借地権および期限付借家の制度」法律のひろば45巻3号17頁、同「借地・借家法の改正について」民事月報47巻1号92頁。
（17）小野瀬厚・渡辺秀喜「借地借家法の施行に伴う不動産登記事務の取扱いについて（基本通達）の解説」民事月報47巻7号30頁。
（18）大西泰博『土地法の基礎的研究—土地利用と借地権・土地所有権』（敬文堂・2010年）98-99頁。

261

る程度抑止することが可能となるものと考えられる。ただし、この方法を用いることは実務上の障害があるため難しい面があるといえる。

　次に、後者の方法は、具体的に次のようなものである。すなわち、借地権設定時に以上の3つの特約をあわせて締結して定期借地権を有効に成立させた後に、土地所有者が期間満了に際し、建物収去請求をするのではなく、建物を自己に譲渡するように請求することを可能とする特約を締結するというものである。このような特約を締結することが可能であるかについて、定期借地権が地上権によるものである場合には、土地所有者は時価相当額を提供して建物を買い取ることができるとされている（民法269条1項ただし書）。これに対して、定期借地権が土地賃借権によるものである場合には、明文の規定はないものの、立法担当者も、「建物の買取りに関しては、第13条の存続保障の一環をなす制度としての建物買取請求権の適用はないとしても、民法上の約定として、借地権の消滅時に借地権者が借地権設定者に対して建物を買い取るよう請求することができる旨を定めることは妨げられない」と解しているが、この理は借地権設定者が借地権者に対して建物買取請求をする場合でも同様に当てはまることであるので、土地所有者が建物買取請求をすることができるという民法上の特約をすることは差し支えないとしている。このように、民法上の特約により土地所有者が借地人に建物譲渡請求をすることは可能であり、これにより建物の存続を図ることも可能であると解されている。

　この方法について、学説は、借地人を建物収去の負担から逃れしめ、建物を土地所有者が引き続き利用することは一般的な合理性が認められること、また建物賃借人がいる場合でも、建物の譲渡が認められれば、その者の継続利益が法35条に依存することなく可能であることを理由に、少なくとも無償譲渡の請求権を土地所有者に与える旨の当事者間の合意がある場合には、その合意を有効であると解してよいとするものがある。このような無償譲渡特

　（19）　寺田・前掲民事月報（注16）93頁。
　（20）　寺田・前掲法律のひろば（注16）18頁。

第5章　日本の借地制度の再検討

約を有効とする見解に対して、借地人の投下資本の回収を保障する視点から有償であるのが望ましいとする見解や⁽²²⁾、無償だからと行って経済的不公平を放置するわけにはいかないので、建物とは離れた別の形での経済的利害調整があってしかるべきであるとの見解がある⁽²³⁾。

この方法は、実際に、借地権設定時に存続期間が満了する際に借地人が土地所有者に建物を無償で譲渡し、借地人はその後借家人として建物の利用を継続することができるとする特約を締結する形式で一定程度行われているとのことである⁽²⁴⁾。この方法によれば、存続期間の満了により定期借地権は終了し、また借地人は投下資本の回収を図ることはできないが、戸建て住宅の場合はその所有権が、マンションの場合は区分所有者全員の区分所有権等が土地所有者に譲渡されるため、土地所有者は土地と建物の所有者となる一方で、従前の借地人は建物の借家人として建物の利用を継続することができるようになる。これにより、借地人の建物の維持管理や修繕の意欲の減退もある程度抑止されることになると考えられる。

(c) 借地条件の変更あるいは借地権設定の再契約による存続期間の延長（第2の方法）

当事者間の合意で借地条件の変更あるいは借地権設定の再契約を行うことで定期借地権の存続期間を延長することによって建物の存続を図るという方法は、建物が堅固で耐用年数が約定期間を超える場合で、また存続期間中の

---

(21) 山野目章夫『定期借地権—定期借地制度の創設と展開』（一粒社・1997年）38頁、稲本洋之助＝澤野順彦編『コンメンタール借地借家法〔第3版〕』（日本評論社・2010年）156頁〔山野目章夫〕。東川始比古「定期借地権の現状と課題」内田勝一ほか編『現代の都市と土地私法』（有斐閣・2001年）276頁も同旨。

(22) 水本ほか・前掲書（注15）74頁〔藤井〕。

(23) 大西・前掲書（注18）101頁。

(24) 定期借地権設定契約において無償譲渡特約のあるものは、2006年（平成18年）以降のデータに限られるが、67.5%となっているということであり、このような取扱いが実際に広く活用されている結果となっているとのことである（周藤利一「定期借地権制度の課題」松尾弘＝山野目章夫編『不動産賃貸借の課題と展望』（商事法務・2012年）80頁）。

263

当事者の事情次第では、実際にあり得なくはない選択肢の1つであるといえる。このような場合に、当事者が借地条件を変更して期間延長の合意（契約の更改）をすることによって存続期間を延長することができるかについて、学説は、契約内容の一部を途中で変更する合意に合理性があり、土地所有者に不利とならない場合には有効として差し支えないと解している。[25]また、期間満了後あるいは期間満了前に、当事者間で借地権設定の再契約の合意が整うこともあり得ないではない。このような場合に、定期借地権設定契約を再契約することをできるかについては、それが可能であることは問題ないし、むしろ望ましいと解されている。[26]そして、これらの期間延長の合意や再契約を明確な要件の下で予約する特約も許されると解されている。[27]

　この方法によれば、存続期間の延長の合意によって定期借地権は継続されることになるため、借地人は、土地所有者に存続期間延長の対価を支払う必要はあるものの、投下資本の維持と居住利益の保護とを同時に図ることができることになる。また、これにより、借地人の建物の維持管理や修繕の意欲の減退もかなりの程度抑止されることになると考えられる。

（d）借地人による土地所有者からの土地取得（第3の方法）

　借地人が土地所有者から土地を取得することによって建物の存続を図るという方法は、第2の方法と同様に、実際にあり得なくはない選択肢の1つであるといえるし、またその合意を制約する法的理由も存在しないといえる。ただし、この方法は、定期借地権住宅が戸建て住宅の場合には実際上の支障はそれほどないが、複数の借地人が存在するマンションではかなり複雑な権利関係が生ずる場合が出てくる。仮に借地人全員で土地所有権を取得することができるのであれば、定期借地権は混同により消滅するので、敷地利用権が土地所有権の一般のマンションと同様の権利関係となるだけである。しか

---

(25) 水本ほか・前掲書注（15）72頁〔藤井〕。山岸洋「定期借地権の当事者関係」
　　稲葉威雄ほか編『新・借地借家法講座第2巻』（日本評論社・1999年）105頁も
　　同旨。
(26) 吉田・前掲論文「定期借地権」（注11）61頁、大西・前掲書（注18）101頁。
(27) 山野目・前掲書（注21）40頁、稲本＝澤野・前掲書（注18）157頁〔山野目〕。

第5章　日本の借地制度の再検討

し、個々の借地人の経済状況によっては、土地取得費の負担割合を負うことができない借地人が出てくることもある。そのため、借地人の一部だけで土地所有権を取得することになるならば、定期借地権は混同により消滅せず、借地人の一部のみが土地所有者の地位を引き継ぐことになる。例えば、A・B・C・Dの4人からなる借地人のうち、A・B・Cの3人が土地所有者から土地所有権を取得した場合、土地所有者としてのA・B・Cと借地人としてのA・B・C・Dの賃貸借関係が成立することになる。もっとも、これでは権利関係が錯綜するので、A・B・Cの3人が法人Xを設立して、土地所有者としてのXと借地人としてのA・B・C・Dとの賃貸借関係が成立するとした方が権利関係は比較的明瞭になるといえる。そして、この場合の土地所有者Xは、借地人A・B・Cが構成員となっているので、3人の団体的意思決定に基づき、借地条件の変更あるいは借地権設定の再契約による存続期間の延長を行うようにすることで、建物に対する借地人全員の利益が保全されることになる。

　いずれにせよ、この方法によれば、借地人は、土地所有者に土地取得の対価を支払う必要はあるものの、投下資本の維持と居住利益の保護とを同時に図ることができることになる。これにより、借地人の建物の維持管理や修繕の意欲の減退もかなりの程度抑止されることになると考えられる。

（e）合意による存続保障の意義と課題

　以上の各方法は、基本的に当事者間の合意に基づくものであり、定期借地権の趣旨に反しないので、いずれも契約自由の原則により許容されるものである。そして、借地および借地上建物で営まれてきた居住・事業等の存続に一定の範囲で配慮するという共通の意義を見出すことができるものである。このような存続への配慮は、契約の継続性を前提としつつ、借地および借地上建物を起点として自分の生活空間を主体的に形成する借地人の自由を、契約当事者間の合意によって確保しようするものであるという意味において、「合意による存続保障」と呼ぶことができるといわれている。[28]

(28) 秋山靖浩「存続保障の今日的意義」松尾弘・山野目章夫編『不動産賃貸借の

265

このような合意による存続保障では、その合意に基づき建物が存続する結果として、借地人の投下資本や居住利益も一定の範囲で保護されることになり、これにより、借地人の建物の維持管理や修繕の意欲の減退も一定程度抑止されることになると一応いうことができる。しかし、ここでの各方法については、そもそも当事者間の合意が実際に成立し得るのか、そして仮に合意が成立するとしても、その内容が果たして当事者（特に借地人）にとって公平なものであるといえるのかという点が問題となる。

　まず、当事者間の合意が実際に成立し得るのかという点について検討する。この点については、基本的には定期借地権を選択した土地所有者があえて自らに不利となると思われる合意をするとは考えにくい。しかし、土地所有者側の事情によっては、土地所有者にこれらの合意に応ずる動機が存在し得る場合もある。すなわち、第1の方法では、土地所有者は、建物の資本価値を有償または無償で享受できることになるし、また借地契約が終了しても借地人が建物を取り壊さずに建物から退去しないことによる潜在的訴訟リスクも回避できるというメリットが存する。また、第2または第3の方法でも、存続期間満了時までの土地所有者の交替、土地所有者の経済事情あるいは地域環境の状況によっては、土地所有者が土地の返還よりも金銭的な対価を希望するようになることもあり得ないではない。[29]したがって、土地所有者側にこのような事情が存する場合には、合意による存続保障が実現する可能性は十分にあるといえる。

　ただし、定期借地権住宅が複数の借地人からなるマンションである場合には、第2または第3の方法を選択しようとするとき、逆に借地人側の事情に合意の阻害要因が存することになる。すなわち、第1の方法では、借地人は、建物取壊しの費用負担を回避することもできるし、また存続期間満了後も、

　　課題と展望』（商事法務・2012年）67-68頁。
（29）定期借地権マンションの実態調査によれば、土地所有者の方から底地の買取りを借地人に求めるケースがあるとのことである（齊藤広子・中城康彦「定期借地権マンションのストックの状態と管理上の課題と対応」日本都市計画学会都市計画論文集51巻3号823頁）。

第5章　日本の借地制度の再検討

借家人としてではあるが、建物の利用継続も可能となるので、たとえ存続期間中であったとしても借地人全員の合意が形成されることもあり得ないではない。これに対して、第2の方法では、借地権の存続期間延長のための費用負担が、また第3の方法でも、土地所有権の購入のための費用負担が借地人に生ずるので、借地人の合意形成は困難となると考えられる。すなわち、第2の方法では、建物取壊し・更地返還という借地権の内容の変更を伴うので、借地人全員の合意が必要となるし、また第3の方法でも、借地人全員が土地(30)所有権を取得する場合には、やはり全員の合意が必要になるところ、各借地人に相応の費用負担が生ずるこれらの方法では、一般的に借地人全員の合意を形成するのは相当に困難であるといえる。仮に借地人全員の合意が得られないとすると、結局は、第3の方法において、資力のある借地人の一部のみで費用を負担して土地所有者から土地所有権を購入するという方法が残された選択肢となる。もっとも、この方式は、必ずしも全員合意を要しないという点では利点はあるが、各借地人の費用負担割合がそれだけ重くなるという点と、その後の権利関係が複雑になるという点で一般化するには難しい面がある。このように、第2または第3の方法は、借地人の投下資本の保護と居住利益の保護とが同時に図られ、また借地人の建物の維持管理や修繕の意欲の減退もかなりの程度抑止されるので、定期借地権のデメリットや諸問題の解決方法として極めて有効な手段であるにもかかわらず、定期借地権マンションでは、借地人の合意形成の困難さという点で阻害要因が存しているのである。

---

(30) 定期借地権マンションでは、複数の借地人が借地権を準共有しており、借地人全員が建物取壊し・更地返還義務を負っている状態にある。このとき、借地人全員が土地所有者との間で存続期間延長の合意をすることができなかった場合、建物取壊し・更地返還義務を負う借地人が残されることになる。結果的に、建物の存続を図るためには、借地人全員の合意が必要となるので、その実現は実際上ほとんど不可能であるといわれている（稲本洋之助編著・山岸洋＝山野目章夫著『定期借地住宅の契約実務—事業者・土地所有者・エンドユーザーのための契約書解説』（ダイヤモンド社・1995年）192-193頁）。

267

次に、かかる合意が仮に成立したとしても、その内容が果たして当事者（特に借地人）にとって公平なものであるといえるのかという点について検討する。第1の方法については、実際にその方法が行われている事例を見るならば、定期借地権設定契約時に建物無償譲渡特約を締結するという場合がほとんどである。この方法では、存続期間満了後は、建物の所有権は土地所有者に帰属することになる一方、借地人であった者は爾後その建物の借家人となるので、この者が支払う賃料は、これまでの土地の価値相当分から、土地と建物の価値相当分へと増額されることになるはずである。したがって、この方法は、借地人の居住利益は保護されるが、投下資本は実際上回収されないことになるという点で難点が存する。しかし、定期借地権設定契約時において、たとえ借地人に不利な特約であっても、借地人が相対的に安い費用で住宅を取得できたことに満足してこれに合意することは十分にあり得ることである。その意味で、この方法は、マンションのように多数の借地人が存在する場合においても現実的に取り得る有効な方法の1つであるといえるかもしれない。

　他方、第2または第3の方法については、当事者間で合意が成立するのであれば、そのこと自体に特に問題はないように見える。しかし、その合意が成立するためには、当事者間で金銭的な取引が行われることになるが、ここで行われる合意に向けた交渉は、期間満了をもって建物取壊し・更地返還がなされることを前提とした条件下で行われるものである。例えば、再契約交渉の場面では、「貸地人側には無条件の更新拒否権というエースカードが与えられているから、再契約一時金（事実上の更新料）等を含む再契約条件について対等当事者間の交渉が実現されることは困難であろう」と考えられる。[31]したがって、仮に存続期間延長の合意あるいは土地所有権売買の合意が成立するとしても、その内容は必ずしも妥当なものになるとは限らないことに留意する必要がある。

　以上の検討から、第1の方法で、定期借地権設定契約時に建物無償譲渡特

(31) 田山・前掲論文（注9）54頁。

第5章　日本の借地制度の再検討

約を締結する方法が、戸建て住宅だけでなく、マンションにおいても現実的に取り得る有効な方法であることを確認することができた。ただし、この方法は、借地人の投下資本が最終的に土地所有者にすべて無償で帰属するので、借地人が建物の維持管理や修繕にどれだけ費用をかけたとしても、そのことは結果として存続期間満了後の土地所有者の資産価値を高めることにしかならない。その意味で、借地人の建物の維持管理や修繕の意欲の減退防止という観点からは、その効果には一定の限界があるといえる。これに対して、第2または第3の方法は、定期借地権のデメリットや諸問題の解決方法として極めて効果的な手段ではあるが、マンションの借地人にとっては合意形成の困難さという実際上の課題が存すること、そして戸建て住宅およびマンションに共通して土地所有者と借地人との間に交渉力の不均衡という問題が存することが明らかとなった。これらのことから、当事者間の合意に基づく解決策については、少なくとも現行法の下においては、その実効性を阻害する大きな制約が課せられているといわざるを得ないであろう。

（2）合意に基づかない建物存続保護論

（a）既存の各種の見解

　合意に基づく建物存続保護論については、上記のように、その実効性に限界が存することから、たとえ当事者間の合意がなくても、一定の場合に、建物の存続を図り、借地人の投下資本や居住利益の保護を図ろうとする見解が存する。このような見解として、これまでに次の3つの見解が存している。

　第1は、民法619条の適用による契約の更新を肯定する見解である。この見解は、次のような事態を想定している。すなわち、定期借地権の存続期間満了後は、土地所有者は建物収去・土地明渡を請求するのが原則であるが、期間満了後に土地所有者が直ちに土地の返還を請求せずに放置する場合もないとはいえない。このように、期間満了後でも借地人が土地の使用または収益を継続する場合において、土地所有者がこれを知りながら異議を述べないとき、民法619条の適用により、従前の賃貸借と同一の条件で更に賃貸借を

269

したものと推定されるか否かが問題となるとする。この点について、この見解は、民法619条の適用を肯定しても、土地所有者は、証拠を挙げて推定を覆すことができ、また存続期間満了の際に異議を述べることによって、更新を阻止することができるので、土地所有者に重大な不利益をもたらさないこと、存続期間満了後しばらく土地の返還を請求しないでいた土地所有者が、卒然と態度を変え、短期日のうちに建物の収去を求める場合に、借地人が、これに応じなければならず、かつ、それまでの土地の使用が不法占拠として扱われることになるのは妥当でないことなどを理由に、民法619条の適用が認められるとする。ただし、新たに成立する賃貸借は、原則として、期間の定めのない賃貸借であり、民法617条1項1号に基づき、賃貸人が解約申入れをなしたときより1年を経るまでの間、有効・適法に存続すると解すべきであるとする。もっとも、実務上は民法619条の規定を適用しないことを予め約定で明記する取扱いが多いといわれている。

第2は、期間満了後の建物取壊しが権利濫用に該当し得るとする見解である。この見解では、定期借地権の存続期間が満了したからといって、現に存在している建物を取り壊すことは、とりわけ借地上の建物に賃借人が多数居住している場合には、法35条の規定にかかわらず複雑な事態になる可能性がある。このような場合に、土地所有者が建物の取壊しを請求することは、権利濫用に当たることもあり得ないことではないとして、権利濫用法理による建物維持および居住者保護を考える必要があるとする。

第3は、事情変更あるいは宅建業者の重要事項説明責任を根拠に存続期間

---

(32) 山野目・前掲書（注21）34頁、稲本＝澤野・前掲書（注21）154頁〔山野目〕。吉田・前掲論文「定期借地権」（注11）61頁も同旨。

(33) 山岸・前掲論文（注25）104-105頁。なお、水本浩・澤野順彦編『定期借地権活用の手引き』（住宅新報社・1992年）所収の「一般定期借地権設定契約約款（案）」によれば、「本件借地権については、法第4条ないし第8条、第13条及び第18条並びに民法第619条の適用はないものとする」とされている。

(34) 大西・前掲書（注18）101頁。永田・前掲論文「定期借地権創設の問題点」（注12）32-33頁、永田・前掲論文「定期借地権構想とその実効性」（注12）101-102頁も同旨。

第5章　日本の借地制度の再検討

の延長を認めるべきとする見解である。この見解のうち事情変更を根拠とするものについては、次のように述べる。すなわち、定期借地権は50年以上の存続期間があるため、契約締結から存続期間満了までに諸事情が大きく変動することがあり得る。例えば、土地所有者が契約終了後に当該不動産を使用する必要性が乏しい場合などにおいて、定期借地権の契約の効力―存続期間満了による借地関係の終了―をそのまま認めると、借地人が居住の基盤を完全に失ってしまうなど、生活空間を主体的に形成する借地人の自由が著しく侵害されることもあり得る。そのような場合に、土地所有者に対する過剰な負担とならない範囲で、借地人が上記自由への予期せぬ侵害を回避あるいは最小限に留めるための猶予期間として、定期借地権の存続期間の延長を認めるべきであるとする。また、重要事項説明責任を根拠とするものについては、(35)次のように述べる。すなわち、定期借地権選択の意思決定の基盤ないし環境のより良き整備がまだ実現されておらず、それにもかかわらず定期借地権を選択したという借地人に対しては法的介入による救済も必要であるという認識の下、存続期間満了時以降の居住・生活等の有り様（自己の生活空間をどのように形成するか）を十分に意識し得なかった借地人に対しては、例えば、居住・生活（自己の生活空間）を新たな所で確立するために必要な範囲で存続期間の延長（限定的な存続保障）が認められてもよいとする。(36)

（b）合意によらない存続保障の限定性

　以上の各見解のうち、第1の見解は、期間満了後に土地所有者が直ちに土地の返還を請求せずに放置する場合に限定されるもので、また特約で民法619条の適用が排除されることも多いといわれているため、その適用が可能な場合はさらに限定されるものである。第2の見解は、定期借地権の存続期間満了後の土地所有者による建物収去・土地明渡の請求が権利濫用に該当し

---

(35)　秋山・前掲論文（注28）69頁。

(36)　秋山靖浩「定期借地権における2042年問題―存続保障の排除に関する一考察―」『早稲田民法学の現在―浦川道太郎先生・内田勝一先生・鎌田薫先生古稀記念論文集―』（成文堂・2017年）271-272頁。

得る場合に限定されるもので、また一般条項の解釈に関わるものであるため、その適用要件を抽出することの難しさがある。そして、第3の見解のうち事情変更を根拠とするものは、契約締結から存続期間満了までに諸事情が大きく変動することで、生活空間を主体的に形成する借地人の自由が著しく侵害される場合に限定されるというもので、またその事情変更を具体的にどのように認定するかということの難しさがある。一方の宅建業者の重要事項説明責任を根拠とするものは、宅建業者に重要事項説明義務違反があった場合に限定されるもので、またそもそも宅建業者に存続期間満了時以降の居住・生活等の有り様を借地人に認識させる責任まであるといえるかについては議論のあるところであると思われる。

　以上のような当事者間の合意に基づかない解決策については、仮にそれが認められるとしても、借地人の居住利益が例外的あるいは一時的に保護されるに留まるものでしかないといえる。その意味で、この解決策の効果はごく限定的なものに留まるといわざるを得ないだろう。

（c）問題解決の方向性

　これまで、当事者間の合意に基づく解決策とそれに基づかない解決策とについてそれぞれ検討してきたが、この検討によって、定期借地権のデメリットや諸問題を解消ないし緩和するためには、前者の解決策が一定程度有効であることが明らかになった。ただし、前者の解決策であっても、この問題を完全に解消するためには、存続期間の延長あるいは土地所有権の売買の合意を成立させることが必要であり、しかもそのためには、マンションにおいては借地人全員の合意形成という課題、そして土地所有者と借地人との間では交渉力の不均衡という課題が克服されなければならないことが明らかとなった。

　それでは、これらの課題を克服しつつ、当事者間で適正な合意を成立させる仕組みを制度化することは果たして可能であるだろうか。そこで、以下においてまず、現行法の下においてもその仕組みを制度化することが可能であるかについて検討する。そして次に、仮にそれが困難である場合でも、何ら

第5章　日本の借地制度の再検討

かの立法的な措置によって借地人に形成権としての効力のある権利を付与することが可能であるかについて検討する

（3）再交渉による契約調整の可能性

定期借地権のデメリットや諸問題を解消するためには、当事者間で借地条件の変更あるいは借地契約の再契約について合意することで、借地権の存続期間を延長して建物を存続させる方法が極めて有効である。しかし、当事者間の合意は、すでに述べたように、その交渉が期間満了をもって建物取壊し・更地返還がなされることを前提とするものであることから、最初から土地所有者に有利な状況下にあり、たとえ合意が成立してもその内容が土地所有者に一方的に有利なものになり得るという問題がある。そこで、より公平な合意内容を適切に成立させるため、再交渉義務論を定期借地権の場面に適用することができるか否かについて検討することとする。

定期借地権は、正当事由制度から解放されかつ時間的に明確に限定されているので、民法上の継続的債権（契約）関係としての賃貸借という視点からみることができる。継続的債権（契約）関係には、①一定期間を通じて実現される債権関係であること（期間の長期性）、②当事者間の関係が一時的な債権関係よりも相互信頼性が強くあらわれること、③期間の長期性の故にその間に契約の基礎となっている事情に変化が生じやすく、「事情変更の原則」に親しみやすいことなどの特徴がある。[37] 定期借地権にも、期間の長期性と当事者間の相互信頼性という特徴が認められるのは明らかであるが、それでは「事情変更の原則」に親しむものであるといえるだろうか。

事情変更の原則については、最終的に改正民法に規定されるには至らなかったものの、法制審議会民法（債権関係）部会において民法に規定することをめぐって審議が重ねられた。[38] そこでの審議の成果を踏まえるならば、事情

---

(37) 橋本恭宏『長期間契約の研究』（信山社・2000年）49-50頁。

(38) 事情変更の原則の立法作業の経緯については、潮見佳男『法律学の森／新債権総論Ⅰ』（信山社・2017年）103-105頁参照。

273

変更の要件は次のように整理することができると解されている。すなわち、①契約の基礎となっていた事情が著しく変更したこと、②その事情の変更が契約締結の後に発生したか、または、契約締結時の時点ですでに発生していたものの、両当事者がその発生を知らなかったこと、③その事情の変更の可能性を契約締結の時点で考慮に入れることが、両当事者には期待することができなかったこと、④その事情の変更が、両当事者の統制を超えたものであったこと、⑤契約を変更せずに維持することが、両当事者には期待することができないこと、という要件が挙げられるとされている。[39]

　定期借地権の期間満了時の問題に対して、このような事情変更の原則の要件が充足されるかについては、詳細に論ずるまでもなく、両当事者が問題発生の可能性を契約締結の時点で考慮に入れておくことは十分に可能であることから、その要件が充足されないのは明らかである。したがって、事情変更の原則の要件が充足された場合の効果として生ずると解されている契約解除、契約改訂あるいは再交渉義務は、この場面において問題となることは基本的にはあり得ないことになる。ただし、このうちの再交渉義務については、事情変更の原則の適用場面と切り離して、固有の機能や存在意義を把握することが可能であると解されている。[40]

　再交渉義務とは、契約を合意により事情の変化に適応させるという目的のために互いに交渉を行う義務であり、契約当事者にこの義務を課すことによって、契約条項の修正に向けた意思表示を各当事者者に促そうとする「交渉促進規範」としての意義を見出すことができるとされている。[41]しかし、再交渉義務の要件や義務の内容は不明確であるので、いくつかの学説が対立している状況である。ここでは、再交渉義務の内容として契約締結義務が認められるとする見解ではなく、再交渉義務を「過程志向的法システム」と理解す[42]

（39）潮見・前掲書（注38）111頁。

（40）石川博康『再交渉義務の理論』（有斐閣・2011年）22頁。

（41）山本顯治「契約交渉関係の法的構造についての一考察（三・完）─私的自治の再生に向けて─」民商法雑誌100巻5号90-91頁。

（42）和田安夫「長期契約の調整と契約の再交渉義務」姫路法学13号31頁。

第 5 章　日本の借地制度の再検討

る見解に依拠して、再交渉義務の要件や義務の内容の概略について確認しておくこととする。

　まず、再交渉義務の成立要件は、①再交渉を申入れる当事者において再交渉が必要であること（必要性）と、②相手方において再交渉に応じることが容認し得ること（容認可能性）とが必要であるとされている。次に、再交渉義務の内容には、①再交渉を申入れる義務、②申入れに応じる義務および誠実に対応する義務、③再交渉を申入れた当事者は具体的な提案をする義務、④提案を受けた当事者はその提案に誠実に対応し交渉に協力する義務があるとされている。そして、このような再交渉義務に違反があった場合の法的制裁としては、①③の義務違反の場合は、当該義務者が行った訴訟上の改訂請求や契約の解消は認められない、②の義務違反の場合は、当該義務の相手方が行った訴訟上の改訂請求または契約の解消が認められる、④の義務違反の場合は、契約を望んでいる者がこの義務に違反した場合は、この者が行った訴訟上の改訂請求や契約の解消は認められず、相手方がこの義務に違反した場合は、契約調整を望む者が行った訴訟上の改訂請求や契約の解消が認められるとされている。このように、契約当事者に再交渉義務が認められ、その義務違反に対する法的制裁として義務違反者に不利な契約調整が裁判官により行われるものとされている。

（43）　松井和彦「過程志向的法システムと再交渉義務」一橋論叢115巻１号252頁。

（44）　松井・前掲論文（注43）259-260頁。

（45）　松井・前掲論文（注43）264-265頁。

（46）　松井・前掲論文（注43）266-267頁。

（47）　なお、再交渉請求権は調整を望むより弱い当事者に有利にみえて、調整を望まず存続に関心を持つ強い当事者の再交渉義務の履行により、裁判官による契約調整よりも、後者に有利な交渉が成立する危険があるとの批判的な見解がある（石田喜久夫『現代の契約法〔増補版〕』（成文堂・2001年）233-235頁）。これに対して、再交渉義務は、まさにこのような交渉上の障害を除去することを通じて当事者による協調的・創発的解決の発見を支援することを目的とする規範として理解されるべきであり、また再交渉義務が交渉上の地位の格差を一定程度均衡化する機能を果たし得るようにその要件・効果を定めることも不可能ではないとの見解がある（石川・前掲書（注40）205頁）。

以上の再交渉義務論を参考に定期借地権のケースを考えると、仮に再交渉義務の成立要件を満たしているとした場合、定期借地権の存続期間満了時に借地人から借地契約の再契約の申入れがなされると、土地所有者はその申入れに応じる義務および誠実に対応する義務を負うことになり、借地人から具体的な提案がなされると、土地所有者はその提案に誠実に対応し交渉に協力する義務を負うことになる。そして、土地所有者がそれらの義務に違反した場合、借地人が行った訴訟上の改訂請求または契約の解消が認められることになるので、借地人が求める再契約が成立するということになる。

　問題は、土地所有者にこのような義務と法的制裁を課すことができるかである。土地所有者は、借地人との間で明示の特約をもって建物取壊し・更地返還を可能とする定期借地権設定契約を締結したのであるから、土地所有者には建物取壊し・更地返還の合理的な期待があるといえ、このような事情の下で、土地所有者に再交渉義務を課すことが妥当であるといえるかということが問題となる。また、仮に義務を課すことが妥当であると解したとしても、違反に対する制裁がなければ、法規範としての意義は乏しいとの指摘がある[48]ように、土地所有者の再交渉義務違反に対して裁判官に契約改訂および契約解消の権限を与える根拠が現行法上存在しない以上、再契約の成立が担保されることにはならないということも問題となる。

　これらの検討から明らかなように、借地条件の変更や借地契約の再契約に向けた再交渉義務論は、土地所有者の建物取壊し・更地返還の合理的期待への配慮や法規範としての実効性の確保が問題となるため、定期借地権の場面では有効に機能し得ないといえよう。したがって、現行法の解釈において、借地条件の変更や借地権設定の再契約による存続期間の延長の合意を図ることはやはり限界があるといわざるを得ないであろう。

（4）存続期間の延長あるいは借地人による土地取得への立法的介入の可否

　以上のように、現行法の解釈論に限界があるとするならば、次に、定期借

（48）加藤雅信『新民法体系民法総則〔第2版〕』（有斐閣・2002年）284-285頁。

第5章　日本の借地制度の再検討

地権のデメリットや諸問題を解消するための特別法を制定するという立法論が社会的に許容されるか否かについて検討することも必要となろう。具体的には、イギリスにおいて立法化された権利と同じような存続期間の延長請求権や土地売渡請求権が日本の借地人にも付与されるべきであるか否かが問題となる。この点に関して、借地人に有効利用の具体的な必要性、相当性があれば、借地人に土地売渡請求を認めるべきであるという主張がなされたこともあるが、果たしてこのような権利を借地人に付与することが妥当であるであろうか、仮に妥当でないというのであれば、どのような権利であれば社会的に許容され得るであろうか。以下では、イギリスの事例を踏まえながら、これらの論点について検討することとする。

　まず、日本の借地人に対しても、イギリスと同じような賃借人保護のための権利が付与されるべきであるかという点から検討する。この論点を検討するにあたっては、それぞれの制度が設けられた社会条件の相違を踏まえておく必要がある。イギリスにおいては、長期不動産賃借権に基づく住宅が広く普及しており、しかも、19世紀後半に広く利用された建築用不動産賃貸借に基づく戸建て住宅やテラスハウスでは、当時の大土地所有制の下で、自由土地保有権に基づく住宅を取得できる選択肢はほとんどなかった。また、第二次世界大戦後に普及した集合住宅では、長期不動産賃借権に基づくフラット所有制度が一般化したため、自由土地保有権や区分所有権に基づくフラットを取得できる選択肢もかなり限られていた。このように、イギリスで住宅を取得するに際しては、多くの者が長期不動産賃借権での取得を余儀なくされていたのである。これに対して、日本においては、定期借地権に基づく住宅は実際にはほとんど普及しておらず、しかも、その賃借人は、土地所有権や普通借地権を選択することも可能であったにもかかわらず、あえて定期借地

（49）稲本洋之助・水本浩「対談／借地・借家法改正問題の現状と展望」法律時報58巻5号37頁〔水本浩発言〕。なお、この発言は、普通借地権における正当事由のあり方をめぐる文脈でのものであるが、定期借地権終了時のあり方についても等しく当てはまるものであるといえよう。

277

権を選択した者である。こうして定期借地権を選択した者は、基本的に定期借地権のメリットとデメリットを合理的に判断した上で、任意の合意に基づいて、存続期間満了時の建物取壊し・更地返還の特約を締結しているはずである。このように、イギリスの長期不動産賃借権に基づく住宅の賃借人と日本の定期借地権に基づく住宅の借地人とでは、それぞれ前提となる社会条件が全く異なっており、両国の社会条件の相違を踏まえるならば、イギリスで行われたような賃借人保護のための立法的介入を日本でそのまま行うことには慎重であるべきである。したがって、日本の借地人に存続期間の延長請求権や土地売渡請求権を付与することはやはり妥当でないといわざるを得ない。

しかしながら、合理的に判断して定期借地権を選択した者であったとしても、定期借地権のデメリットから派生して生じ得る諸問題についてまで明確に認識していた者はそれほど多くないであろう。また、実際に将来このような問題が顕在化したときに、問題がそのまま放置されても構わないということにもならないであろう。この点については、立法担当者もその弊害をできるだけ取り除く方法を検討せざるを得ないと述べているが、以上の日本の状況を踏まえるならば、その方法は基本的には当事者間の私的自治に基づくものでありつつ、当事者間の交渉力の不均衡を利用した不公正な取引を是正する範囲のものに限られるだろう。したがって、存続期間の延長あるいは借地人による土地取得という方法が取られるとしても、まずは当事者間の任意の合意に委ねられるべきである。その結果として契約交渉が土地所有者に有利に働いたとしても、土地所有者の行為が明らかに信義則に反しない限りは、借地人もやむを得ないものとしてこれを甘受すべきである（これによって、存続期間の延長や土地取得の費用が高くなると、マンションの借地人の合意形成の困難さはさらに増すことになるであろうが、これもまた基本的にやむを得ないものとして甘受する必要があろう）。しかし、この交渉過程において、底地の買取りの意向を有する土地所有者が、底地を第三者に売却するこ

---

(50) 座談会「借地法・借家法改正要綱試案」ジュリスト939号56頁〔寺田逸郎発言〕。

とを借地人に示唆することで底地価格のつり上げを図るなど不公正な行為に及ぶ場合には、これを防止する必要はあるであろう。そこで、借地人が第三者に優先して底地の時価での売渡しを求めることができるとする先買権を借地人に付与するという立法的措置を講ずることについては、当事者間の私的自治に対する著しい干渉にはならないので、これを認めても差し支えないように思われる。このような公正な取引を目的とした立法的措置であるならば、立法による介入も社会的に十分に許容されるものであると考える。

（5）定期借地権に基づく共同的土地利用論

　これまで、主として当事者間の合意をいかにして成立させるかという観点から建物の存続を図る方法について検討してきたが、これとは幾分異なるアプローチで、当事者間の合意が成立するよういかに誘導するかという観点から建物の存続を図ろうとする見解も提示されてきた。この見解は、定期借地権であっても最終的には建物が土地所有者に帰属するための法的方策が講じられるべきであるとしつつ、ただそれが可能になるにしても、将来取得するであろう建物が土地所有者にとって魅力的なものでなければならないとする。そのためには、当事者間に「共同的土地利用観念を定着させ、建物を共同で作るという意識をもたせることも必要となろう。そして『合理的土地利用』の観点からも、また両者の建物に対する愛着性を確保させるためにも、原則的には、借地権者に『建物建築権』があるとしても借地権設定者に『建物への参加権』なるものを認めるべき」であると主張する。[51] そして、この「建物の参加権」の根拠については、法17条1項にその萌芽を見出すことができ、同項の「借地条件」という文言を礎とすることで、「借地権者が一方的に、自由に適切さを欠く建物を建てることを回避し、借地権設定者の意向も組み込める」ように図ることができると主張する。[52]

　この見解は、土地所有者が借地人による建物の建築にいかに関与するかと

---

(51) 大西・前掲書（注18）104頁。

(52) 大西・前掲書（注18）104-105頁。

いう点に着目するが、その趣旨は、土地所有者が定期借地権の存続期間満了時における建物取壊し・更地返還ではなく、建物取得を希望するような状況を創り出すことによって、建物の存続を確実なものにしようとすることにあるといえる。そして、この趣旨を敷衍するならば、その射程は、定期借地権設定時の建物の建築だけでなく、その存続期間中の建物の質の維持にも及ぶものであると考えられる。このような考えに基づいて、「借地条件」の中に建物の建築やその質の維持に対する土地所有者の意向を組み込んだ約定が締結されるならば、土地所有者はその約定を根拠に借地人に対し建物の維持管理や修繕の義務を強制することができることになるだろう。ただし、このような約定に関しては、いくつか留意しておくべき点がある。

まず、そもそもこのような約定を締結することが許容されるのかという点が問題となる。というのも、借地人は、土地所有者に対して、土地の使用に関しては契約上の義務を負うが、建物の使用に関しては、建物は自らの所有物であるので、契約上の義務を負わないのが原則であるからである。しかし、土地所有者は、定期借地権を設定するにあたり、50年以上にわたって良好な状態で土地を利用してもらい、適切な地代を取得するとともに、法令や周辺の住環境に適合した住宅地が維持されることに重大な関心を持つであろう。さらに、定期借地権設定契約とともに建物譲渡特約を締結する場合には、土地所有者は建物が良好な状態に維持され優良な資産として存置されることにより重大な関心を持つはずである。このように、土地所有者は、住環境や建物の質を維持することに直接の利害関係を有する場合もあることから、定期借地権設定契約において、借地人に住環境維持義務や建物保存義務を課す約定を締結することも許されると解される[53]。

次に、当事者間の約定に基づく義務に借地人が違反した場合、その義務が借地契約に付随する義務にすぎなくても、土地所有者は最終的に借地契約を解除して、その約定の実効性を確保することができるかという点が問題となる。確かに、この義務は借地契約上の義務と比べれば付随的な義務にとどま

(53) 稲本・山岸＝山野目・前掲書（注30）38-42頁。

第5章　日本の借地制度の再検討

るものであるが、その義務の履行が土地所有者にとって重要な事項であると評価できるときは、借地人の債務たる性質を有するものと解すべきである。そして、土地所有者から借地人に義務の履行を求める催告が重ねられたにもかかわらず、借地人が義務の履行を行わず、その結果、当事者間の信頼関係が破壊されるに至った場合には、土地所有者は借地契約を解除することができると解してよいと思われる。

　ただし、借地上の建物がマンションである場合において、借地人の1人が本件約定に違反したことにより、土地所有者が借地契約を解除するという場合には特別な考慮が必要となる。その場合、借地人であった者は土地利用権のない区分所有者となり、土地を不法に占拠していることになるので、土地所有者は、理論上区分所有者に対してその専有部分の収去を請求することができるはずである。しかし、「それが一棟の建物の一部であるために、その部分のみの収去が事実上不可能とみられる場合が多い。また、仮にそれが可能であるとしても、収去により建物の一部を破壊する以外に方法がないとしておくことは、国民経済上の立場からみて得策ではない」と考えられる。⁽⁵⁴⁾そこで、このような場合、土地所有者は、その区分所有者に対し、専有部分の収去に代えて、その専有部分を目的とする区分所有権を時価で売り渡すべきことを請求することができるとされている（区分所有法10条）。この規定に基づき、土地所有者は、本件約定を遵守しない区分所有者から区分所有権を取得することで、住環境の保全を図ることは可能となる。ただし、そのためには、土地所有者は時価による購入費用を負担する必要があり、事実上建物買取請求をするのと同じ結果となってしまう。そのため、土地所有者がこの権利を行使しないことも考えられ、その場合には、本件約定を遵守しない区分所有者が敷地の不法占拠者として残り続けるという問題も生じ得ることになる。⁽⁵⁵⁾

（54）川島武宜＝川井健編『新版注釈民法（7）物権（2）』（有斐閣・2007年）643頁〔川島一郎・濱崎恭生・吉田徹〕。

（55）この問題を検討したものとして、拙稿「借地上の区分所有建物における借地

281

以上、建物の建築やその質の維持に関する約定の有効性・実効性について
確認してきたが、その有効性については基本的に肯定されるだろう。これに
対して、その実効性を確保するための手段としての借地契約の解除について
は、本件約定の履行が土地所有者にとって重要な事項であると評価でき、か
つ本件約定違反が土地所有者との信頼関係を破壊するような重大なものであ
ると評価できる場合に限られるべきこと、また借地上の建物がマンションで
ある場合には、借地契約の解除に伴う固有の問題が生ずることから、その実
効性を確保する上で一定の難しさが存するといえる。

（6）定期借地権の本質的問題に対する解決策の検討

　これまで、建物取壊し・更地返還を原則とする法22条の定期借地権のデメ
リットとそこから派生して生じ得る諸問題に対する解決策について検討して
きた。それでは、これらの解決策は、そのデメリットや諸問題を解消ないし
緩和する上で実際にどの程度の有効性を持ち得るものであるだろうか。

　まず、いずれの解決策にも共通して、定期借地権の存続期間満了後も建物
の存続が図られるようにすることが前提とされている。確かに、法22条の定
期借地権が建物取壊し・更地返還を原則としているため、建物の存続保護を
目的とすること自体に一定の意味があるといえる。しかし、その目的そのも
のには必ずしも重要な意義があるわけではない。法22条の定期借地権の問題
の本質は、存続期間満了後も建物が存続するか否かということよりも、定期
借地権の消滅により借地人が投下した建物資本と借地人の居住利益が同時に
失われることになるという点にあるということができる。実際、イギリスの
長期不動産賃借権はその存続期間が満了すると、建物が（取り壊されること
なく）当然に賃貸人に帰属するとされているので、建物の存続自体は問題と
ならないにもかかわらず、長期不動産賃借権の消滅が様々な問題を生じさせ
ることになったのは、そのような法準則が賃借人によって投下された建物資
本と賃借人の居住利益を同時に奪うことになるからであった。イギリスでは、

　　契約の法定解除と敷地利用権の帰趨」マンション学54号60-67頁参照。

第5章　日本の借地制度の再検討

この問題を解決するために、1954年不動産賃貸借法において法定賃借権を立法化することにより賃借人の居住利益を保護するようにしたが、この権利では賃借人の建物資本は保護されないため、かえって賃借人の不満が大きくなる結果となった。そのため、戸建て住宅やテラスハウスについては1967年不動産賃借権改革法において不動産賃借権解放権や延長賃借権を立法化し、また集合住宅については1993年不動産賃借権改革・住宅・都市開発法において団体的解放権や新規不動産賃借権の個別的取得権を立法化することにより賃借人の建物資本まで保護するようにしたのであった。

　このように、法22条の定期借地権の問題の本質が借地人の建物資本と居住利益の喪失にあるという観点からすると、これまで主張されてきた解決策の中には内容的に必ずしも十分とはいえないものもあることがわかる。例えば、定期借地権の存続期間満了時に借地人が土地所有者に建物を無償で譲渡し、借地人はその後借家人として建物の利用を継続することができるとする特約を締結するという方法は、借地人の建物資本は保護されないものの、居住利益は一応保護されることになるというものである。確かに、借地人も定期借地権設定契約時にはそのような特約であっても（自らに不利益が生ずるのはまだ遠い将来であるので）合意することはあるかもしれないが、存続期間満了時には自ら所有する建物が土地所有者に無償で譲渡され、その後はその建物の借家人として土地と建物の価値相当分の賃料を支払わなければならなくなるという現実が意識されるようになったときでも、借地人はなお建物の維持管理や修繕の意欲を保ち続けることができるであろうか。もっとも、この意欲の減退を防ぐために、この特約と同時に、借地人に建物の質の維持を義務づける約定を定めることによって、存続期間中も土地所有者が借地人に対し建物の維持管理や修繕の義務を強制することも可能ではあるだろうが、そのような建物への投資は結局のところ土地所有者の利益にしかならない以上、その約定が借地人の意欲の減退防止にどこまで役立つかについては必ずしも定かでない。仮に借地人が建物の維持管理や修繕を怠るようなことになれば、この建物を譲り受けることになる土地所有者との間で、借地契約の解除等を

283

めぐる新たな軋轢を高める事態に至ることもないとはいえないだろう。した
がって、この方法は、定期借地権の問題の解決策として現実的に取り得る有
効な方法であるように見えて、実際には制度上の矛盾を解消しきれていない
という点で必ずしも十分なものであるとはいえないであろう。また、その他
の方法として、当事者間の合意に基づかない建物存続保護論もあるが、いず
れの方法も借地人の居住利益を例外的あるいは一時的に保護するものにすぎ
ないため、やはり定期借地権の問題を解決する方法として十分なものである
とはいえない。

　結局、借地人の建物資本と居住利益の喪失という定期借地権のデメリット
そのものがその本質的問題であるのであり、その問題を何らかの方法によっ
て克服しない限りは、そこから派生し得る諸問題も解決することができない
ということになる。そうすると、定期借地権の本質的問題に対して取り得る
方法としては、借地人の建物資本と居住利益とが同時に保護されるものでな
ければならず、具体的には、①土地所有者による建物所有権の有償取得と建
物賃借権の設定（定期借地権の建物譲渡特約付借地権化）、②定期借地権の
存続期間の延長（定期借地権の普通借地権化）、③借地人による土地所有権
の有償取得（定期借地権の所有権化）のいずれかの方法によることが必要に
なる。

　しかし、これらの方法は、いずれも土地所有者による任意の合意が得られ
ることが条件となるし、また、②と③の方法では、借地人に相応の費用負担
も求められることになる。この点に関しては、先に検討したように、土地所
有者に合意を義務づけるような法解釈を行うことは困難であるし、また、定
期借地権が創設された社会条件を踏まえるならば、事後的に土地所有者の合
意を強制するような法律を制定することも妥当でないので、土地所有者の任
意の合意が得られなければ、いずれの方法もとることはできないといわざる
を得ない。仮に土地所有者の合意が得られたとしても、借地上の建物がマン
ションの場合には、基本的に借地人全員の合意が必要となるので、費用負担
の問題を考慮すると、その合意形成は極めて困難となると考えられる（なお、

土地所有権の取得は、必ずしも借地人全員で行う必要はなく、一部の借地人のみで行うこともできるが、その場合には、先に検討したように、爾後の権利関係は相当に複雑なものとなる）。さらに、その合意に向けた交渉も、土地所有者に絶対的な拒否権があるという状況の下で行われることになるので、先に検討した先買権のような権利が借地人に付与されない限り、適正な合意内容を確保するのが困難となる場合もあるといえる。以上のことを考慮すると、定期借地権の本質的問題を解決することは、現実的にかなり困難であるといわざるを得ないであろう。

3　定期借地権の当否の検討
（1）定期借地権の必要性および有用性とデメリットの比較

　以上、建物取壊し・更地返還を原則とする法22条の定期借地権の必要性および有用性について確認し、次にそれと対比されるべきそのデメリットやそこから派生して生じ得る諸問題について検討し、さらにはそれらの解決策がどのようなものであるか、またそれらの解決策が定期借地権の本質的問題に対してどの程度有効であるかについて検討してきた。そこで、ここでは、以上の検討を踏まえて、定期借地権の当否について検討することとする。

　まず、定期借地権の必要性については、これまでの利用実績から判断しておよそ高いとはいえないものの、その有用性については、定期借地権が借地人と土地所有者の双方に一定の経済的メリットをもたらすこと、また定期借地権はまちづくりの手法としても活用することができること、という２点において認めることができた。ただし、前者については、借地人と土地所有者のそれぞれにおいて、定期借地権の利用には経済的メリットだけでなく将来的な不安要素も意識されたので、その不安要素が定期借地権の利用の阻害要因にもなったであろう。実際のところ、定期借地権のデメリットや諸問題が顕在化し得るのはかなり先のことであるし、また将来の潜在的なリスクにとどまるものでもあるので、定期借地権設定時の段階でそのデメリットや諸問題を当事者双方が具体的にイメージするには難しい面があるため、そのこと

が逆に将来的な不安につながることもあったであろうと思われる。また後者については、定期借地権を活用することに一定の有用性は認められるものの、定期借地権を活用しなければ実現できないものではない。すなわち、市街地の活性化や再開発を目的とする場合においては、普通借地権でも同様の目的を達成することはできるし、また良好な住環境創出を目的とする場合においては、建築基準法上の建築協定でも同様の目的を達成することができるので、定期借地権の活用が必要不可欠であるとまではいえない。

　次に、定期借地権のデメリットやそこから派生して生じ得る諸問題について、前者は、借地人はその存続期間の満了とともに自ら投下した建物資本とその建物についての居住利益を同時に喪失するというものであり、後者は、定期借地権の存続期間の経過により、資産価値減少問題、建物スラム化問題および居住利益との調整問題が生じ得るというものであった。そして、後者の諸問題を解決するためには、前者のデメリットそのものを何らかの方法によって克服することが必要であり、そのためには、①土地所有者による建物所有権の有償取得と建物賃借権の設定（定期借地権の建物譲渡特約付借地権化）、②定期借地権の存続期間の延長（定期借地権の普通借地権化）、③借地人による土地所有権の有償取得（定期借地権の所有権化）のいずれかの方法によることが必要であった。しかし、これらの方法には、土地所有者が任意の合意をすることと借地人が一定の費用を負担できることという高いハードルがあり、そのハードルをクリアできない限り、その方法は実現できないものであった。

　以上、これまで検討してきたこと、すなわち定期借地権の必要性はそもそも高くなく、またそれがなければ達成できない有用性も借地人と土地所有者の経済的メリットくらいであることと、そのデメリットやそこから派生して生じ得る諸問題が存続期間の経過により顕在化していくこと、しかもその解決は実際には相当に困難であることとを比較するならば、法22条の定期借地権は、その必要性および有用性よりも、そのデメリットや諸問題によるマイナスの影響の方がはるかに大きいといえよう。それゆえ、法22条の定期借地

権は、社会的妥当性を欠くものとして将来的には廃止する方向で検討がなされるべきではないかと考える。

　ただし、ここでの私見は、すべての定期借地権が否定されるべきであるとするものではない。すなわち、法23条の事業用定期借地権は、借地人の居住利益の保護はそもそも問題にならないし、借地人の投下資本も事前の合理的な計算によって十分に回収することができるので、借地人と土地所有者との対立関係は基本的に生じない性質のものである。また、法24条の建物譲渡特約付借地権は、借地人の建物資本と居住利益が保護されることが当事者間で予め合意されているので、借地人と土地所有者との間の対立関係の発生が事前に回避されるという性質のものである。いずれの定期借地権も、その存続期間が満了しても借地人の建物資本と居住利益の喪失という定期借地権の本質的問題に抵触しないので、社会的妥当性を欠くようなことはないものと評価することができる。そうすると、居住用の定期借地権として、法24条の建物譲渡特約付借地権が利用されることについては特に支障はないものと考える。

（2）建物譲渡特約付借地権の再評価

　建物譲渡特約付借地権とは、借地権を設定する場合において、「借地権を消滅させるため、その設定後30年以上を経過した日に借地権の目的である土地の上の建物を借地権設定者に相当の対価で譲渡する旨」の特約があり、（法24条1項）、その「特約により借地権が消滅した場合において、その借地権者又は建物の賃借人でその消滅後建物の使用を継続しているものが請求したときは、請求の時にその建物につきその借地権者又は建物の賃借人と借地権設定者との間で期間の定めのない賃貸借」がされたものとみなされ（同法2項）、その当事者間で合意があるときは定期建物賃貸借が成立するというものである（同法3項）。

　この建物譲渡特約付借地権は、建物取壊し・更地返還を原則とする法22条の定期借地権とは異なり、土地所有者への建物譲渡・土地＝建物一体化を前

提とするものであり、その前提は第1章で検討した供用義務論によって基礎づけられるものである。供用義務論とは、都市における土地所有者は、「土地所有権固有の内在的義務」としての「供用義務」を負っているが、土地所有者自らがこの義務を履践しなくても、借地契約を介してその義務を借地人に履践させる機会を提供し、その借地人をして土地＝建物の一体化を実現させる媒体としての役割を担わせてもよく、借地契約が終了すると、土地所有者は借地人から建物所有権を取得し、以後土地＝建物一体の所有者として自ら使用あるいは第三者に賃貸することで、都市的土地利用の合理的形態へと収斂させようとする考え方である。供用義務論については、その義務の内容が何ら論証されていないなどの批判もなされていたが、借地契約を通じて土地＝建物一体の所有および利用を実現しようとする発想それ自体は肯定的に評価されるべきであると思われる。

　そして、法24条の建物譲渡特約付借地権は、土地所有者への建物譲渡・土地＝建物一体化を前提に、存続期間が満了するとき、建物が土地所有者に相当の対価で譲渡されるとすることで、借地人が投下した建物資本の回収が図られるようにし、また借地人は建物譲渡後も建物の賃借人として建物の使用を継続することができるとすることで、借地人の居住利益も保護されるようにしたのである。このようにして制度化された借地権は、借地人が投下した建物資本と借地人の居住利益の取扱いを借地権設定時の合意により事前に決めておくものであり、いわば存続期間満了後の利益調整を当事者が予め行っておくものであるということができるだろう。

　なお、定期借地権の存続期間満了後の再開発の促進という観点からいえば、法24条の建物譲渡特約付借地権よりも、建物取壊し・更地返還を原則とする法22条の定期借地権の方が便宜であるという見解もあるかもしれない。しかし、それでは、再開発による利益は、借地人には何ら帰属せず、すべて土地所有者に帰属することになり、借地人にとっては公平かつ合理的な法制度であるとはいえない。存続期間満了後に再開発を行うにしても、まず土地所有者が相当の対価で建物を取得して、借地人の建物資本に対する利益調整をし、

その後の建物の賃借人に対しては、建物賃貸借の解約申入れの際の正当事由判断（法28条）を通じて、居住利益に対する利益調整がなされるべきである。したがって、当事者双方にとっての公平かつ合理的な法制度の構築という観点からいえば、法24条の建物譲渡特約付借地権の方が適切であると考える。

第3節　正当事由制度の再構成

1　正当事由制度の正当化根拠

（1）現行の正当事由制度の問題点

　現行の正当事由に関する判例法理については、第1章で検討したように、①正当事由制度が借地人に有利に機能する結果、「借地権の亜所有権化」現象が生じ、これにより借地制度の利用者が減少するという問題と、②借地人の土地利用の必要性を重視するあまり、もはやその地域に適さなくなった土地利用が継続される結果、社会全体の公共的利益が犠牲にされる場合があるという問題とが存している。しかし、これらの問題を是正するために実際になされた対応は、社会的妥当性を欠く定期借地権の創設と正当事由制度の抜本的見直しの先送りという不適切なものでしかなかった。そこで、本節においては、正当事由制度は本来どのように見直されるべきであったのかということについて検討を行うこととする。

　この論点を検討するにあたっては、まず、そもそも正当事由制度は何故に正当化されるのかという議論を確認することから始める。というのも、正当事由制度は、地主や家主の所有権の自由や契約の自由に対する立法的干渉であり、これらの市民法原理と矛盾・対立するものであるからである。そこで、このような正当事由制度による所有権の自由や契約の自由の制約がどのような根拠によって正当化され得るのかというこれまでの議論を振り返ることで、今日における正当事由制度の存在意義はどのようなものであるのかについて検討することとする。

　ただし、既存の議論はほとんど借家関係の正当事由制度が念頭に置かれてなされており、借地関係の正当事由制度が念頭に置かれてなされたものはそ

れほど多くない。しかし、契約の継続の必要性という点では、借家関係と借地関係のいずれにおいても、賃借人の生存権的居住利益の保護が問題となるので、両者に共通する基礎があるということができる[56]。そこで、以下では、借家関係に関する議論を中心に参照することで、正当事由制度の正当化根拠をめぐる議論を整理し、検討することとする[57]。

（2）正当事由制度に対する初期の学説の評価
（a）所有権＝契約の自由の原則の例外

　正当事由制度は、賃貸借の解約申入れまたは更新拒絶の自由の原則の修正として登場してきたものであるので、まずはそれらの自由の原則の意義について確認しておくことから始める。その意義については、初期の学説において次のように論じられている。すなわち、賃貸借関係が債権的に構成されているということは、契約当事者の所有権＝契約の自由が最大限に留保されているということであり、したがって、その自由の一形態である「解約自由」も契約当事者双方に与えられ（民法617条）、それが用益関係の安定を確保していく仕組みとなっている。例えば、貸し手が不当な―市場価格を超える―

---

(56) 篠塚昭次『借地借家法の基本問題』（日本評論新社・1962年）2 - 3 頁、54-55頁は、借地法にも市民法的借地法と社会法的借地法とがあり、借家法にも市民法的借家法と社会法的借家法とがあり、「社会法的借地法と社会法的借家法とは、同一の法原理によって規制できるところの、独自の統一的認識対象として把握することができる」（傍点原文）として、これを「社会的居住法」という独自の法域として構成すべきものとする。また、秋山・前掲論文（注36）254-255頁は、「借地に関する契約も典型的な継続的契約であるから、契約の継続性に対する合理的な期待が生じる点、および、借地権者も借地上の建物に居住することを通じて、居住移転の自由を享受し社会関係・人格の形成を継続発展させる点で、居住用建物の賃貸借の場合と異なるところはない」との理由から、居住用建物の賃貸借を念頭においた議論であっても、居住用借地に同様に当てはめることができるとする。

(57) この整理に際しては、秋山・前掲論文（注28）53頁以下、住田英穂「正当事由制度の意義と民法学」『早稲田民法学の現在―浦川道太郎先生・内田勝一先生・鎌田薫先生古稀記念論文集―』（成文堂・2017年）187頁以下を参照した。

家賃を要求してきたら、借り手は別の貸し手の所へ逃げる自由がある。こうして、借り手が市場における客観的な価値以上の家賃を貸し手によって強奪されないということが自動的に保障される。このことは、逆の場合も同じことがいえる。さらには、借家が不足すればその市場価格が高騰して、やがて借家の新規供給（生産）を刺激し、逆に供給が多すぎれば市場価格が下落して、供給を手控えさせることになる。こうして、ひいては、賃借物そのものの需給の均衡と、給付・反対給付間の等価的均衡がもたらさせることになる。このように、借家の賃貸借の場合には、用益関係の債権的構成を通して逆に借家人の居住の必要がよりよく保障されることになるとされている。[58]

　しかし、このような解約自由の原則も、借家に対する需要が持続的に供給を上回る事態が発生してくると、借り手の側の所有権＝契約の自由が実質的に否定されてくることになり、その意義が失われる事態が生じることになる。まず、貸し手との関係において借り手一般の立場が持続的に弱くなる。貸し手が不当な要求をした場合には借り手がいつでもよりよい貸し手に向かって逃げられる自由を意味した所有権＝契約の自由の行使は、もはや借り手にとっては借家に対する絶対的否定という自殺行為以外の何物をも意味しなくなる。借り手の「逃げる自由」は、貸し手の「追い出す自由」に転化する。かくして、用益関係の債権的構成、すなわち契約当事者双方における所有権＝契約の自由の留保は、事実上、貸し手だけの自由に一方化してくる。次に、同じ事情は、借り手相互の激しい競争に媒介されて、借家の市場価格をつり上げ、かつそこに固定させる。そのために、これを負担し得ぬ借り手は、あるいは既存の契約を解除され、あるいは新規の契約を拒否されて、自らの借家に対する必要を否定されてくることになる。そこで、こうした課題を取り除くためには、何よりもまず、これらの賃借人が持つ劣弱な経済力と現実の市場価格との間の格差を埋めるという課題が決定的な重要性を持ってくるのであり、このような持続的な借家難によってもたらされた賃借人の経済力の

　（58）　川村泰啓「物権化の、市民法的構造と社会法的構造」民商法雑誌36巻3号334-345頁。

格差から賃借権の物権化が要請されたのであるとされる。[59]

　このように、賃貸借の解約申入れまたは更新拒絶の自由を原則とする立場に立つならば、正当事由制度が肯定されるのは、[60]「持続的な借家難によってもたらされた賃借人の経済力の格差」が社会問題として看過できない状況にある場合に限られることになろう。

（b）家主の貸家所有権の部分的否定

　住宅難解決のための国家の住宅政策の貧困を前提として、借家人に付与された「居住権」なる概念が提唱された。「居住権」とは、「生存権的な色彩をもつ権利ではあるが、憲法上の生存権そのものではなく、単に、市民法上の契約関係が消滅したにもかかわらず、借家人がその家主に向かってひきつづき当該の家屋に住まわせよ、と主張しうる権利にすぎない。」換言すれば、「貸家所有権が借家法等の住宅社会立法によって制限されたことの反射として借家人に与えられた法的地位の指称であり、ただ、かかる制限が恒久化された結果、借家人に属する私権として認められるに至ったもの」であり、「特定の借家人が特定の家屋につき自己の賃貸借関係にある特定の家主に対してその犠牲において自己の居住を保障せよと要求しうる権利である」と定義される。[61]借家人にこのような「居住権」が付与されるに至ったのは、「住宅のないものに住宅を与えるという本来国家の手でなされるべき任務を、国

---

(59)　川村・前掲論文（注58）339-342頁、川村泰啓「用益物権」法学セミナー19号16頁。

(60)　これと同様の立場に立つ見解として、三宅正男「借家法における解約の制限と法の形態」名古屋大学法政論集1巻2号がある、この見解によれば、賃貸借の解約申入れまたは更新拒絶の自由の制限（借家法1条ノ2）は、「契約＝所有者の自由、によらない使用権の設定であり、人格・所有・契約の形式には外的な、即ち公法的な規定である」とする（196頁）。その上で、本来、「（私）法の形態＝自由に外的な立法は直接的にいえば不法である」が、そのような立法は「國民の政治的自由に媒介されていることによつてのみ不法でなく人間の奴隷化でない」」（傍点原文）ものとなる。そして、もし借家法1条ノ2が「政治的自由に媒介されていなければ單に権力者のための合理性の確保に終る」危険があると指摘する（201-202頁）。

(61)　鈴木禄弥『居住権論〔新版〕』（有斐閣・1981年）2-3頁。

292

家がみずからの負担でおこなわず、私人たる家主の貸家所有権を借家法と家賃統制とによって制限し、これによって、この家主と賃貸借関係に立っている借家人の居住を保障するという形で、この課題が果たされている」からであり、この意味において、借家法の性格は「契約関係を媒介とする・家主の犠牲による住宅社会立法」であると規定される(62)。そして、「家主の犠牲」とは、借家法による家主の解約制限が家賃統制と結びつくことにより、借家人は「今までどおりの家賃でひきつづいて住めるという保障」(傍点原文)が与えられる一方で、家主はその分の経済的損失を被る、すなわち家主の貸家所有権の自由が(部分的に)否定されるという意味であるとされる(63)。

　この見解では、「かかる貸家所有権の制限は、私有財産制のたてまえからは、本来不当であるが、ただ、借家人の生存の基盤たる居住の保障という高次の目的からのみ、正当化されうる」ものであり(64)、それが妥当するのは公営住宅の提供が充分でない現状を前提とする限りにおいてであり、「該借家人が該借家に居住する必要がなくなったのちにおいてなお、貸家所有権＝家主の犠牲において、借家権の交換価値を借家人に保障する必要は毫もない」とする(65)。したがって、この見解においては、住宅難が解消され、借家人の居住が確保されるようになるならば、家主の貸家所有権の自由は回復されるべきであり、そのためには、家賃統制が廃止されるだけでなく、正当事由制度による解約制限も廃止、少なくとも緩和されるべきであると解されることになろう(66)。

(c) 郷里観念と生存権的居住権

　以上の２つの見解は、正当事由制度を住宅難に対する例外的措置と位置づ

---

(62) 鈴木・前掲書（注61）５頁。

(63) 鈴木・前掲書（注61）54-55頁。

(64) 鈴木禄弥「居住権の限界」『末川先生古稀記念／権利の濫用（上）』（有斐閣・1962年）204頁。

(65) 鈴木・前掲論文（注64）213頁。

(66) この見解では、「居住権」なる法的構成をむしろ「住宅難に対する因循姑息な対症療法」であると述べる（鈴木・前掲書（注61）３頁）。

けるものであるが、これに対して、正当事由制度は、単に住居難を緩和しようとするだけのものではなく、「むしろ住居難の発生を契機として自覚されたHeimgedanke」（傍点原文）によって要求されたものであるとする見解が存する。⁽⁶⁷⁾

　この見解ではまず、賃借権の物権化の基礎を賃貸借関係の継続性に求める見解を批判する。すなわち、ギールケ以来の伝統的な学説では、賃借権の物権化は「継続的債権関係」の概念によって基礎づけられてきたが、その概念だけでは、雇用・請負・委任・組合など、他の継続的債権関係から賃貸借を分離して、その物権性を特色づけることは難しい。これは、「継続性」という概念を「実体のない形式的概念」、換言すると「その概念のきそである実質的生活関係の特殊性から、捨象されたもの」としてしか理解していないからである。「したがって、こういう形式的な『継続性』という概念をこくふくするには、必然的に、社会法的な観点にうつらなければならない」とする（以上の傍点原文）。⁽⁶⁸⁾その上で、そのような社会法的秩序の中に基礎づけられる観念として、Heimgedanke（郷里観念）が提唱される。すなわち、「『住めば都』ということわざがしめすように、ある場所に、一定の期間継続的に居住すると、そこにつよい精神的な愛着がうまれて、ほかへ移住することにつよい抵抗を感じるようになるのがふつうである。これは、住居というものが、婚姻や家族生活のきそであり、となり近所との親交、ときには反目、青少年の交友、通勤、通学、商店との顧客関係など、さまざまな利害関係のふくざつなあやをつうじて、人間の道徳生活をいとなむきそとなるからである」（傍点原文）。「こういうように、ある場所に対する愛着、つまりHeimgedanke（郷里観念）は、（中略）けっして素朴単純な執着感情ではなく、人間の尊厳性に根ざした高貴な道徳的心情である」とする。⁽⁶⁹⁾

---

(67)　篠塚・前掲書（注56）207-208頁。

(68)　篠塚・前掲書（注56）204-205頁。

(69)　篠塚・前掲書（注56）206-207頁。なお、この見解に対して、「Heimgedankeなるものは、ある建物内にある人々の生活の本拠＝家庭がきずかれている場合に、そこでのかれの居住を極力保護せよとする主張であるかぎりにおいては、

第5章　日本の借地制度の再検討

　この見解はさらに、貸家所有権の制限を「生存権的居住権」によって基礎
づけようとする見解へと展開されていった。すなわち、そもそも居住権とい
う法学上の概念には、「居住、移転および住居の平和（憲法22条、35条）に
かんする権利のように、居住の自由を保障される自由権的な権利と、居住の
継続性を保障される生存権的な居住権（憲法25条参照）とがある」ところ、
この生存権的居住権は、「特定の私的所有権との対抗関係のなかで、（中略）
居住の継続性を保障される力だと定義することができる」とする(70)（以上の傍
点原文）。そして、この生存権的居住権は、それが高度化し拡大すれば、私
的土地所有の内容はそれに反比例して縮小していくが、「この現象は、一つ
の法則的傾向であつて、社会政策（立法）を媒介とすることが多いだろう
が、しかしけつして社会政策（立法）の結果ではない」（傍点原文）とする。(71)
したがって、「貸家所有権の制限は近代的土地所有の歴史法則上における現
象」（傍点原文）であるので、立法政策によって決まるのではなく、「ひろい
いみでの“運動”によつて、しだいに生存権的居住権の理念型に接近しなけ
ればならない」ものであるとする。(72)この見解では、貸家所有権の制限は、歴
史法則上の現象と把握されることから、住宅難の解消とは無関係に、正当事
由制度による借家人の存続保障は維持されるべきであると解されることにな
ろう。

　　肯定されうるものではあるが、その限度を超えて、かれらの居住の存する特定
　　の地における地縁的結びつきの尊重を説くならば、前近代的なものへの復帰を
　　求めるローマン主義的方向として、とくにわが国では危険なものとなるおそれ
　　がある」との批判がある（鈴木・前掲論文（注64）219頁）。もっとも、この批
　　判は、Heimgedankeが居住の自由に対する制約要因となり得ることを危惧する
　　ものであり、この理解は、後の見解で示されるように、Heimgedankeに連なる
　　「生存権的居住権」とは区別されるところの「自由権的居住権」に向けられたも
　　のとなっているといえる。
（70）篠塚昭次「居住権の性格—生存権理念の展開—」早稲田法学38巻3・4号
　　266頁、269頁。
（71）篠塚・前掲論文（注70）271頁。
（72）篠塚・前掲論文（注70）274頁。

（3）正当事由制度に対する近年の学説の評価

（a）住宅難の解消に伴う新たな理論の必要性

1970年代以降になると、商品としての住宅供給が普及したことにより、住宅数が世帯数を上回るようになった。このことは、借家人の立場からすれば、住宅過剰、借家の選択自由の時代が到来したということであり、このため、借家人も更新を不服として、更新拒絶の正当事由の不存在を盾にとって争う必要も少なくなってきた。この種の類型の借家人は、マンション、木賃アパートの賃貸借等における非定着型借家人ということでき、非定着型借家については、正当事由制度が機能する場合は極めて希薄であるため、基本的処理の方向としては、正当事由の厳格な適用を緩和していくことが現実適合的であると認識されるようになってきた。これに対して、旧来型の定着型借家人については、伝統的な正当事由制度が基本的に厳格に維持されることが望ましいが、この場合でも、金銭的合理的解決、例えば立退料の提供が活用されるようになっていることに注目すべきであると解された。このように、正当事由制度は、借家類型に適合するように分化して運用されていくべきであるところ、もはや一元的理論構成をもって処理するには、あまりに不適合となっていることが指摘されるようになってきたのであった。[73]

こうして、住宅難の解消に伴い、正当事由制度の意義が改めて問われるようになったのであるが、このとき、先に検討した、正当事由制度を所有権＝契約の自由の原則の例外と評価する見解あるいは家主の貸家所有権の部分的否定と評価する見解に基づくならば、正当事由制度は廃止ないしは緩和されるべきあるということになるはずである。それにもかかわらず、なお正当事由制度の存在を肯定しようとするならば、正当事由制度にさらなる正当化根拠を見出すことが要請されることになる。こうして、「1980年代半ばから90年代末の新自由主義による規制緩和を背景にする定期借地権・定期借家権の導入の動きの中で、借地借家法学は、新しい理論に基づいた正当事由の意義を模索することになった」[74]のである。そこで、以下では、かつてのような住

（73）水本浩『転換期の借地・借家法』（日本評論社・1988年）14-15頁。

宅難が解消された後における近年の2つの方向性、すなわち正当事由制度の緩和を志向する見解と正当事由制度の新たな正当化根拠を模索する見解とについてそれぞれ確認をすることとする。

（b）正当事由制度の緩和を志向する見解

　正当事由制度の廃止ないしは緩和を志向するものとして、次のような見解が存する。まず、この見解の基本認識は、戦後の絶対的住宅難の解消は、賃貸人個人への負担に帰すことによってではなく、本来、生存権保障、社会法思想に基づく住宅政策によって行われるべきであったのであり、「諸外国に見られたような公共による住宅供給の拡大という手法、または良質な住宅を適正な負担で享受できるような持家政策の実現、さらには民間貸家供給の促進と住宅手当・家賃補助とが結びついた民間借家政策によってなされるべきであった」というものである。このような基本認識から、「存続保護と市場外在的な地代家賃統制との一体性による賃貸人の家賃取得の制限及び明渡し請求の制限を中心とした借地借家法制度は極度の住宅困窮の時期において正当化される一時的緊急の立法であり、諸外国法と同様に住宅市場の回復に伴って転換されるべきものであった」とする。

　そして、借地借家法制度がどのように転換されるべきであるかについては、「私的自治の原則・契約の自由という民法の基本的原則を維持しつつ、現代型国家と法において必要とされる福祉的機能をどのように果たさせるか」と

---

　(74)　住田・前掲論文（注57）198-199頁。

　(75)　内田勝一『現代借地借家法学の課題』（成文堂・1997年）5-6頁。また、これと同様の認識に立つものとして、次のような見解がある。すなわち、「借家人の法的地位は、家主に対する関係における『居住権』者として限定されるのではなく、国家に対する「住まいへの権利」の主体として位置づけられ、存続保障を内容とする住居賃貸借法制は、持家建設への公的貸し付け、良質な借家の建設に対する公的資金援助、低所得者層のための公営住宅建設、家賃補助などさまざまな国家的住宅政策のメニューのなかの（最重要の）一つとして要求されるのである」とする（広渡清吾「住居賃貸借法の位置と政策的機能」法律時報70巻2号14頁）。

　(76)　内田・前掲書（注75）6頁。

いう視点から行われる必要があるとする。このような視点の背景には、かつ
ての絶対的住宅難の時代において、憲法25条の生存権規定を類推することに
よって借地借家権の生存権的側面が強調された反面、賃貸借も契約の一種で
あって契約の自由が原則であり、生存権として居住権を位置づけるに際して
も、居住移転の自由のような自由権的な側面が前提として存在していること
が軽視されたこと、また、借地借家人の地主・家主に対する社会経済的従属
性、その結果として従属的地位にある借地借家人の保護が強調された反面、
賃貸借契約は対等な当事者間の自由な契約によって成立しているという当然
の前提が軽視されたことなどに対する疑問が存在している。むしろ、「借地
借家法の領域における生存権的、社会法的理念の強調は、契約交渉力の不平
等性を縮減させ、公平な契約内容を実現するための手段」として、「社会的
弱者である賃借人の『保護』ではなく、賃借人が賃貸人と平等な立場で自由
に契約内容を交渉し、合意することができるように『自立』させ、自らの意
思によって『自律』することが可能になるよう援助し促進することが現代の
借地借家法の基本的目的であり、」したがって、存続保護法制は「自己の意
思に反する立ち退きを強制されない意味での自由権」（居住移転の自由）の
実質的な保障を実現する制度として理解されるべきであるとする。

　この見解は、結論として、解約制限、期間更新からなる居住継続の保障を、
契約の締結段階における契約情報の適切な開示、契約費用・移転費用の高額
化の防止、自由な使用収益権の保障のための要素として位置づけるべきであ
るとするが、それによって正当事由制度をどのように見直すべきであるかに
ついては直接的な言及はなされていない。しかし、以上の考え方に基づくな

---

　(77)　内田・前掲書（注75）21頁。

　(78)　内田・前掲書（注75）22頁。

　(79)　内田・前掲書（注75）25-26頁。以上のような理解は、より広い視点から「都
　　　市定住の権利」として展開されている（内田勝一「都市定住の権利」早川和
　　　男・横田清編著『講座現代居住4 ／居住と法・政治・経済』（東京大学出版会・
　　　1996年）91頁以下）。

　(80)　内田・前掲書（注75）26頁。

第 5 章　日本の借地制度の再検討

らば、現行の正当事由制度は、少なくとも緩和の方向性が志向されることに
なろう。

（c）正当事由制度に対する新たな正当化根拠を模索する見解

　以上のような住宅難の解消をもって正当事由制度の緩和を志向する見解に
対して、正当事由制度の独自の存在意義を見出すことによりこれを正当化し
ようとする学説が展開された。まず着目されたのは、賃貸借契約が継続的契
約であるという点である。すなわち、従来、更新拒絶に正当事由を要求する
法律は、社会法の観点から弱者保護の法理として理解されることが多かった
が、賃貸借契約はまさに継続的契約の継続性原理の現われとして理解するこ
とができるとする。そもそも賃貸借契約を含む長期的取引では、人間の合理
的判断能力には、現実には限界があるから、将来生じ得る事情の変化を予測
してあらかじめそれに対する対応を合意しておくことは、極めて困難であ
るし、またコストも高くつく。「そこで、長期的取引における合理的行動は、
契約締結時にすべての条件を合意するというものではなく、当事者間に信頼
関係を形成し、これを基礎として、契約の継続性に対する当事者の合理的期
待を尊重しつつ、再交渉によって柔軟に契約の内容を状況の変化に対応させ
ていくというもの」となる。そして、一定の取引共同体の当事者にとっては、
これらの行動は規範的意味を持っており、そのような規範は「継続性原理」
および「柔軟性原理」と呼ぶことができ、「継続性原理は、契約の継続性に
対する当事者の合理的な期待を保護し、恣意的な契約の解消を制限する規範
である。柔軟性原理は、事情の変化に対して、柔軟に契約条件を修正するこ
とを求める規範である」とする。[82]

　しかし、このような賃貸借契約を継続性原理という普遍的規範をもってす
る基礎づけは、先に検討した郷里観念をもって正当事由制度を正当化しよう
とした見解において、「その概念のきそである実質的生活関係の特殊性から、
捨象されたもの」としてすでに批判されていたものである。それゆえ、「賃

　（81）　内田貴『契約の時代／日本社会と契約法』（岩波書店・2000年）246-247頁。
　（82）　内田・前掲書（注81）243-244頁。

299

貸不動産の種類（借地か借家か）・用途（居住用か事業用か）によって、契約の継続性に対する当事者の期待は大きく異なるため、その期待の大小や内容に応じて、存続保障という形で契約自由へ介入することがなぜ・どこまで正当化されるのかも変わってこざるをえない」という批判が導かれることになる。そのため、正当事由制度の正当化根拠を見出そうとするならば、契約の継続性に対する当事者の合理的期待の保護を挙げるだけでは不十分であり、さらなる根拠づけが必要とされたのである。

　そこで、正当事由制度は「借家（住居）を中心として借家人およびその家族が形成している社会関係の継続・発展を保障する法制度である」（傍点原文）とする見解が主張された。この見解は、都市における人間像を「原子化された流動的な個人」としてのみとらえるのではなく、「『社会関係のネットワークの中で活動し、その活動のなかで関係を再生産する個人』という関係形成的な社会像・人間像」としてのとらえ方をする。そして、このような社会像・人間像を真摯に受け止めるならば、「住居を基盤とする社会関係の継続性ということは、およそある住居に長期間居住し生活する者にとって常に生じる社会生活上の要請であり、それは、本来持家の居住者についても借家の居住者についての変わるところはない」ので、「正当事由制度がはたしている、借家人およびその家族が住居を基盤として形成している社会的関係の継続と発展を保障するという機能はきわめて重要なもの」であるとする。

　そして、この見解については、「借家への居住を通じて賃借人（およびその家族）が居住移転の自由を享受し、社会関係・人格の形成を継続発展できるようにするために、契約自由へ介入する方向性」を志向するものであり、「自分の生活空間を主体的に形成する自由」を根拠とするものであるとの評

---

　(83)　秋山・前掲論文（注28）59頁。
　(84)　佐藤岩夫「社会的関係形成と借家法」法律時報70巻2号28頁。
　(85)　佐藤・前掲論文（注84）27-29頁。なお、この見解は、郷里観念のような心理的なものではなく、「借家人およびその家族が当該住居を中心として形成しているザッハリッヒな社会関係そのものであることには注意が必要である」とする。

価がなされている（そして、これを「生活空間アプローチ」というとする）。⁽⁸⁶⁾その上で、継続性原理にこの見解を接続させて、「不動産賃貸借の継続的契約としての特性—契約締結時に将来を予測してすべての条件を合意するのが難しいこと—を前提としつつ、生活空間アプローチに従い、居住用建物の賃貸借という賃貸不動産の種類・用途に即して、賃借人の居住移転の自由や社会関係・人格の形成の継続発展—自分の生活空間を主体的に形成する自由—を保障するところに、存続保障の意義が認められる」との見解が提示されている。⁽⁸⁷⁾

（4）借家関係の学説の借地関係への示唆

以上、これまで借家関係の正当事由制度に関する近年の学説を確認してきたが、ここでこれらの学説について若干の検討を行うこととする。⁽⁸⁸⁾まず、住宅難の解消に伴う私的自治や契約自由への回帰を志向する見解に立ったとしても、正当事由制度の廃止までが要請されることにはならないであろう。仮に正当事由制度が廃止されることになれば、契約の更新を希望する借家人にとって交渉力の不均衡が生ずることになり、借家人の私的自治や契約自由がかえって一方的に害されることになってしまうからである。そうすると、今日における正当事由制度は、住宅難が解消された後においてもなお、「契約交渉力の不平等性を縮減させ、公平な契約内容を実現するための手段」とし

---

(86) 秋山・前掲論文（注28）58頁。

(87) 秋山・前掲論文（注28）60頁。

(88) その他にも、正当事由制度の意義は人格的所有権論の観点から根拠づけられるとする見解がある。すなわち、借家関係の正当事由の判断には、①人と物の関係が、コンテクストに依存しつつ、比較衡量されているという特徴と、②立退料の提供は、あくまで補完事由とされ、利用権の金銭的評価は抑制されているという特徴とがあるが、それらの特徴は、「借家権という財産権あるいは居住目的の建物という財産が、社会関係・人格の形成に関わる点を考慮した衡量の方法というべきである。正当事由の判断構造は、継続的契約一般の継続性原理よりも人格的所有権論の観点から積極的に根拠づけられる」とする（住田・前掲論文（注57）205頁）。

ての意義が存するということができるだろう。ただし、先に検討した見解では、そのような意義を実現するために、正当事由制度を具体的にどのように見直すべきであるのかということについてまでは言及されていないので、そのあり方をどのように構築すればよいかということが問われてくる。

　他方で、生活空間アプローチに基づく見解では、正当事由制度の正当化根拠として「継続性原理を基礎とした自分の生活空間を主体的に形成する自由の保障」が提示されている。このような根拠づけについては、住居が人間の生活にとって不可欠な基盤をなすものである以上、借家人の居住は法的にも保護されるべきであるから、この点に関しては何ら異存はない。しかし、そのような借家人の利益が保護されるべきであるとしても、その保護の結果、賃貸人の利益が犠牲に供せられなければならないのであるならば、借家人の利益を無制限に保護することは妥当でなく、これに一定の限度を与えて、2つの利益の調和を図ることが必要であるだろう。[89] したがって、この見解において問われてくるのは、借家人の居住利益は賃貸人の貸家所有権の自由＝自己の居住利益あるいは財産権的利益との関係においてどの程度保護されるべきものであるのかということであるだろう。この点について、住宅難が解消された今日においては、契約当事者間の私的自治や契約自由の実質的確保の要請が重視されるようになっていることを考慮するならば、借家人の居住利益が重要なものとして法的に保護されるべきであるとしても、賃貸人の居住利益あるいは財産権的利益にも配慮したより公平な利益調整が図られる必要があるといえよう。そうだとするならば、今日における正当事由制度の正当化根拠は、かつての住宅難に対する居住の保護といった絶対的なものから、賃貸人との利益調整が行われた上で保護される相対的なものへと変質してきたということができるだろう。

　これらの検討を踏まえるならば、住宅難解消後の正当事由制度の存在意義は、「賃借人の生活空間を主体的に形成する自由」を保障することにあるということもできるが、基本的には「契約当事者間の交渉力の不均衡」を是正

（89）鈴木・前掲論文（注64）203頁。

することにあるということができる。したがって、このような正当化根拠に基づく正当事由制度の具体的なあり方は、まずは賃借人の居住利益が保護される必要があるが、その保護は賃貸人の居住利益あるいは財産権的利益との間で適切かつ公平に調整されなければならないものであると考える。

借家関係における正当事由制度の存在意義を以上のように定義するならば、そのような定義づけは、借地関係におけるそれを検討するに際しても有益な示唆となり得るものであるといえよう。というのも、「自己使用を主たる目的とする借地権の存続期間満了時における借地人と土地所有者の利益調整を合理的に行うための法制度をいかにして再構築するか」という序論において提示した検討課題に対しては、まず借地関係の正当事由制度の存在意義をどのように定義するかが重要な意味を持ってくるからである。そして、その存在意義を、借家関係におけるそれと同じように、まずは「借地人の生活空間を主体的に形成する自由」を保障するものであるが、基本的には「契約当事者間の交渉力の不均衡」を是正するものであると定義するならば、正当事由制度の見直しの方向性は、まずは借地人の居住利益の保護が図られるべきであるが、その一方で、土地所有者の居住利益あるいは財産権的利益にも十分に配慮し、両者の利益ができるだけ公平に調整されるようにするというものであるだろう。

2 正当事由制度の再構成

(1) 正当事由制度と土地の有効利用

今日における借地関係の正当事由制度の存在意義とその見直しの方向性を以上のように位置づけるならば、既存の正当事由の判断要素の上に、土地所有者の「土地の有効利用の必要性及び相当性」を正当事由の一事由として加えるべきか否かという論点が改めて問われてくることになるであろう。この議論は、1980年代後半に盛んに行われたが、当時の学説は否定的見解が多数を占めており、その主な理由としては、土地の有効利用は公的主体の責任において都市再開発法などの公法領域でのみ処理されるべきであり、このよう

な判断要素は借地借家法などの私法領域に持ち込まれるべきではないということがあげられていた。

　しかし、このような否定的見解が大勢を占める中にあって、土地の有効利用を正当事由の一事由としつつ、借地人や借家人の既存利益が損なわれないような仕組みを考案すべきであるとする肯定的見解も示されていた。この見解の要点は、市街地再開発が私的利益のみを目的とする場合には正当事由は具備されないが、それが公益的立場から必要であると判断される場合には正当事由は具備される。ただし、それによる借地・借家の終了に伴う利益をすべて地主・家主に帰属させることは不公平であるので、借地人・借家人は、不利益を受ける限度で、権利の消滅を伴う損失を立退料の形態で補填されるべきである。つまり、地主・家主から相当な財産的給付がなされることによって、実質上の損失補償と同じ処理が施されるべきであるというものである。[90] この見解は、市街地再開発によって公益とともに土地所有者の財産権的利益を実現させる一方で、借地人の財産権的利益をも（少なくとも金銭的に）保護するものとなっているので、借地権の存続期間満了時における借地人と土地所有者の利益調整を合理的に図るための具体的方法を提示するものとして、改めて注目される。

　ただし、この肯定論も、公益目的の土地の有効利用のみが正当事由の一事由となり得るとしており、このように公益性が重視される点においては否定論と共通の認識の立つものであるといえる。このような認識は、この議論がなされた1980年代後半に大きな社会問題となった地価の高騰や都市の乱開発などの土地問題に対する意識が反映されたからであると考えられる。しかし、その後の時代背景の変化を踏まえるならば、かつての特殊時代的な要因を捨象して、今日に相応しい正当事由制度の合理的なあり方が問い直されてよいように思われる。そのように考えるならば、市街地再開発が真に公益的であるか否かを格別に問わなくても、再開発後の建物は少なくとも当該地域における都市計画法上の用途地域に適合した使用に供されることになることから、

　（90）　水本・前掲書（注73）71-73頁。

その意味では、低利用の建物が再開発されること自体に公益性が認められると見ることもできなくはない。そうだとすれば、土地所有者の「土地の有効利用の必要性及び相当性」を、当該市街地再開発の公益性の有無や程度を格別に問うまでもなく、正当事由の判断要素として加えてもよいのではないかと考える。ただし、その実現可能性は担保される必要はあるので、実際に正当事由の有無を判断するに際しては、土地所有者自らが具体的な土地利用計画を提示するなどして土地の有効利用が実現される相当程度の蓋然性があることを証明することは必要となろう。

　なお、このような内容のものを正当事由の判断要素に新たに加えるものとすると、これまでの判例法理では借地権の存続が認められていた借地人の利益が害されることになる。したがって、「土地の有効利用の必要性及び相当性」に基づいて土地所有者の正当事由が肯定される場合には、借地人には本来であれば借地権が存続していたという前提で評価される借地権価格相当額の補償がなされる必要があるであろう。

（2）イギリスの借地制度における存続保障制度からの示唆

　以上のような考え方は、日本の借地制度と「共通の基礎」を有するイギリスの長期不動産賃貸借における存続保障制度と基本的に同様の考え方に基づくものでもある。確かに日本とイギリスとでは、それぞれの法制度は大きく異なっているが、不動産賃借権の存続期間満了時に賃借人の投下資本に対する財産権的利益の保護と居住利益の保護をめぐる法律問題が生じ、その問題解決が迫られてきたという歴史的実態においては、両者に「共通の基礎」を見出すことができる。そこで、以下では、日本の借地関係における正当事由制度をどのように再構成すべきかという論点について一定の示唆を得るため、第3章および第4章において検討したイギリスの長期不動産賃貸借における賃借人保護制度の要点について改めて確認することとする。

　まず、戸建て住宅やテラスハウスについて、長期不動産賃借権の存続期間満了時の法的処理は、①賃借人による自由土地保有権の取得、②賃借人によ

る不動産賃借権の延長、③賃貸不動産の占有回復という選択肢の中から、次のようなルールに従っていずれかが選択されるようになっている。

①賃借人が不動産賃借権解放権または延長賃借権の資格要件を満たす場合、賃借人は賃貸人から自由土地保有権あるいは延長賃借権を取得することができ、その場合、賃借人は賃貸人に対し自由土地保有権あるいは延長賃借権の価格を支払うことになる。

②賃貸人の自己（家族）使用の必要性がある場合（すなわち、賃借人の居住利益と賃貸人の居住利益とが対立する場合）、賃貸人による不動産の占有回復が認められ、その場合、賃貸人は賃借人に対し延長賃借権の価値相当分の補償金を支払うことになる。

③賃貸人の再開発利益実現の必要性がある場合（すなわち、賃借人の居住利益と賃貸人の財産権的利益とが対立する場合）、存続期間の満了をもって賃貸人による不動産の占有回復が認められ、その場合、賃貸人は賃借人に対し延長賃借権の価値相当分の補償金を支払うことになる。ただし、このときに、賃借人が自由土地保有権を購入することを申し出た場合、賃借人は賃貸人から自由土地保有権を取得することができ、その場合、賃借人は賃貸人に対し自由土地保有権の価格を支払うことになる。

次に、集合住宅について、長期不動産賃借権の存続期間満了時の法的処理は、①賃借人の団体による共用部分の自由土地保有権とフラットの将来不動産権の取得、②個々の賃借人による新規不動産賃借権の取得、③賃貸人による不動産の占有回復という選択肢の中から、次のようなルールに従っていずれかが選択されるようになっている。

①賃借人が団体的解放権の資格要件を満たす場合、賃借人の団体は賃貸人から共用部分の自由土地保有権とフラットの将来不動産権を取得することができ、その場合、賃借人は賃貸人に対しこれらの権利の価格を支払うことになる。あるいは、賃借人が新規不動産賃借権の個別的取得権の資格要件を満たす場合、個々の賃借人は賃貸人から新規不動産賃借権を取得することができ、その場合、賃借人は賃貸人に対し新規不動産賃借

権の価格を支払うことになる。

②賃貸人が小規模な集合住宅に自ら居住している場合（すなわち、賃借人の居住利益と賃貸人の居住利益とが対立する場合）、賃借人が団体的解放権を行使することは賃貸人の居住利益を奪うことになるので、賃借人は新規不動産賃借権の個別的取得権しか認められない。個々の賃借人がこの権利を行使した場合、個々の賃借人は賃貸人に対し新規不動産賃借権の価格を支払うことになる。

③賃貸人の再開発利益実現の必要性がある場合（すなわち、賃借人の居住利益と賃貸人の財産権的利益とが対立する場合）、賃借人は団体的解放権を行使することはできず、存続期間の満了をもって賃貸人の占有回復が認められる（すなわち、賃借人の居住利益よりも、賃貸人の財産権的利益が優先される）。ただし、賃借人が新規不動産賃借権を取得しているときは、賃貸人は個々の賃借人に対し新規不動産賃借権の価値相当分の補償金を支払うことになる。

　これらの2つのルールを比較すると、共通する部分と相違する部分とがある。まず、原則として、一定の資格要件等を満たした賃借人は、自由土地保有権の取得あるいは不動産賃借権の延長をすることができる（ただし、賃貸人にその対価を支払う必要がある）という点ではいずれも同じである。これに対して、賃貸人にも居住利益がある場合、戸建て住宅やテラスハウスでは、賃貸人は占有回復が認められる（ただし、その際、賃貸人は賃借人に補償金を支払う必要がある）のに対して、集合住宅では、賃借人は不動産賃借権の延長が認められる（ただし、その際、賃借人は賃貸人にその対価を支払う必要がある）という点で異なっている。ただし、集合住宅の場合に不動産賃借権の延長が認められるとされているのは、賃借人が居住している区分について不動産賃借権の延長が認められたとしても、別の区分に居住している賃貸人の居住利益は影響を受けることはなく、そもそも賃貸人の占有回復が問題となることはないからである。他方、賃貸人に再開発利益がある場合、戸建て住宅やテラスハウスでは、賃借人は自由土地保有権の取得が認められる

（ただし、その際、賃借人は賃貸人にその対価を支払う必要がある）のに対して、集合住宅では、賃貸人は占有回復が認められる（ただし、その際、賃貸人は賃借人に補償金を支払う必要がある）という点で異なっている。このように両者を比較してみると、賃貸人に再開発利益がある場合の取扱いが大きく異なっているといえる。すなわち、戸建て住宅やテラスハウスの場合は、賃貸人の財産権的利益よりも賃借人の居住利益が優先されているのに対して、集合住宅の場合には、賃借人の居住利益よりも賃貸人の財産権的利益が優先されているといえる（ただし、いずれの場合も、不利益を受ける相手方は金銭的な対価あるいは補償が得られるものとされている）。

　以上2つの賃借人保護制度は、建物の性質に応じて一部相違はあるものの、基本的にはいずれも、第一義的に当事者の居住利益が保護されるべきであるが、再開発を希望する賃貸人の財産権的利益をも十分に尊重し、再開発による都市の更新という公共的利益の実現にも配慮するという発想に基づいており、そしてさらに、それによって不利益を受ける相手方に対しては金銭的塡補を行うことで、当事者の利益の公平性にも配慮するという発想に基づいているということができる。その意味で、この制度は、賃借人の投下資本と居住利益の保護を図るという社会政策的判断を基礎としつつ、その上で社会的な公共性と当事者間の利益の公平性の両立を図ったものであると評価することができる。

（3）日本の正当事由制度の再構成

　先に検討したように、今後の日本の正当事由制度の見直しの方向性は、まずは借地人の居住利益の保護が図られるべきであるが、その一方で、土地所有者の居住利益あるいは財産権的利益にも十分に配慮し、両者の利益ができるだけ公平に調整されるようにすることにあると考えるが、このような考え方は、以上のイギリスの賃借人保護制度の基本構造に基づくものである。そこで、以下では、イギリスの法制度を参考にしつつ、日本の正当事由制度のあり方について検討することとする。ただし、日本とイギリスとでは法制度

上の相違があり、そのため次の3点において留意しておくべき事項があるので、予めその事項を確認しておくこととする。

第1点は、イギリスの不動産賃借権解放権は、イギリス固有の社会的・政治的状況の下で過去1世紀にも及ぶ議論を経て確立していった法制度であり、日本の正当事由制度の文脈には馴染まないので、この部分は直接の参考とすることはできないという点である。日本でも借地人に土地所有権の買取請求権を付与するべきか否かという検討をすること自体は可能であろうが、正当事由制度とは別に議論されるべき論点であるだろう。第2点は、イギリスの法制度は、「ある事由があればそれだけで正当事由の存在が肯定されるような、いわば絶対的な事由を列挙する方法」が採用されているのに対して、日本の正当事由制度は、「正当事由の有無の判断に当たり考慮されるべき諸要素を列挙する方法」が採用されているという点である[91]。そのため、イギリスの制度をそのまま日本の制度に当てはめることはできず、日本の制度に適合するように調整される必要がある。そして第3点は、日本の正当事由制度では、当事者双方の「土地の使用を必要とする事情」が主たる判断要素とされ、土地所有者に土地使用の必要性が高い一方で、借地人に土地使用の必要性がない場合には、正当事由は具備され、土地は土地所有者にいわば無償で返還されることになるのに対して、イギリスの法制度では、賃貸人に不動産の自己（家族）使用の必要性がある場合、賃貸人による不動産の占有回復は認められるが、その場合、賃貸人は賃借人に対し延長賃借権の価値相当分の補償金を支払うことになるとされている点である。この点も、イギリスの制度を日本の制度に当てはめることができない部分であり、日本のこれまでの判例法理に適合するように調整される必要があろう。

以上の点に留意しつつ、日本の正当事由制度の見直しをするとすれば、そ

---

(91) 絶対的な事由を列挙する方式は、予見可能性の面では優れており、明確性はかなり高まるが、実際には明確な絶対的正当事由を想定することはかなり困難であるので、日本の正当事由制度では、正当事由の判断に当たり考慮されるべき諸要素を列挙して、総合判断する方式が採られるべきものとされている（法務省民事局参事官室編「借地・借家法改正要綱試案」別冊NBL21号27頁）。

の判断枠組みは次のように改められるべきではないかと考える。

①まず、従来の判断枠組みが基本的にそのまま踏襲され、当事者双方の「土地の使用を必要とする事情」が主たる判断要素として、「借地に関する従前の経過」、「土地の利用状況」および「借地権設定者の財産上の給付の申出」が副次的な判断要素として正当事由の有無が判断される。

②そして、当事者双方の「土地の使用を必要とする事情」の比較衡量の結果、土地所有者よりも借地人の方が土地使用の必要性が高いと判断される場合には、土地所有者の正当事由は具備されず、借地人の更新請求が認められる（その場合、土地所有者は、借地人から更新料が支払われることになる）。他方で、借地人よりも土地所有者の方が自己使用の必要性が高いと判断される場合には、土地所有者の正当事由は具備され、土地所有者の土地返還が認められる（その場合、借地人は、事案に応じて、財産上の給付による正当事由の補完的調整が行われ、また建物買取請求権の行使により建物等の投下資本の回収も認められる）。

③これに対して、土地所有者に「土地の有効利用の必要性及び相当性」があり、かつ具体的な土地利用計画が提示されるなどして土地の有効利用が実現される相当程度の蓋然性があることが証明される場合には、借地人の土地使用の必要性の有無や程度にかかわらず、土地所有者の正当事由は具備され、土地所有者の土地返還が認められる。ただし、その場合、土地所有者は借地人に対し現に存する借地権その他一切の損失に対して財産上の給付をしなければならない（その後、借地人は建物買取請求権の行使により建物等の投下資本の回収も認められる）。

　以上の①②の部分は、これまでの正当事由の判断枠組みと同様であり、これにより借地人の居住利益の保護がまず図られることになる。これに対して、③の部分は、イギリスの賃借人保護制度にならって、借地人の土地使用の必要性の有無や程度にかかわらず、土地所有者に正当事由を認めるとするものであり、その意味では土地所有者に有利な内容となっている。しかし、その一方で、土地所有者は、都市再開発法に基づく市街地再開発において借地人

第5章　日本の借地制度の再検討

が権利変換を希望しない場合になされる補償と同じように、借地権価格や建物価格の完全な補償が義務づけられる内容ともなっている。この場合、土地所有者の財産権的利益が保護される一方で、借地人の居住利益は保護されないことにはなるが、借地人の保護は完全な財産補償によって塡補されるものとすることによって、両当事者の利益調整は公平に図られることになるものと考える。そして、このような帰結は、再開発によって土地の有効利用という公益が一定程度実現されることとの関係でも、肯定されるべきものであると考える。

結　論
借地契約の終了と利益調整

居住の用に供される借地権では、その存続期間満了時に、借地人と土地所有者との間で財産権的利益と居住利益をめぐる対立が不可避的に生ずるため、両当事者の利益調整が合理的になされる法制度が必要とされるにもかかわらず、現行の法制度では、借地人の利益か、土地所有者の利益かのいずれか一方の利益に偏ったものとなっている。すなわち、普通借地権においては、その存続期間が満了するとき、借地人の更新請求は正当事由制度によりほとんど認められるので、借地人は建物に対する財産権的利益と居住利益を確保できることになるものの、その反面、土地所有者は土地についての財産権的利益を回復できないことになるという点で、借地人の利益に偏った制度となっている。これに対して、法22条の定期借地権においては、その存続期間が満了するとき、建物取壊し・更地返還が原則とされているので、土地所有者は土地についての財産権的利益を回復できることになるものの、その反面、借地人は建物についての財産権的利益と同時に居住利益を同時に喪失することになるという点で、土地所有者の利益に偏った制度となっているというのが現状である。そこで、本書では、このような現状は法制度して合理的なものであるとはいえないとして、その序論において、「自己使用を主たる目的とする借地権の存続期間満了時における借地人と土地所有者の利益調整を合理的に行うための法制度をいかにして再構築するか」ということが「今日残されている借地制度の基本問題」となるとした。その上で、具体的な検討課題として、「定期借地権の当否」と「正当事由制度の再構成」という2つの検討課題を設定した。

　以上の基本問題の検討にあたっては、まず第1章において、基礎理論としての不動産賃借権物権化論、正当事由に関する判例理論、借地権の存続保障をめぐる政策論についてそれぞれ再検討を行うことで、そのような基本問題が今日なぜ残されることになったのかを明らかにした。そして、そのような基本問題を解決するために、自己使用を主たる目的とする定期借地権においては、建物取壊し・更地返還を原則とする借地権は将来的に廃止し、建物の存続を前提とする借地権のみを許容する。また、普通借地権においては、正

314

結　論　借地契約の終了と利益調整

当事由の判断要素に土地所有者の「土地の有効利用の必要性及び相当性」を加え、その条件として、土地所有者による具体的かつ実現可能な土地利用計画の証明と借地人に対する正当な補償を要するものとするとの私見を提示した。そこで次に、その私見が果して合理性を有するものであるかを検証するために、第2章から第4章において、イギリスの長期不動産賃貸借制度についての検討を行い、その制度がいかに多くの社会問題を生じさせてきたか、その問題を解決するためにどのような立法がなされてきたか、そして様々な試行錯誤の結果最終的にたどり着いた賃借人保護制度がどのような考え方に基づく仕組みであったかを検討した。その上で、第5章において、イギリスの長期不動産賃貸借制度との比較検討で得られた知見をも踏まえながら、「定期借地権の当否」と「正当事由制度の再構成」について個別的な検討を行った。

　第5章の要点は次のとおりである。「定期借地権の当否」については、法22条の定期借地権は、それが居住目的で利用される場合、存続期間満了時には借地人と土地所有者との間で利害対立が不可避的に生ずることとなり、しかもその利益調整を合理的に行うことが極めて困難であるので、その必要性および有用性に比してそのデメリットや諸問題の方がはるかに大きいことから、法22条の定期借地権は将来的に廃止されるべきであり、居住目的で利用可能な定期借地権は法24条の建物譲渡特約付借地権に限定されるべきであるとした。法24条の建物譲渡特約付借地権によれば、その存続期間満了後の土地＝建物の所有は土地所有者に委ねられ、また借地人の財産権的利益と居住利益は当事者間の事前の合意に基づいて保護されることになるので、このことによって健全な土地＝建物の利用という公共性と借地人に対する利益調整による公平性が同時に実現されることになるといえよう。

　また、「正当事由制度の再構成」については、今日における正当事由制度の存在意義を、まずは「借地人の生活空間を主体的に形成する自由」を保障するものであるが、基本的には「契約当事者間の交渉力の不均衡」を是正するものであるとした上で、正当事由制度をそのような定義に基づくものとし

315

て再構成するためには、既存の正当事由の判断要素に「土地の有効利用の必要性及び相当性」を追加し、その事由が認められる場合には土地所有者の正当事由は肯定されるが、その場合、土地所有者に借地権価格や建物価格の完全な補償を義務づけることによって、借地人の財産権的利益や居住利益と土地所有者の財産権的利益との調整が図られるような制度に改められるべきであるとした。このような正当事由制度によれば、普通借地権の存続期間満了後の土地＝建物の所有ないし利用は当事者の必要性や社会的な公共性の観点から借地人と土地所有者のいずれに委ねるのが適切であるかが判断され、またこれにより不利益を受ける相手方に対しては事案に応じた金銭的塡補が行なわれることになるので、これによってその後の土地ないし建物の有効利用という公共性と不利益当事者に対する利益調整による公平性が同時に実現されることになるといえよう。

　以上検討してきたように、定期借地権については、「制度の必要性および有用性とこれらのデメリットの比較」という利益衡量のみでその存在を肯定してよいというものではなく、また普通借地権においても、当事者の必要性のみに配慮してその存続の有無を判断すればよいというものではないということができる。借地権の存続期間満了時における合理的な法制度を形成するためには、たとえ社会政策的な判断を伴うことになるとしても、一定の社会的な公共性と当事者間の利益調整による公平性とが同時に実現されるような制度が構築される必要があるものと考える。

　そして、これまでの検討を振り返るならば、今日の借地制度の基本問題は、そもそも借地借家法制定時にその進むべき進路を間違えたことにより生じたものであるということができる。イギリスの長期不動産賃貸借における賃借人保護制度が、最終的に、社会的な公共性と当事者間の公平性の両立を図る制度へと収斂していった歴史的展開を踏まえるならば、われわれはその時点に立ち返って、借地制度が本来進むべきであった道へと軌道修正することが必要なのではないかと考える。

【著者略歴】

大野　武（おおの　たけし）

1969年　千葉県生まれ
現　在　明治学院大学法学部教授　博士（社会科学）
　　早稲田大学社会科学部卒業、同大学院社会科学研究科博士後期課程満期退学
　　早稲田大学社会科学部助手、高崎経済大学地域政策学部専任講師、同助教授、
　　明治学院大学法学部准教授を経て現職

住宅と借地制度
契約終了時の利益調整

2019年12月8日　　初版発行　　定価はカバーに表示してあります

著　者　大　　野　　　　武
発行者　竹　　内　　基　　雄
発行所　株式会社 敬　文　堂
〒162-0041 東京都新宿区早稲田鶴巻町538
電話(03)3203-6161代 FAX(03)3204-0161
振替 00130-0-23737
http://www.keibundo.com

©2019 Takeshi OHNO　　　　　　　　　　Printed in Japan

印刷／信毎書籍印刷株式会社　製本／有限会社高地製本所
カバー装丁／株式会社リリーフ・システムズ
落丁・乱丁本は、お取替えいたします。
ISBN978-4-7670-0235-4 C3032